사주속
십신이야기

사주속 십신이야기

초판 1쇄 인쇄 2017년 2월 1일
초판 1쇄 발행 2017년 2월 6일

지은이 | 김석택
펴낸이 | 김경옥
디자인 | 류재형
펴낸곳 | 도서출판 온북스

등록번호 | 제 312-2003-000042호
등록일 | 2003년 8월 14일
전화 | 02)2263-0360
팩스 | 02)2274-4602

ISBN 978-89-92364-73-7   03140

잘못 만들어진 책은 교환해 드립니다.
이 출판물은 저작권법에 의하여 보호받는 저작물이므로
무단 전재와 무단 복제를 할 수 없습니다.

사주속 십신이야기

김석택 지음

온북스
ONBOOKS

머리글

역학(易學)을 공부하면서 가장 이해하기 어려운 단어가 십신(十神)이라고 할 것이다. 다시 이야기를 한다면 비견(比肩) 겁재(劫財) 식신(食神) 상관(傷官) 편재(偏財) 정재(正財) 편관(偏官) 정관(正官) 편인(偏印) 정인(正印)을 십신이라고 하는 것이며, 십신으로 가장 먼저 이야기 가능한 것이 인간관계이다. 그리고 시간과 공간 물질적인 이야기도 할 수가 있으며, 일상적인 언어구사도 하여야 한다. 또한 대자연도 십신을 응용하여 풀어내어야 한다는 것이다. 즉 삼라만상(森羅萬象)을 십신 속에 가두어 두었다는 것이다. 그래서 십신이 중심이 되어 합 형 충 파 해 원진 그리고 12운성과 신살 이외 다양한 것을 응용하여 사주를 풀어야 할 것이다.

십신이란 세상사의 모든 이야기를 열 마디로 초 압축(壓縮)한 것이라서 정확하게 이것이라고 할 수가 없다는 것이다. 십신이라는 것을 10개라고 생각하지 말고 천간(天干) 10개와 지지(地支) 12개가 각각 다르다고 생각하여 보자. 이를 펼쳐서 이야기를 한다면 십신은 갑자기 220개로 확장이 되며 기존의 우리가 알고 사용하는 십신보다 더욱더 많이 활용 가능하게 된다. 이를 알고 좀 더 깊이 연구하고 이해하여 보자. 이처럼 역학속의 단어들은 대부분 압축된 단어라고 생각 하면서 공부를 해야 이해하기 쉽다.

지금까지는 천간과 지지에 관계하지 않고 단순하게 십신을 적용하여 왔기 때문에 어떻게 이해하고 응용을 하여야 하는가가 의문이었을 것이다. 이를 다시 이야기를 한다면 10개의 천간이 저마다 전하고자 하는 뜻이 다르다는 것이다. 또한 12개의 지지가 같은 십신이라고 하여도 의미가 다르기 때문에 이야기를 다르게 하여야 한다는 것이다. 그리고 오행에 따라서 이론이 다르게 이야기되어야 할 것이다.

    이것 뿐만은 아니다. 계절 따라 십신이 다르니 220개의 십신을 12개월로 이야기를 한다면 2,640개의 십신이 생겨날 것이며 이를 다시 4분으로 나누어 이야기를 하여야 할 것이다. 즉 새벽과 오전 그리고 오후와 저녁때에 따라 전하는 이야기가 다르다는 것이다. 이렇게 십신을 나누어서 이야기를 한다면 약 10,560가지의 다양한 뜻으로 이야기가 가능하다는 것이다.

    좀 더 쉽게 이야기를 한다면 천간의 10개와 지지 12개에 십신을 곱하면 220개이다. 여기에 4계절을 곱하면 880개이며 여기에 하루를 4등분하여 곱한다면 3,520개의 가장 기본적인 십신이 생겨나는 것이다. 이를 활용하는 방법에 따라서 어마어마한 이야기를 할 수가 있을 것이며 또한 긍정적인 이야기와 부정적인 이야기로 할 수가 있으니 십신이 약 7,000여개이다.

    가장 작은 이야기로 하여 십신이라고 하는 것이지 실질적으로 응용하는 것은 약 84,000여 가지로 이루어져 있다는 것이다. 여기서 4방8방의 모든 이야기를 할 수가 있다는 의미에서 84,000이라고 하는 것이며 나를 중심으로 하여 360도를 줄여서 4주8자가 되는 것이고 이를 언어로 전환하는 것을 십신이라고 이야기하는 것이다. 그리고 이글을 처음부터 끝까지 교정하시고 부분적으로 문단(文段)을 수정하여주신 일향(一香) 박서영님 사랑합니다. 그리고 고맙습니다.

2016년 11월 어느 날
송화산방(松花山房)에서

목 차

머리글 - 004

1. 사주팔자(四柱八字) - 012

2. 사주팔자(四柱八字)의 흐름 - 022

3. 십신(十神) - 028
   1) 비견(比肩)
   2) 겁재(劫財)
   3) 식신(食神)
   4) 상관(傷官)
   5) 편재(偏財)
   6) 정재(正財)
   7) 편관(偏官)
   8) 정관(正官)
   9) 편인(偏印)
   10) 정인(正印)

4. 무극(無極) - 050

5. 음양(陰陽) - 056
   1) 음(陰)
   2) 양(陽)

6. 오행(五行)과 십신(十神) 관계 - 064
   1) 목(木)
   2) 화(火)
   3) 토(土)
   4) 금(金)
   5) 수(水)

7. 오행(五行)과 육기(六氣) - 082
   1) 木의 기운(氣運)
   2) 火의 기운(氣運)
   3) 土의 기운(氣運)
   4) 金의 기운(氣運)
   5) 水의 기운(氣運)

8. 천간(天干) - 104
   1) 갑(甲)
   2) 을(乙)
   3) 병(丙)
   4) 정(丁)
   5) 무(戊)
   6) 기(己)
   7) 경(庚)
   8) 신(辛)

9) 임(壬)
　　10) 계(癸)
　　11) 천간 합(合)
　　12) 천간 충(沖)
　　13) 천간 극(剋)

9. 지지 - 144
　　1) 자(子)
　　2) 축(丑)
　　3) 인(寅)
　　4) 묘(卯)
　　5) 진(辰)
　　6) 사(巳)
　　7) 오(午)
　　8) 미(未)
　　9) 신(申)
　　10) 유(酉)
　　11) 술(戌)
　　12) 해(亥)

10. 지지 합(合) - 172
　　1) 삼합(三合)
　　2) 방위합(方位合)
　　3) 육합(六合)

11. 형(刑) 충(沖) 파(破) 해(害) 그리고 원진(怨瞋) - 202
1) 형(刑)
2) 충(沖)
3) 파(破)
4) 해(害)
5) 원진(怨瞋)

12. 지장간(地藏干) - 262
1) 장생지(長生地)
2) 제왕지(帝旺地)
3) 묘지(墓地)

13. 12운성(運星) - 284
1) 장생(長生)
2) 목욕(沐浴)
3) 관대(冠帶)
4) 건록(建祿)
5) 제왕(帝旺)
6) 쇠(衰)
7) 병(病)
8) 사(死)
9) 묘(墓)
10) 절(絕)
11) 태(胎)

12) 양(養)

14. 십신(十神) - 292
1) 음(陰)과 양(陽)
2) 오행(五行)과 십신(十神)
3) 천간(天干)
4) 천간(天干) 합(合)
5) 지지(地支)
6) 십신(十神)과 6하 원칙

15. 오행과 십신(十神) 그리고 자연과 인간 관계 - 340
1) 목(木)
2) 화(火)
3) 토(土)
4) 금(金)
5) 수(水)

16. 사주구성 - 348
1) 년(年)
2) 월(月)
3) 일(日)
4) 시(時)

17. 음신(陰神) - 360
   1) 음신(陰神) 활용

18. 공망(空亡)과 삼재(三災) - 368
   1) 공망
   2) 삼재

19. 십신풀이 - 374
   1) 비견(比肩)
   2) 겁재(劫財)
   3) 식신(食神)
   4) 상관(傷官)
   5) 편재(偏財)
   6) 정재(正財)
   7) 편관(偏官)
   8) 정관(正官)
   9) 편인(偏印)
   10) 정인(正印)

20. 사주속의 특별한 관계 - 428
   1) 천간(天干) 합(合)
   2) 지지(地支) 생(生)

   맺음글 - 438

사주팔자(四柱八字)

1.
사주팔자(四柱八字)

　우리는 사주팔자가 무엇인가를 이해하고 십신을 공부하는 것이 좋을듯하다. 사주라고 하는 것은 나를 중심으로 내적이야기(日柱)와 외적이야기(月柱)로 나누어 할 수가 있다. 내적 사주는 다름 아닌 사지(四肢)다. 다시 이야기한다면 이 몸은 오행(五行)으로 이루어져 있으며 이를 사지로 지탱하는 것이고 머리가 육신(肉身)을 총괄하고 있다. 만약 사지가 없다면 육신은 죽은 것이나 다름없어서 자력(自力)이 아닌 타력(他力)에 의하여 살아가야 할 것이다. 다시 이야기를 한다면 둥근 공이 아닌 럭비공 형태의 인생을 살아가야 할 것이다.

　사지는 오행으로 이루어져 있어서 또 다른 무엇을 위하여 나름대로 기능을 가지고 있다는 것이다. 사지로 돌아가는 육신은 모양이 다섯 가지로 오행의 이치에 맞게 가지마다 각자의 기능을 다하고 있다. 안으로 들어가 보면 핵심적인 오장(五臟)과 육부(六腑)로 원만하게 돌아가고 있다는 것이다. 그리고 오장이 하나라도 이상이 생기면 고통을 받게 되는 것이다. 이를 오행으로 이야기를 한다면 火오행은 정신계에 해당하며 심장(心臟)이다. 이를 중심으로 木은 신경계이며 간(肝)이다. 土는 피부와 소화기계로서 비장(脾臟)이며, 金은 근골과 호흡기계로 폐(肺)를 나타내고, 水은 이뇨계통으로 신장(腎臟)에 해당하며 오행의 각 장부가 돌아가고 육신(肉身)은 火오행의 두뇌(頭腦)를 중심으로 좌우사지(左右四肢)가 움직이는 것이다. 이러한 것들이 머리를 중심으로 팔방(八方)을 살펴가며 살아가는 것이다. 이를 팔자(八字)라고 하는 것이다. 여기서 팔방이란 대자연속에 나를 중심으로 모든 것이 존재하고 내가 없다면 대자연은 없는 것이다.

사주를 대자연으로 이야기하여 보자. 대자연에는 내가 살아가는 인간관계와 사회관계로 나누어져 있다. 즉 내가 살아가는 환경(環境)은 사방(四方)으로 펼쳐질 것이고, 인연(因緣)으로는 음(陰)으로 나의 전생과 현생 그리고 금생에 이어 다음 생까지 알 수 있을 것이다. 우리가 4대조까지 봉청(奉請) 하고 양(陽)으로는 나를 중심으로 부모 형제 나와 자식까지 이며, 이를 확대하면 친가 4촌에서 8촌이고, 음으로는 외가와 사돈의 팔촌까지 사방팔방으로 흩어져 살아가고 있다는 것을 사주팔자를 통하여 두루 알 수가 있다는 것이다.

사회(社會)로 나가보면 음으로는 비공식적인 교육(敎育)에서 양으로는 공식적인 초중고대학의 교육을 받는다. 직장으로 이어지면 음으로 임시직과 양으로 정규직이 있으며, 정규직에는 음으로 현장 직인 잡부와 보조 기능인 공장장이 있을 것이며, 양으로는 사무직이 있으며 여기에는 평사원, 계장, 과장, 부장으로 이어지고 임원으로 들어가면 상무, 전무, 이사 대표로 나누어져 사방팔방으로 활동하고 있으며 이러한 것을 사주팔자를 통하여 어느 정도까지 알 수가 있다는 것이다.

대자연에서 살펴보면 이러할 것이다. 하루는 음과 양으로 각 12시간이며 새벽, 오전, 오후, 저녁으로 나누고 한해는 24절기 속에 봄, 여름, 가을, 겨울이 될 것이고 대 자연은 태양과 나무, 흙, 물로 가득하다. 이처럼 수없이 많은 것들이 내 사주속의 팔자로 드러내고 있다는 것이다. 이 많은 것이 음과 양으로 이루어져 있으며 이는 팔자로 나누어져 있다. 그래서 학문적인 표현으로 네 기둥에 여덟 글자로 이루어졌고 이를 사주팔자(四柱八字)라고 하였을 것이다.

이렇게 만들어진 사주팔자를 알기 쉽게 하려고 십신이라는 압축된 언어를 만들어서 다양한 이야기를 배속하였다. 하지만 세상사를 십신으로 알아낸다는 것은 참으로 어려운 이야기이다. 원시시대로 거슬러 올라가면 직업의 종류가 단순하고 사람들의 생활이 단순하여 쉽게 이야기할 수가 있었지만 지금의 시대는 어마어마하게 복잡한 시대이다. 그리고 19세기 전만하여도 개발이라는 것으로 인류발전에 많이 기여할 수가 있었지만 20세기에 접어들면서 개발보다는 접목(椄木)의 시대라고 할 수가 있다.

이처럼 다양한 것들이 하나로 뭉쳐지고 기업들도 서로 통합하여 그룹이라는 것으로 세력을 확장하고 국가 간에도 서로 화합하여 무비자로 자유롭게 왕래하도록 통합하는 시대이다. 특히 유럽은 거대한 하나의 공동체로 접목하여 어마어마한 힘을 가지게 되었다. 이처럼 십신도 아득한 옛날이야기에서 벗어나 접목된 언어를 구사하여야 한다고 주장하는 것이다. 만약 그러하지 못하고 십신을 나누어서 구시대적으로 응용하여 이야기를 한다면 지금의 시대에서 벗어나기 때문에 적중률이 많이 떨어질 것이다.

지금의 십신은 사주팔자를 두고 점(占)을 치듯이 알아서 맞추는 시대는 지났다고 생각한다. 다시 이야기를 한다면 지금으로부터 50년전의 교육은 O.X시대였으며 이후 4지선 답 형의 교육방식으로 좀 더 복잡하였으나 지금은 정답이 없는 논술시대로 교육방식이 바뀌었으며 문제를 분석하여 가장 근접한 방법을 제시하는 시대로 접어든 것이다. 때문에 사주팔자도 맞추기에 급급하지 말고 정확하게 분석하여 이야기해야 할 것이다. 운이 오면 만사가 형통한다는 식의 이야기는 이제 통하지 않는 시대이다.

지금은 어떠한 문제가 발생하였다면 사주 속에서 어느 부분에 어느 십신에 해당하는 이야기인가를 알아차리고 이를 분석하여 문제점을 찾아서 이야기로 풀어주어야 하는 시대이다. 때문에 십신의 다양한 이야기를 하지 못한다면 문제점을 분석하지 못할 것이고 접목된 십신을 알아차리지 못한다면 다양한 언어구사를 할 수가 없을 것이다.

운(運)이라고 하는 것은 준비된 자가 때를 만났을 때를 운이라고 하는데 무엇을 준비하였는가에 따라서 운의 무게는 완전하게 달라진다고 할 수가 있다. 욕심으로 살아가는 것이 아니고 나름대로 개개인의 몫이라는 것이 있다고 할 것이다. 타고난 장사꾼인지 장돌뱅이나 점원인지 아니면 학문을 겸비한 사업가인지를 알아서 준비하라는 것이다. 즉 내가 역학인으로 살아가면서 역학을 가르치는 운명인지 새로운 역학을 창안하여 책으로 엮어내야 할 운명인지 아니면 상담가로 살아갈 운명인지를 알고 준비해야 할 것이다. 준비한 자 만이 때가 되면 운을 만날 수 있을 것이고 이를 알지 못하고 욕심으로 선택하였다고 한다면 운이 와도 실속을 제대로 챙기지 못한다는 이야기이다.

  사주팔자 속에는 이러한 개개인의 몫이라고 할 수 있는 그릇이 있으며 이를 우선적으로 알고 인생을 준비한다면 고통스러운 삶은 없을 것이다. 인간사 어느 누가 고통 없이 살아갈 수가 있을까 하고 생각하여 보자. 십신으로 이야기를 한다면 비겁이 강하면 운동선수로 살아가면 좋고, 식상이 발달된 사주는 자신의 예능이나 타고난 호기심을 개발하여 살아가면 좋을 것이고, 재성이 뛰어난 사람은 수치에 밝아서 그러한 방향으로 살아간다면 성공할 것이며, 관성이 보기 좋은 사람은 계급사회에서 일을 한다면 좋을 것이며, 인성이 발달된 사람은 학문이나 종교 쪽으로 방향을 잡아간다면 스승으로 이름날 것이다.

  이를 뒤집어서 이야기한다면 비겁이 강하면 항상 경쟁 속에 살아가야 하니 고통이며, 식상이 많다면 탐구와 멋으로 인생을 살려고 할 것이니 힘들 것이다. 재성이 강하여 투기성이 강하다면 일확천금을 노려 완전히 실패한 인생일 것이며, 관성이 많다면 어디에서 무엇을 하여야 할지 망설이다 허송세월만 보낼 수가 있을 것이고, 인성이 강하면 게으르고 무엇 하나 완벽하게 마무리하는 것이 없을 것이니 이 또한 억울한 인생사가 될 것이다.

지금시대는 복잡하고 예측하기 어려운 시대라고 할 수가 있다. 이러한 시대에 운이나 따지고 시대에 어울리지 않은 역학(易學)으로 상담을 한다면 참으로 어리석다고 할 것이다. 십신도 복잡하게 접목되어 있으며 오행의 해석도 다변하고 있다. 합(合)이나 형(刑) 충(沖) 파(破) 해(害) 그리고 원진(怨瞋)과 12운성(運星)과 신살(神殺) 귀인(貴人)등 다양한 해석을 위하여 만들어진 보조(補助)를 적절하게 응용하여 사주팔자를 이야기로 꾸며낸다면 세상사의 못하는 이야기가 없을 것이고 모든 비밀을 풀어낼 수가 있다고 할 것이다. 이를 모르고 시대에 어긋난 십신으로 사주팔자를 풀이한다면 오로지 모든 것은 운에 의지하여 살아가야 할 것이다.

지금부터 역학의 기본이 자연(自然)이라는 것을 확실하게 이해하고 자연에서 전하는 천간과지지 그리고 십신을 어떻게 이야기하여야 하는가를 알아보자. 그리고 글자마다 깊은 뜻과 사연이 있다는 것도 알고 다양하게 만들어진 보조 이론들을 어떻게 응용하는가를 알아보자. 십신을 좀 더 확실하게 응용하고 분석할 수 있다면 참 역학인으로 대우받을 수가 있을 것이다. 어느 계절 어느 시에 만들어졌는지 글에 부여된 십신을 어떠한 방법으로 풀어야 하는가를 알아보자.

예문)
乙 乙 戊 丙
酉 丑 戌 午

40대 후반의 남자입니다.
가을 초저녁...
원하지 않은 바람이 일고 있어요.
어느 골짜기는 차가운 바람이 내려오니 인적이 드물고...
어느 골짜기에는 서늘한 바람이 일어 야영을 즐기는 군요.
늦가을의 乙丑은 무엇 때문에 50대 전에 모든 것을 잃어버릴까요?
하지만 동안 잃어버린 것을 찾을 수도 있겠지요.
어떻게 하여야 할까요? 하고 질문을 하였다.

寅午戌合火 상관(傷官)(욕심)으로 무리하게 인성(印星)(壬水)하여 투자한 것이 문제가 된 것 같습니다. 음신으로 작용하는 寅木겁재(劫財)를 이렇게 해석하여야 한다. 즉 寅木의 본성이 비견(比肩)과 편인(偏印)이다. 이를 이야기한다면 乙木의 입장에서 合火상관(傷官)은 욕심이며, 본성 비견(比肩)(평소)에 戊戌이 편인(偏印)(너무 좋아서) 탐을 내고 있는데 이것이 상관(傷官)(속임수)인줄 모르고 乙丑은 壬寅이 자신에게 많은 이익이 발생할 것이라

고 생각하고 겁재(劫財)(투자)한 것이 문제이며 이로 인하여 어렵고 힘들 것이다.

   이렇게 문제점을 분석하여 이와 같은 착각이나 욕심을 가지지 않게 하는 것이 상담자의 역할이라고 할 것이다.

사주팔자(四柱八字)의 흐름

2.
사주팔자(四柱八字)의 흐름

　언제부터 인간사에 사주팔자를 중요시하게 되었는지는 정확하게 알 수가 없다. 하지만 사람이 한평생을 살아가면서 앞날이 궁금한 것은 누구나 같은 생각이며 자신이 진행하는 것이 잘하는 것인지 잘못하는 것인지도 알 수가 없다는 것이다. 이를 원인분석은 하지 않고 오로지 운으로 이야기하는 것은 잘못된 것이라고 할 것이다. 지금은 고도의 과학이 발달되어 어느 정도까지는 분석이 가능하다. 하지만 아무리 과학이 발달하여도 인간의 뇌구조를 알아낸다는 것이 어렵고 인간의 장래를 알아낼 수가 없다는 것이다.

　다시 이야기를 한다면 고도의 의술(醫術)이 발달된 지금 병원에는 고가의 첨단장비를 갖추고 있다. 하지만 이러한 첨단장비도 인간의 육신을 정확하게 진단할 수가 없다는 것이며 새롭게 생겨나는 바이러스를 따라잡지 못하고 오히려 과학의 발달로 인하여 사람에게 막대한 피해를 주고 있는 것은 정확한 이야기일 것이다. 첨단과학을 이루기 위하여 어마어마한 자연을 파괴하여야 할 것이며, 이러한 파괴는 인간성 상실(喪失)로 이어지고 있다. 첨단과학으로 인하여 사람의 정신과 마음이 좁아지고 극도의 정신분열로 인간의 존엄성이 상실되고, 모든 것이 기계에 의지하여야 할 것이다. 이것도 부족하여 첨단장비가 인간을 지배하려고 할 수도 있다는 것이다. 다시 이야기를 한다면 소수의 인간이 전체의 인간을 기계(자동화)로 지배하려고 할 것이라는 이야기이다.

만약 그렇게 된다면 사주팔자라는 것이 무용지물이며 인간자체가 기계가 되어버리는 것이다. 이러한 세상이 이루어지기 전에 인간들은 이렇게 이야기한다. "절대로 그러한 일이 없을 것이고 기계가 인간을 지배할 수가 없다." 하면서 소수의 과학자들은 지금도 밀실에서 끊임없이 전체의 인간을 지배하려고 프로그램을 만들고 있을 것이다.

왜? 이러한 사회구조로 바뀌어가야만 되는가를 사주속의 십신으로 해석하여보자. 비겁(比劫)으로 한 시대를 몇 년쯤 되겠는가를 생각하여 보면 어느 정도의 답을 구할 수는 있을 것이다. 내가 생각하는 한 세대는 100년을 주기로 바뀐다고 생각한다. 그리고 식상(食傷)의 시대로 발전하여 재성(財星)의 시대로 접어들 것이며, 관성(官星)의 시대에서 소수가 다수를 지배하는 시대로 접어들 것이다. 이후 인성(印星)의 시대로 들어가면서 지금의 공상(空想)영화인 우주의 포식자가 현실로 나올 확률이 높을 것이다. 다시 이야기를 한다면 괴물 같은 몇몇의 기업이 지구를 장악하고 조정한다는 것이다. 좀 더 자세하게 십신에 대하여 이야기하여 보자.

예문)
　시 일 월 년
　戊 癸 丙 甲
　午 酉 寅 子

　甲子生 이라서 할아버지가 꼭두각시 두령이고
　丙寅月 이라서 아버지가 나름 꽃을 피우고
　癸酉日 이라서 위로 형(兄)을 子酉파(破)하고
　癸酉일간이라 형제가 4남매일 것이고
　일지 酉金편인(偏印)이 여동생으로 어미처럼 생각할 것이다.
　다른 형제를 丙辛合水비견(比肩)으로 수하(手下)에 두고 있으며 戊午時라서 27살 전후해서 정관(官)에 합하여 권력을 잡기 시작하였을 것이다.

　권력이 戊午양인(陽刃)으로 작용하여 사주 전국의 흐름을 재성(財星)에서 관성(官星)으로 흘러가고 있다. 이 이야기는 정확한 근거는 없지만 지은이의 생각으로 예상하여 만들어진 사주팔자이다.

　이를 자연으로 이야기한다면 이러할 것이다.
　연잎(寅) 속에 물방울(丙辛合水)이 고여 있는 형상이라
　영롱하고(戊癸合火) 보기는 좋으나 오래가지 못하고(戊癸合火)
　차면 넘어지는 것이 자연의 이치이라(午酉子刑)
　많은 비가 내리는 己亥년에 고비가 올 것이며

이 고비 넘기기 힘들 것 같으며
행여 넘어간다고 하여도 바람이 이는
乙巳年이 돌아오면 절로 꺾어질 것 같다.(寅巳刑)
때는 42세 전후해서...

3

십신(十神)

3. 십신(十神)

1) 비견(比肩)

　아득히 먼 옛날에는 비견(比肩)이 중심이 되어서 서로 도우며 협력하여야 생명을 보전할 수가 있었다. 살기 위하여 소통이 필요하기 때문에 간단한 언어가 생겨나고 언어를 표시하는 글이 처음으로 생겨났을 것이다. 이러한 것을 바위에 그림으로 새겨두거나 모양으로 표시하였을 것이다. 또한 몇 안 되는 도구를 이용하여 서로 의지하고 뭉쳐서 공동체 생활을 하였을 것이다. 이러한 생활이 복잡해지면서 분가를 시작하게 되고 분리되면서 부족이란 공동체 사이에 다툼이 발생하고 강력한 힘이 지배하는 구조로 분리되기 시작하였을 것이다. 그래서 겁재(劫財)가 생겨난 것이다.

　예문)
　시 일 월 년
　甲 己 己 己
　戌 亥 巳 丑

68세의 남성으로 황혼기에 접어들었다.

사주구성이 비견(比肩)이 강하게 이루어져 있다는 것을 알 수가 있다. 이러할 경우 뭉쳐야 한다는 것이다. 하지만 己亥일주가 시상의 甲戌을 하나두고 치열한 경쟁을 하여야 한다는 것이 아쉽다. 년주의 己丑은 丑戌刑으로 어려울 것이고 월주己巳는 巳戌이 원진(怨瞋)이라서 合하는데 관심이 없을 것이고 己亥정재(正財)는 가까이 접근은 하여보지만 甲戌겁재(劫財)의 입장에서 거부하는 것 같다. 하여 寅木정관(正官)을 이야기하여야 하는데 이렇게 풀어보자. 寅木의 본성은 비견(比肩)이며 편인(偏印)을 요구하기 때문에 전문적 직업인으로 기초(寅)분야이면 더욱 좋다(寅亥合木)는 것이다. 비겁(比劫)이 강하니 다음은 식상(食傷)의 시대로 가야 한다는 것이다. 이를 이야기로 꾸며 본다면 이러할 것이다. 이 명조에서 酉金식신(食神)을 해석한다면 정관(正官)이 겁재(劫財)를 원한다고 하니 이는 생산업이 좋다고 할 수가 있다.

2) 겁재(劫財)

겁재(劫財)의 시대로 흘러가면서 치열한 경쟁으로 인하여 능력이나 힘이 없으면 상대방을 이기지 못하니 무조건 엎드려 고용되어야 한다는 것이다. 범죄가 많이 일어나고 인명(人命)을 경시하고 자신의 이익을 위하여 인정사정없이 살인(殺人)까지 자행하는 시대로 발전하였다. 세상은 힘으로 자신을 지키기 위하여 무리를 지어야 할 것이고 뜻이 같은 무리들끼리 살아남기 위하여 뜻이 다른 무리를 무차별적으로 공격하는 것이다. 그래서 이기기 위하여 새롭고 혁명적인 것을 만들어야 한다. 그리고 식신(食神)의 시대로 이어지면서 본격적으로 문화(文化)가 생겨나기 시작하였다.

예문)
시 일 월 년
壬 癸 壬 壬
子 巳 子 子

40대 중반의 여자이다.

사주 구성이 겁재(劫財)로 이루어진 사주이다.

일지 巳火정재(正財)의 지장간 속에 戊土정관(正官)과 合하여 재성(財星)으로 변화하니 어느 날 갑자기 사업에 위기가 와서 경제적인 고통을 받는 것이지만 좋은 남편이라고 할 수가 있다. 여자사주에 겁재(劫財)가 많으면 나와 같은 사람이 많아서 부부가 해로하기 어렵고 재물 욕심이 심(甚)하고 쉽게 가지려고 하는 성향이 강하다고 할 것이다. 하지만 다른 것은 버리고 남편만은 놓지 않고 있으며 이사주의 여성은 남편의 도움으로 자식을 3명두고 모두 잘 키우고 있다고 한다. 여기서 戊土정관(正官)의 성향을 알아보자. 戊土정관(正官)의 본성은 편재(偏財)이며 또한 戊土정관(正官)이 추상하는 것도 오로지 편재(偏財)이므로 자신이 구속되는 것을 싫어하기 때문에 타인의 구속이나 간섭을 되도록 하지 않으려고 할 것이다. 때문에 많은 것을 이해하고 戊土의 공간속에 癸水는 아주 자유스러울 것이다. 하여 癸巳일주는 관성(官星)으로부터의 부담을 최대한 받지 않을 것이다. 하지만 재물을 지키기는 어려울 것이다. 그래서 사업실패로 기초수급자로 있으면서 지금은 어느 초등학교에서 도서관 관리인으로 근무한다고 한다. 여기서 戊癸合火의 재물을 탐하는 순간 사라질 수가 있으니 감추어두는 것이 좋을 듯하다. 그리고 월주 壬子겁재(劫財)의 성향은 인성(印星)(학교)적 식상(食傷)(아동들)이므로 이렇게 풀어야 한다. 겁재(劫財) 다음의 흐름이 식상(食傷)인데 이 명조에서 木상관(傷官)이 절대적이라고 할 수가 있다. 하여 寅木이 寅巳刑으로 재물이 파괴된 이후에는 寅木상관(傷官)으로 가는데 이는 본성이 비견(比肩)으로 지극히 평범하고 편인(偏印)으로 책을 관리하는 도서관이나 서점관리 쪽이라고 할 수가 있다.

3) 식신(食神)

식신(食神)의 시대로 접어들면서 작은 인성(印星)이 발전하고 인성(印星)을 학문으로 승화하여 새로운 식신(食神)을 개발하기 시작하였다. 교육을 받기 시작하면서 모든 것이 급성장하기 시작하였으며 사회가 새롭게 구성되기 시작하였을 것이다. 이후로 인간성이 발달되면서 의식주(衣食住)의 중요성을 깨닫고 새로운 것을 만들어내면서 문명의 시대가 시작되고 질서를 유지하기 위하여 법이라는 것을 새롭게 만들었을 것이다.

이 시대에는 인간사에 이로움을 주기 위하여 무언가를 끊임없이 개발하였을 것이다. 그러나 뚜렷한 목적을 가지고 개발하는 것이 아니고 수많은 비겁(比劫)들로부터 인정을 받고 싶어서 그렇게 노력하였을 것이다. 수없이 개발된 것들은 의식주를 해결하는데 충분하였을 것이고, 수많은 사람들이 마음에 여유를 가지고 태평성대(太平聖代)의 시대가 열리고 있다고 생각했을 것이다. 많은 사람들은 서로가 서로를 위로하고 배려(配慮)하는 봉사(奉仕)정신이 넘쳐났을 것이며 나보다 남을 먼저 생각하는 시대였을 것이다. 이러한 배려와 봉사가 자랑꺼리로 변화하면서 보여주고 자랑하는 상관(傷官)으로 시대로 변화하게 된 것이다.

예문)
시 일 월 년
壬 己 辛 辛
申 丑 卯 酉

36세의 여자이다.
사주구성이 식신(食神)으로 이루어져 있다.
지금 하고 있는 직업은 커피 바리스타로 강사를 하고 있다.
결혼하여 자식 둘을 낳아서 잘 키우고 있다. 음신으로 巳火인성(印星)을 요구하고 있으며 실제로 그러한 삶을 살아가고 있다. 다시 이야기를 한다면 사주의 중력(重力)에 의하여 자신도 모르게 이끌려간다고 할 수가 있다는 것이다. 이렇게 식신(食神)이 많으면 편재(偏財)로 찾아가야 발전할 수가 있으며 그렇게 재성(財星)에 애착을 가지고 최선을 다한다면 좋은 결과를 볼 수가 있다는 것이다. 이 사주에서 편재(偏財)란 子水이므로 아마 커피 바리스타를 선택하였는지도 모른다. 다시 이야기를 한다면 子水는 丑土와 합을 하여 비견(比肩)으로 변화하고 상관(傷官)申金과 합하여 정재(正財)로서 辰土겁재(劫財)를 음신으로 원하고 있다. 여기서 子水편재(偏財)의 본성은 정인(正印)이며 이는 상관(傷官)을 요구하기 때문에 커피 바리스타 강사를 직업으로 선택을 하였을 것이다.

4) 상관(傷官)

상관(傷官)이 발달하여 진화하기 시작하면서 남보다 나를 우선으로 생각하여 학문이 급속도로 변화하고, 기록에 의하여 거듭 사회는 발전하고 복잡하게 이루어지게 되니, 자연스럽게 욕심이 생겨나고 막대한 재물(財物)을 필요로 한다는 것을 알게 되었다. 시대는 빠르게 발전하고 변화(變化)하기 때문에 필요에 의하여 여러 가지를 하나로 접목시켜 간소화하고 때로는 모양을 실용적으로 만들어 편리하게 사용하도록 변형시키기 시작하였다.

지금은 상관(傷官)이 발달되지 못한다면 엎드려 살아가야 하는 시대이다. 스스로 자기개발을 시도하면서 모든 것을 변형시켜야 한다. 심지어 부모로부터 물려받은 얼굴도 의술(醫術)의 도움으로 외모를 바꾼다. 자신의 이익을 위하여 수단과 방법을 가리지 않고 목적을 위하여 위장하고, 복잡한 사회의 질서를 위하여 만들어진 법을 이용하거나 때로는 무시하며 자기중심적 시대로 접어든 것이다. 이러한 변화가 지속적으로 이어지면서 재물이면 만사형통할 것이라는 재성(財星)이 자연스럽게 만들어지고 있었다.

그래서 식상(食傷)이 재성(財星)을 생(生)한다고 하였을 것이다. 지금이 바로 재성(財星)이 가장 왕성하게 진행되는 시점(始點)이라고 할 수가 있다. 지금은 물질만능 시대이다. 부모형제 자녀들까지 재물로 비교하고 인간성까지 재물이 많으면 우월하다

고 하는 시대이다. 다시 이야기를 한다면 인성(印星)이 부족하여
도 재물을 많이 가진 자가 권력을 장악하고 지시(指示)권을 가지
고 있다는 것이다. 재성(財星)은 능력이고 재성(財星)이 오히려 짐
이 되어 고통스럽게 되는 경우도 많이 있을 것이다. 즉 자신이 감
당할 수 있는 만큼 가져야하는데 욕심으로 이를 초과하면 고통이
라는 것이다.

예문)
시 일 월 년
戊 辛 辛 壬
子 亥 亥 子

40대 중반의 남자이다.

水식상(食傷)이 왕성한 사주이다. 특히 亥水상관(傷官)으로 스
스로 재물을 만들어야 하는데 이는 亥水가 자형(自刑)이라서 하
던 이야기를 반복적으로 한다고 하니 아마도 교육계통이 어울릴
것 같다. 亥水(반복적)상관(傷官)이 가지고 있는 본성은 인성(印
星)(교육)이며 식상(食傷)(언어)을 요구하기 때문에 가장 합리적
인 것이 교육이나 교도(矯導)방면으로 뛰어나다고 할 수가 있다.
그래서 亥水상관(傷官)을 교육적인 언어구사라고 풀어야 할 것이
다. 상관(傷官)은 재성(財星)으로 넘어가야 진화가 되기 때문에
이 명조의 재성(財星)은 木이 되는 것이다. 특히 寅木으로 이어가
야 좋을듯하니 寅木의 본성은 비견(比肩)으로 편인(偏印)을 원하
고 있다는 것이다. 다시 이야기를 한다면 잘못된 인성(人性)구조

를 바로 잡는다거나 전문 어학을 이용하는 직업이면 좋다고 할 수가 있다. 문제는 寅亥合破하고 亥水상관(傷官)이 自刑으로 이어지는데 이는 본인이 亥水자형(自刑)을 가지고 있으니 이를 극복하여야 할 것이다.

5) 편재(偏財)

편재(偏財)는 오로지 자신만 위하고 자기위주로 생각하면서 자신의 판단이 올바르다고 생각하며 모든 것이 자기중심으로 움직여야 한다. 특히 편재(偏財)시대의 장점은 능력을 최대한 발휘하는 것이지만 오히려 단점이 더 많아서 인간성 상실로 이어지는 경우가 많이 발생할 것이다. 편재(偏財)는 인성(印星)을 극(剋)하기 때문에 인성(印星)(윤리)으로부터 독립하려고 할 것이고, 능력이 부족하여도 자기가 필요하다고 생각되면 인성(印星)도 무시하고 자기욕심(慾心)을 채우려고 한다. 편재(偏財)는 정관(正官)을 무시하고 편관(偏官)(권력)과 교재를 하고자 할 것이다. 그리고 끊임없이 식상을 이용하기 때문에 약자들은 종족(種族)번식의 원칙을 저버릴 것이다.

다시 이야기를 한다면 돈이라면 못하는 짓이 없을 것이고, 돈이라면 부모형제 친인척까지 이용할 것이며, 자신의 즐거움을 방해한다면 용서하지 않는 성향이 강하다는 것이다. 지금의 시대가 이렇게 흘러가는 것은 인성(印星)(인격적)이 갖추어져 있지 않은 부모가 그렇게 교육시키고 그렇게 버림을 받았기 때문일 것이다. 편재(偏財)가 만사형통된다는 인성(印星)(교육적)의 가르침에서 인간성이 말살되고 이로 인하여 최고의 희생자가 발생하는데 바로 인성(印星)(부모)이다. 지독한 독립심으로 홀로 살아가는 이가 많을 것이고 필요에 의하여 결탁을 할 것이다.

예문)
시 일 월 년
戊 甲 己 戊
辰 申 未 午

40대의 중년여자이다.
　강력한 재성(財星)으로 甲申편관(偏官)이 감당하기 어렵다고 할 것이다. 특히 편재(偏財)와 合을 이루어 편인(偏印)으로 이어지는 것이 두렵다. 이는 일주 甲申편관(偏官)인 배우자가 문제인 것이라고 할 수가 있을 것이다. 하지만 사주는 강력한 중력이 발생하니 甲木은 자신의 사주를 알고 있었다면 이를 충분하게 피할 수가 있을 것이지만 그러하지 못한다면 사주의 중력에 의하여 끌려갈 수밖에 없을 것이다. 이 여자는 재성(財星)이 강하여 극심하게 상처를 받을 것이며 이렇게 재성(財星)이 강하다면 다음 시대는 관성(官星)의 시대이므로 관심을 가지고 신중하게 살펴봐야 할 것이다. 다시 이야기를 한다면 申子辰合水편인(偏印)이며 여기서 子水인성(印星)이 음신으로 작용하는데 여기서 子水는 감추어진 문서라는 것이라고 할 수가 있으니 申金편관(偏官) 남편이 이야기(감춤)하지 않은 문서로 인하여 辰土편재(偏財)가 흩어지므로 부도(偏印)가 날 것이라고 한다.

문제점은 본인의 사주 중력에 의하여 혼인을 맺은 남편이 이러한 일을 당한다고 생각하면 참으로 사주라는 것이 묘(妙)하다고 할 수가 있을 것이다. 하여 사주는 맞추는 학문이 아니고 문제점이 발견되면 분석하여 해결책을 찾아주는 학문이며 또한 사주를 분석하여 무엇을 위하여 태어났는지 알고 사전에 준비하여 때를 기다리게 하는 학문이라고 장담한다.

6) 정재(正財)

재성은 관성(官星)과 거래를 즐기며 견제(牽制) 하면서 친분이 두터워지길 서로 바라는 관계이다. 하지만 상대방의 능력이 부족하다고 판단되면 인정사정 없으며 절호의 기회(機會)를 놓치지 않고 조그마한 틈이 보이면 공격하려고 한다. 이는 능력대로 살아가는 시대이기 때문에 질서(秩序)가 무너지고 오로지 지배하기 위하여 수단과 방법을 가리지 않는다. 어떠한 인격자도 정재(正財)를 숨기고 있으며 이를 거부할 수가 없다. 어떠한 권력도 정재(正財)를 다스리지 못한다. 정재(正財)라고 하는 것은 치밀한 계획이기 때문이다.

정재(正財)(치밀한 계획)는 오로지 자신의 능력만 믿을 뿐이지 타의 능력은 인정하려고 하지 않기 때문에 시비(是非)도 많이 일어나며 적절한 타협에서 우선권을 가지려고 치밀한 계획으로 항상 긴장하며 살아간다. 때문에 협력(協力)을 하는 것처럼 하지만 묘사(妙思)와 이간(離間)을 더 즐기는 것이다. 또한 정재(正財)는 정확한 계산으로 관성(官星)(사회)과의 긴밀한 관계를 유지하려하기 때문에 필히 정재(正財)는 관성(官星)(계급)으로 가려고 부단한 노력을 할 것이다.

예문)
시 일 월 년
壬 戊 癸 癸
戌 子 亥 巳

60대 중반의 남자다.
10월에 태어나서 사주 전국이 재성(財星)이 너무 많아서 문제이다. 이렇게 재성(財星)이 강하면 다음에는 관성(官星)으로 진화하여야 하기 때문에 일찍부터 공부를 하여 관(官)으로 들어가서 살아가는 것이 좋다. 하지만 사주에는 관성(官星)이라고는 한 점도 보이지 않는다. 그런데 공직에 근무하다가 그만두고 재래식시장에서 조그마한 장사를 하고 있다. 역시 정(正)편재(偏財)가 혼잡하니 이성관계로 조금은 복잡할 수가 있을 것이다. 지지에 亥子丑 방위(方位)합을 이루고자 丑土를 음신으로 작용하고 있으니 丑戌 刑으로 이어진다. 비겁(比劫)이 刑을 일으키고 있으니 집안에서 큰소리치고 부인을 쥐를 잡듯이 하려고 할 것이다. 천간의 戊癸合 火 인성(印星)으로 즉흥적인 언어구사력이 뛰어나다고 할 수가 있다. 재성(財星)이 강하면 구속되기 싫어하기 때문에 스스로 관성(官星)을 찾아가서 통제권 속에 살아간다면 일생이 편안하고 좋을 것이다. 이 명조에서 원하는 관성(官星)은 卯木정관(正官)으로 본성은 겁재(劫財)로서 인성(印星)을 요구하기 때문에 학창시절 공부를 하여 공직으로 들어가지만 子卯 刑이라고 정년을 채우지 못하고 그만두었을 것이다. 그래도 재성(財星)은 관성(官星)을 따라가야 순탄한 삶을 살아갈 수가 있을 것이다.

7) 편관(偏官)

　편관(偏官)은 자연 발생적이지 못하고 필요에 의하여 만들어진 것이다. 다시 이야기를 한다면 비겁(比劫)을 다스리기 위한 평등한 목적으로 만들어진 인성(印星)(법)이다. 하지만 이를 이용하여 비겁(比劫)을 괴롭히고 있으니 편관(偏官)(고위직)은 오히려 최고의 겁재(劫財)(강탈) 역할을 한다고 하여야 할 것이다. 편관(偏官)은 비겁(比劫)(무리)의 인정으로 만들어진 권력이며 인성(印星)(권한)에 의하여 주어지는 힘이라고 할 수가 있다. 다시 이야기를 한다면 비겁(比劫)의 무리들이 필요에 의하여 인성(印星)으로 만들어진 편관(偏官)의 힘은 오히려 정관(正官)(합법)을 무시하는 경우가 많이 있다. 때문에 초 강력한 겁재(劫財) 역할을 한다는 것이다.

　아마도 다음 시대에는 편관(偏官)의 시대로 진입하게 될 것이고 소수의 인간이 다수의 사람을 무자비하게 다스릴 것이다. 즉 편관(偏官)은 비겁(比劫)을 위하는 것이 아니고 비겁(比劫)을 다스리기 원하는 소수의 인간들로 변화한다는 것이다. 지금 권력의 중심인 정치권이 편관(偏官)이며 이들이 비겁(比劫)에 의하여 주어진 권력을 가지고 어마어마한 겁재(劫財)로 사용한다는 것이다. 어느 누구도 비겁(比劫)의 이야기에 귀를 기울이지 않으며 자신의 이권(利權)을 위하여 혈안이 되어있을 뿐이다.

예문)
시 일 월 년
甲 戊 丙 壬
寅 戌 午 寅

50대 중반의 남자이다.

한때는 기업합병의 전문으로 하여 큰소리치며 살아가다 어느 날 직장을 그만두고 자신이 사업을 한다고 하였지만 결과는 실패로 결론나면서 파산(破産)직전까지 경험을 하였다고 한다. 이는 강력한 편관(偏官)의 힘을 이용하여 일방통행으로 자신의 위상을 가지고 살아가지만 편관(偏官)의 종점이 비참하고 어려운 고통이라고 할 수가 있을 것이다. 이 사주는 木편관(偏官)의 강력한 세력이 슴을 하여 火정인(正印)으로 이어지고 있다. 다시 이야기를 한다면 寅木편관(偏官)(어려운)기업을 午火상관(傷官)(강제)로 戌土비견(比肩)(하나로)뭉쳐서 火편인(偏印)(기획)하여 합병한다는 것이다. 火편인(偏印)은 이렇게 이야기를 하여야 할 것이다. 火의 본성은 식신(食神)(새로운)+편관(偏官)(기업)으로 기획(偏印)하는 것이 직업이다. 문제는 년주의 壬水편재(偏財)로 寅木편관(偏官)고통을 받은 것을 하나로 뭉친다는 것이지 戌戌이 壬水편재(偏財)를 슴하여 사업을 한다면 흐름의 원칙에서 벗어난 이야기이다. 하여 실패하는 것은 당연한 것이라고 할 수가 있다. 이처럼 편관

(偏官)이 많은 사주는 火편인(偏印)으로 가야하는데 이는 바로 기업통폐합을 전문적으로 만들어내는 것이라고 할 수가 있다.

8) 정관(正官)

비겁(比劫)에 의하여 만들어진 인성(印星)을 가지고 일정한 기준을 통과한 것이 정관(正官)이다. 이렇게 부여받은 정관(正官)으로 자신의 이익을 챙기려고 하는 비겁(比劫)들이 상당히 많다는 것이다. 정관(正官)을 부여받은 자들이 비겁(比劫)을 위하여 관성(官星)을 사용하지 않고 오로지 자신의 욕심을 채우는데 관성(官星)을 이용하려 더 많이 노력한다는 것이다. 이러한 관성(官星)도 때가 지나면서 뭉쳐서 강력한 단체로 구성하여 소수의 관성(官星)이 전체의 비겁(比劫)들을 다스리고자 할 것이다. 다시 이야기한다면 비겁(比劫)이 대표로 만들어주니까 오히려 이를 이용하여 비겁(比劫)의 주인이 되고자 한다는 것이다. 이러한 관성(官星)이 싫으면 인성(印星)으로 다시금 찾아가게 되는 것이다.

예문)
시 일 월 년
甲 己 丁 甲
戌 未 卯 寅

40대 초반을 지난 여자이다.
사주 속에 정관(正官)이 강하다. 일주 己未는 정관(正官)과 合을 하는데 불행하게도 양쪽을 둘 다 잡고 있다는 것이 문제이다. 未

土비견(比肩)은 申金과 비슷한 성향을 가지고 있으므로 인하여 년주의 甲寅정관(正官)과 내면에서 沖을 하려고 한다. 그리고는 시주의 甲戌과는 파(破)를 일으키고 이후 형(刑)을 하고자 하는 생각이 내면에 가지고 있다는 것이다.

이를 인간사로 이야기를 한다면 甲寅은 남편이며 甲戌은 남자친구라고 할 수가 있다. 특히 午火식신(食神)이 음신으로 작용하는데 이는 자식이며 사회에서는 다양한 의미를 가지고 있을 것이다. 하지만 여기서 식신(食神)을 언어라고 예를 들어 이야기를 풀어본다면 이러할 것이다. 寅午戌合火정인(正印)으로 학문이 부족하여 언어구사력이 떨어진다고 할 수가 있으며 戌未파(破)로 따지고 이후 형(刑)으로 시비하고자 하는 생각을 감추고 있다는 것이다.

이렇게 관성(官星)이 강하면 인성(印星)으로 가야하는데 午火인성(印星)은 자식에 대한 기대와 애착이라고 할 수가 있으며 본인의 편안한 경제활동을 위하여 학문을 많이 하여야 한다는 것이다. 물론 지금은 작은 초등학교 도서관에서 사서로 근무한다고 들었다. 다행히 관성(官星)이 강하여 인성(印星)을 만났으니 앞으로 戌未破刑을 하지 말고 자신을 낮추고 살아가는 방법을 선택하면 좋을 것이다.

9) 편인(偏印)

인성(印星)이라는 것은 비겁(比劫)도 식상(食傷)도 재성(財星)도 관성(官星)도 싫어서 떠나는 방랑자이다. 다시 이야기를 한다면 종교(宗敎)인으로 살아간다고 할 것이다. 편인(偏印)이 발달하면 종교나 철학이 흥(興)할 것이고 편인(偏印)이 무너지면 재성(財星)이 발달하여 물질이 넘쳐나고 능력자만 살아남은 시대로 변화하는 것이다. 편인(偏印)은 비겁(比劫)을 위하여 노력하지만 어리석은 비겁(比劫)은 몰래 새로운 것을 찾아서 식상(食傷)시대를 꿈꿀 것이다. 그리고 식상(食傷)이 발전하여 재성(財星)으로 변화하면서 인성(印星)은 무너지고 관성(官星)과 결탁하여 수없는 범법을 합리화하여 소수의 인간에게 이로움을 줄 것이다.

다음시대에는 재성(財星)이 관성(官星)을 다스리지 못하고 강력한 편관에 의하여 재성(財星)이 움직이는 꼴이 될 것이다. 관성(官星)이란 인성(印星)(교육)의 집합체이므로 인성(印星)이 뛰어난 일부 사람들이 기계라는 관성(官星)을 만들 것이고 이렇게 만들어진 관성(官星)이 재성(財星)을 지배하고 재성(財星)은 식상(食傷)을 무시하고 비겁(比劫)의 목줄을 쥐어 잡을 것이다. 편인(偏印)은 자신의 생각에 따르지 않으면 홀로 지독하게 노력하려고 할 것이며 중도포기만 하지 않으면 분명하게 뜻을 이룰 것이다.

예문)
시 일 월 년
戊 戊 丙 丁
午 戌 午 亥

이제 초등학생 남자 아이다.
5월 午時에 태어나서 사주에 인성(印星)이 많다.

이렇게 인성(印星)이 많을 경우 비견(比肩)을 지향하는 것이 좋다고 할 수가 있다. 다시 이야기를 한다면 강력한 추진력을 필요로 하다는 것이다. 중도에 포기하는 것을 방지하기 위한 인내력이라고 할 수가 있다. 그래서 편인(偏印)이 강한 사람은 사주에 合이 있어야 끈기를 가지고 자신의 뜻을 이룰 수가 있을 것이다. 일주 戊戌비견(比肩)은 양쪽으로 午火정인(正印)과 合을 하여 편인(偏印)이 되며 다시금 음신으로 寅木편관(偏官)을 요구하고 있다. 여기서 寅木편관(偏官)을 이렇게 설명하여야 할 것이다. 寅木의 본성은 비견(比肩)이면 편인(偏印)을 원하고 있기 때문에 이는 자신이 좋아하고 관심이 있는 공부는 어려워도 참고 천천히 이루어 보겠다는 생각이 어린 마음속에 자리 잡고 있다는 것이다.

편인(偏印)은 종교성이 강하다고 하지만 종교라고 하는 것은 가장 완벽한 전문이라고 생각하여 보자. 여기서 寅木편관(偏官)이 원하는 편인(偏印)은 亥水편재(偏財)자형(自刑)과 결합하여 여전히 편관(偏官)으로 간다는 것으로 좁은 공간에서 꼼지락 거리면서 연구하며 고통을 견디면서 무엇인가를 드러내 보이고자 한다는 것이다. 亥水편재(偏財)의 성향은 외적으로 편재(偏財)이며 내적으로는 정재(正財)의 성향을 가지고 있으므로 인하여 꼼꼼하고 치밀하며 合破自刑이니 한번 잡은 것은 스스로 이루어 내겠다는 의지력이다. 그래서 편인(偏印)은 비견(比肩)을 강력하게 가지려고 하여야 한다는 것이다.

10) 정인(正印)

사주도 비겁(比劫)이 가장 원초적이고 이것이 발달되어 식상(食傷)이 생겨나는 것이고 식상(食傷)의 욕심이 재성(財星)으로 변질되면서 관성(官星)을 만들어 지배구조의 틀을 만드는 것이다. 여기에 인성(印星)으로 무장한 관성(官星)이 결과적으로 비겁(比劫)의 무리를 총괄하고 좌지우지 할 것은 분명한 사실이다. 어느 한시대가 끝나면 새로운 문명이 발달 할 것이고 또 다른 시대가 올 것이다. 그리고 인간도 진화하여 재성을 필요로 하지 않는 새로운 의식주가 연구될 것이다.

우리가 공부하는 사주도 재성을 중심으로 이야기를 많이 한다. 이는 어떠한 틀을 만들어서 학문으로 무장하여 이것이 전부인 것처럼 주장하는 것이다. 아무리 관성(官星)이 먹이사슬의 최상위에 자리를 잡는다 하여도 비겁(比劫)이 정신을 차리고 대자연 속으로 들어간다면 관성(官星)은 무용지물이 되는 것이다. 우리 역학도 자연으로 공부한다면 인성(印星)의 틀은 깨어질 것이고 어떠한 것으로부터 지배당하지 않을 것이다. 대자연이 사주팔자요, 사방팔방이 대자연이다. 이러한 대자연을 십신이라는 인성(印星)으로 전환하였는데 이를 모르고 십신을 관성(官星)이 만들어둔 인성(印星)으로 이야기 한다면 우리는 앵무새가 되고 말 것이다. 인성(印星)은 어떠한 경우라고 하여도 비겁(比劫)을 떠나면 안 된다. 비겁(比劫)은 대자연에서 자연스럽게 생겨났기 때문이다.

예문)

시 일 월 년
庚 癸 甲 乙
申 亥 申 巳

50대 초반의 여자이다.

작은 반도체 부품생산업을 하고 있다.

사주구성상 金정인(正印)이 많다고 할 수가 있다. 하지만 申金정인(正印)이 巳火정재(正財)와 합하여 水겁재(劫財)로 이어지고 있으니 겁재(劫財)가 강하면 식상(食傷)으로 가야 좋다는 것이다. 다시 이야기를 한다면 비겁(比劫)(癸亥)이 강하면 다음시대는 식상(食傷)의 시대가 다가오기 때문이다. 아마도 이러한 이론으로 생산업을 한다고 할 수가 있으며 그로 인하여 삶에 여유를 가질 수가 있다는 것이다. 이렇게 비겁(比劫)이 강하게 움직이고 있다면 인사관리에 문제가 자주 발생할 것이고 천간 乙木식신(食神)은 그야말로 바람이다. 바람이란 水비겁(比劫)이 가장 힘들어하는 것이라고 할 것이다. 하여서 자식으로 인하여 많이 힘들어할 수가 있으며 항상 의견충돌이 발생한다고 이야기하여야 할 것이다.

金인성(印星)(官星+比劫)은 火재성(食傷+官星)과 합을 하여 水비겁(印星+食傷)으로 지향하는데 이는 자신이 가지고 있는 어떠한 지식(金印星)으로 생산시설(火財星)을 갖추고 생산하여 납품이나 소비자(水比劫)와 거래하여 이익(火財星)을 추구하는 것이다.

이렇게 하나의 오행이 강하게 작용한다면 다음을 위하여 진행하여야 좋다는 것을 알 수가 있다.

4

무극(無極)

4.
무극(無極)

　무극이라고 하는 것은 알 수가 없다는 이야기인데 이를 십신(十神)으로 해석하여 이야기를 풀어본다면 어마어마한 대자연을 열 마디로 압축하여 십신이라고 하는 무극 속에 던져둔 것이다. 무극이 알 수가 없는 공간이듯이 십신도 알 수가 없을 것이다. 이렇게 공간과 시간을 초월한 시공(時空)을 무극이라고 하듯이 십신도 역시 공간과 시간을 초월하여 풀어내어야 한다는 의미일 것이다.

　지금까지의 무극이라고 이야기한 것은 음양(陰陽) 이전의 이야기였는데 여기서 이야기하는 무극은 십신이라고 하는 열 가지 단어속의 공간과 시간을 초월한 이야기라고 할 수가 있을 것이다. 때문에 십신이라는 단어속의 무극을 이야기 하는 것이지 전체속의 무극을 이야기하는 것은 아니다.

예문)

시 일 월 년
丙 庚 戊 己
戌 申 辰 亥

　무극이라고 하는 것은 위와 같은 사주 속을 알 수가 없다는 것이다. 천간에서 무한한 공간은 戊土편인(偏印)을 이야기하는데 지지에도 같은 오행의 辰土편인(偏印)이 자리하고 있으니 생각을 현실로 이루고자 강력하게 지향한다는 것이다. 여기서 戊辰편인(偏印)의 본성은 편재(偏財)이면 또한 편재(偏財)를 원하고 있으니 戊土편인(偏印)의 해석은 편재(偏財)가 강한 편인(偏印)이라는 것이다. 그리고 사주구성에서 가장 강력한 힘을 가지고 있다는 월주에 자리하고 있으니 여기에 해당하는 모든 이야기를 강하게 표현하여야 할 것이다. 즉 편인(偏印)속의 편재(偏財)+편재(偏財)가 무엇인가를 알아야 할 것이다. 감히 어느 누구도 이를 알지 못한다. 물론 본인도 이를 잘 알지 못하므로 전공과 관심 등 여러 가지를 물어보고 오고 가는 대화 속에 편인(偏印)속의 편재(偏財)를 찾아서 이를 업으로 한다면 최고의 전문가라고 할 수가 있는데 사주구성을 형(刑)과 충(沖)파(破)해(害) 원진(怨嗔)과 균형(12운성) 그리고 다양한 이론(귀인과 신살)을 적용하여야 하도록 만들어져 있지만 그래도 알 수 있는 것이 없다고 하여 무극이라고 하는 것이다.

　戊辰土가 편인(偏印)으로 글이나 언어라고 한다면 戊土편인(偏印)이 辰土관대(冠帶)지에 있으니 자신의 구상하는 글을 남기려고 할 것이며 자신의 주장을 분명하게 밝히려고 할 것이다. 특히 辰土의 성향이 일반적이면서 대중들이 가장 선호하는 것이므로 글이 어렵지 않을 것이고 이야기는 알아듣기 쉽게 표현할 것이다. 時地의 戌土편인(偏印)의 성향은 辰土와 전혀 다르며 이는 특별하고 높은 것을 지향한다고 할 것이다.

5

음양(陰陽)

5.
음양(陰陽)

　음과 양이라고 하는 이야기를 십신 속에서 풀어본다면 이렇게 이야기를 할 수가 있을 것이다. 십신 속에 음(陰)적인 것과 양(陽)적인 것으로 나누어져 있다는 것이다. 陰적인 것으로는 겁재(劫財) 상관(傷官) 정재(正財) 정관(正官) 정인(正印)이 있으며, 陽적인 것으로는 비견(比肩)과 식신(食神) 그리고 편재(偏財) 편관(偏官) 편인(偏印)으로 이야기할 수가 있다. 陽적인 것은 밖으로 지향하고 공개적이며 공격적이라고 할 수가 있으며, 인간사로 이야기를 한다면 남성적이라고 할 수가 있을 것이며, 자연에서 바라본다면 수컷의 특징이라고 이해할 수가 있다. 陰적인 것은 陽적인 것과 반대로 안으로 지향하고 감추려고 하며 공격적이지 못하고 매사를 꼼꼼하게 살펴보고 따져보고 결정한다고 할 것이다. 여성스러우며 암컷의 특징을 많이 가지고 있다고 할 것이다. 보다 더 깊은 이야기를 陰과 陽으로 나누어 예문을 비교하여 이야기 하여 보자.

1) 음(陰)

　음이라고 하는 것은 외적이지 못하고 내적성향이 강하고 화합적이지 못하다. 지독하게 개인주의가 강할 것이며 공격성보다는 방어적인 성향이 강하여 일반적으로 꼼꼼하고 철저한 것이라고 할 수가 있을 것이다. 사주구성에서 음으로 이루어져 있다면 매사에 철저할 것이며 년월일시주에 따라서 다양한 이야기를 할 수가 있을 것이다. 물론 남자가 음으로 이루어진 사주와 여자가 음으로 이루어진 사주의 이야기는 많이 다를 것이다.

　예문)
　시 일 월 년
　乙 癸 丁 己
　卯 未 卯 酉

　40대 후반의 남자이다.
　음으로 사주가 구성되어 있으므로 비록 남자로 태어났지만 상당히 꼼꼼하고 내성적이며 어떠한 것에 대한 호기심과 철저한 분석을 하려고 할 것이다. 만약 이러한 사람이 기술을 익혀서 사회활동을 한다면 대단한 관리자로 인정을 받을 것이다. 남자가 이렇게 음(陰)으로 사주가 구성되었다는 것은 그만큼 섬세하다는 이야기이며 차분하고 치밀하여 오히려 여자보다 더 철저할 수가 있을 것이다. 또한 오행은 木이 강하고 십신으로는 식신(食神)이므로 이를 해석하려고 한다면 木식신(食神)의 근본이 겁재(劫財)이며 정인(正印)을 원하고 있다는 것이다. 학문과 인연이 미약하고 언어 구사력이 떨어진다고 할 수가 있을 것이다.

예문)
시 일 월 년
乙 己 丁 己
丑 丑 卯 酉

40대 후반의 여자이다.

사주구성이 음으로 이루어져 있으며 오행은 土가 강하지만 합하여 金으로 변화하였다. 金이란 본래의 오행이 양(陽)에서 음(陰)으로 진입하는 과정에 있으므로 양간의 양의 기운이 서리고 있다고 할 수가 있을 것이다. 십신으로는 土비견(比肩)이 강하고 이들이 酉金과 합을 하여 식신(食神)으로 변화하였으니 金의 본성인 정관(正官)이 겁재(劫財)를 원하고 있다는 것이다.

우선 음으로 이루어진 여자라서 성격은 여성스러울 것이고 土비견(比肩) 해석은 본성이 정재(正財)이면서 또 다시 정재(正財)를 원하고 있다. 그리고 丑土의 특징은 가장 응축되어 있으며 최대한 아끼고 절약하여 자기관리나 삶을 검소하게 하겠다는 것이니 여자로서는 최고이다. 하지만 너무 아끼면 주변과의 유대가 이루어지지 않는다는 것이며 그로 인하여 고립될 수도 있다는 것이다.

2) 양(陽)

　양이라고 하는 것은 감추지 못하고 표현하려고 할 것이며 우회적(迂廻的)이지 못하고 직선적(直線的)이며 매사 적극적이라 어울려서 함께 무리를 지어 움직이려고 하는 성향이 강하다고 할 수가 있다.

　예문)
　시 일 월 년
　甲 壬 戊 壬
　辰 辰 申 辰

　60대중반의 남자이다.
　이렇게 사주가 양(陽)으로 이루어져 있으면 상당히 남성적이라고 할 수가 있다. 또한 공격적으로 일을 처리하려고 하지만 오행은 음(陰)이 강한 水로 이루어져 있어서 드려 내놓고 일을 진행하지는 못할 것이다. 특히 水의 본성이 인성(印星)이며 식상(食傷)을 원하고 있으므로 인하여 알 수 없는 것을 찾으려고 부단한 노력을 하려고 한다는 것이다.
　음양을 구별하였으며 어느 계절에 어느 오행이 강한가를 생각하여야 할 것이다. 그리고 오행에 부여된 십신을 어떻게 해석하여야 하는가이다. 사주의 원국을 이야기할 수가 있어야 흐르는 운을 이야기 할 수가 있으며 대운의 흐름도 이야기할 수가 있다는 것이다. 이외에도 그물망처럼 엮어진 사주를 다양한 방법으로 풀어서 이야기를 할 수가 있어야 한다는 것이다.

예문)

시 일 월 년
戊 庚 丙 甲
寅 戌 寅 辰

50대 중반의 여자이다.

이렇게 여자가 양(陽)으로 이루어진 사주를 양(陽) 팔동 사주라고 하여 예전에는 팔자가 드세다고 하였지만 지금은 여성들이 사회에서 활동도 많이 하고 어떠한 분야에서는 오히려 여자들이 앞장서는 경우가 많다. 특히 여자가 양적으로 이루어지면서 일주나 월주가 강력할 경우에는 남성들보다 더 강력한 추진력을 발휘하는 경우가 있다고 할 수가 있다.

寅木편재(偏財)가 土편인(偏印)과 合을 하여 재성(財星)과 관성(官星)을 요구한다고 할 수가 있다. 문제는 일주가 이렇게 강력한 재성(財星)과 관성(官星)을 충분하게 이끌 수 있는 힘이 있는가가 문제인 것이다. 다시 이야기를 한다면 寅木이 辰土와 合하여 편재(偏財)를 이야기하려면 이렇게 하여야 할 것이다. 본성 비견(比肩)은 편인(偏印)을 원한다고 할 것이며 寅木이 戌土와 合하여 관성(官星)이 되는데 이것 역시 비견(比肩)이 편인(偏印)을 요구한다고 해석하여야 한다.

오행(五行)과 십신(十神) 관계

6.
오행(五行)과 십신(十神) 관계

오행이라고 하는 것을 십신 속에서 이야기를 한다면, 비겁(比劫)과 식상(食傷) 그리고 재성(財星)과 관성(官星) 인성(印星)으로 나누어서 이야기할 수가 있다. 오행 속에는 또 다른 음과 양이 존재하여 또 다른 오행을 만들어내듯이 십신도 이처럼 또 다른 십신을 만들어낼 것이다. 이러한 원리를 이해하고 응용하여야 무극 속의 공간이나 시간을 언어로 표현할 수가 있을 것이다. 이를 보다 좀 더 상세하게 알아보기 위하여 오행을 나누어 십신으로 이해하여보자.

1) 목(木)= 힘의 균형

살아있는 것의 종족번식의 본성을 가지고 있으므로 비겁(比劫)이다. 살아남기 위하여 비겁(比劫)은 배워야 지배한다. 하여 인성(印星)을 요구한다.

甲 : 비견(比肩)+편인(偏印)

乙 : 겁재(劫財)+정인(正印)

木이라는 오행을 음(陰)에서 양(陽)으로 진행하는 오행이며 십신이라는 공간속에서 무엇으로 표현하여야 할 것인가를 고민하여야 한다. 하지만 木이라는 근본을 알게 되면 어느 십신에 해당하는 것인가를 알 수가 있을 것이다. 木이라는 것은 크게 두 가지로 나누어지는데 천간을 무형(無形)으로 지지를 유형(有形)이라고 하며 무형의 생각과 유형의 행위(行爲)가 있다는 것이다. 木이라고 붙여진 동기는 나무라는 것이 木이 전하고자 하는 성향을 가장 많이 포함하고 있으며 비슷하다고 하여 나무 木자를 사용하는 것이다.

　木이라고 하여 자연 속에서 나무라고 한다면 역시 뿌리와 줄기로 나눌 수가 있을 것이며, 줄기는 몸통과 가지로 이루어져 있으며, 가지는 역시 작은 줄기와 잎으로 이루어져 있다. 이와 마찬가지로 뿌리도 큰 뿌리와 잔뿌리로 이루어져 있다는 것이다. 나무 이전의 보다 더 폭넓은 이해를 하여야 할 것이다. 그래서 木이라는 것은 항상 살아있으며 때로는 움직이지만 때로는 멈추어 서서 꼼짝도 하지 않는 경우도 있다. 어느 십신에 해당하는지 알 수가 있다면 이야기로 풀어 가는데 엄청난 접근성을 가지고 있을 것이다.
　십신에서 과연 木의 성향과 비슷한 뜻을 가지고 있는 것이 무엇일까 고민 하여 보면 아마도 비겁(比劫)이 가장 확실한 답일 것이다. 비겁이라는 것이 항상 깨어 있으며 때로는 멈추어 있는듯하지만 죽은 것이 아니고 내면(內面)에 숨을 쉬고 있다는 것이다.

　木을 어떠한 원인으로 비겁(比劫)과 관계가 있으며 어떤 이유로 인성(印星)을 원하는지 알아보자. 비겁(比劫)이란 무리이며 힘으로 균형을 이루고 있다. 때문에 강력한 경쟁을 하여야 할 것이며 승자로 분배를 평등하게 하여야 한다. 다시 이야기를 한다면 힘이란 살아있어야 가능할 것이며 살아있는 오행은 木뿐이다. 때문에 木의 근본을 비겁(比劫)이라고 할 것이며 이러한 비겁(比劫)은 더욱 강력한 힘을 가지려고 교육이 절실하다 때문에 비겁은 항상 인성(印星)을 그리워하고 있으며 인성(印星)을 위하여 최선을 다하여야 할 것이다. 그래야 비겁(比劫)이 원하는 것을 취할 수가 있다는 것이다. 비겁(比劫)이 인성(印星)을 원하지 않는다고 한다면 비겁(比劫)의 진화는 어려울 것이고 오로지 생명을 유지하는데 최선을 다할 뿐이다.

예문)
시 일 월 년
癸 乙 己 甲
未 卯 巳 寅

40대정반의 여자이다.

木이 강하며 부여된 십신이 비겁(比劫)이다. 이는 木비겁(比劫) 해석은 이러할 것이다. 본성이 비겁(比劫)으로서 편인(偏印)을 원하고 있다는 것이다. 사주에 木비겁(比劫)이 강하다고 한다면 자존심이 강하고 친구가 그다지 많다고 할 수가 없다. 다시 이야기를 한다면 사주에 많이 존재하기 때문에 친구의 필요성을 느끼지 못하는 경우가 많으며 실제로 형제간의 우애나 친구 동료의 인연이 오래가지 못한다고 볼 수가 있다. 木이라고 하는 것은 살아있다는 것이지 나무가 아니다. 살아있는 것은 암컷과 수컷으로 나누어진다는 것이며 甲은 수컷이고 乙은 암컷이라고 생각하면서 이야기를 꾸며보자. 乙木이 바람이라고 하니 암컷이 바람을 피우는 것이고 수컷은 외도라고 하는 것이다.

2) 화(火)= 의식주

 형체 없이 항상 변화무상하여 식상(食傷)이다. 변화무상한 식상(食傷)은 인정을 받아야한다. 하여 정관(正官)을 요구한다.
　丙 : 식신(食神)+편관(偏官)
　丁 : 상관(傷官)+정관(正官)

 火라는 오행을 십신이라는 공간속에서 무엇으로 표현하여야 할 것인가를 고민하여야 한다. 하지만 火이라는 근본을 알게 되면 어느 십신에 해당하는 것인가를 알 수가 있을 것이다. 火이라는 것은 크게 두 가지로 나누어지는데 이를 천간의 무형과 지지를 유형이라고 하며 무형으로는 열(熱)과 빛(光)이라고 할 수가 있으며 유형으로는 꽃이나 그림 같은 것이다. 火라고 붙여진 동기는 불이라는 것이 火의 성향을 가장 많이 가지고 있으며 비슷하기 때문에 불 火를 사용하게 된 것이다.

 火라고 하여 불이라고 한다면 먼저 뜨거운 열 기운이 있을 것이며 또한 불꽃이 있으니 이를 빛으로 표현하는 것이다. 역시 뜨거운 열 기운에도 위치에 따라서 온도가 다르고 또한 온도에 따라서 불꽃의 빛이 다를 것이다. 유형으로 이야기를 한다면 피어난 꽃과 꽃이 가지고 있는 색(色)을 유형이라 이야기 할 수 있으며 꽃의 향기(香氣)는 무형에 속하니 이 또한 하나 속에 음양이 같이 존재하고 있다는 것이다. 그래서 火라고 하는 것을 형체가 없는 것으로 열(熱)과 빛(光)으로 이루어져 있다고 이야기 하는 것이다.

  이러한 火의 성향을 어느 십신이 가장 많이 가지고 있는지를 이해한다면 火에 대한 십신을 이야기로 풀어내는 것은 쉬울 것이다. 火의 근본을 알지 못하고 이야기를 하려고 한다는 것은 참으로 어리석은 생각일 것이다. 그리고 火와 비슷한 십신은 아마도 식상(食傷)이라고 감히 주장하고 싶다. 이는 끝없이 변화하고 항상 새로운 것으로 자신을 위장하려하며 그러한 자신의 모습을 보여주고 싶어 한다는 것이다.

  火라는 것은 어떠한 원인으로 식상(食傷)과 관계가 있으며 어떤 이유로 관성(官星)을 원하는지 알아보자. 식상(食傷)이란 항상 새로운 것으로 만들어진다는 것이다. 때문에 식상(食傷)은 끝임 없이 새롭게 변화하여야 한다. 이를 우리는 창작이나 새로운 것을 위한 연구라고 한다. 하여 火라는 오행은 잠시도 본래의 모습을 가지고 있지 못하고 끝없이 변화한다. 그래서 본성이 식상(食傷)의 성향과 같다는 것이다. 또한 이렇게 새롭게 이어진 것은 타의 것으로부터 인정을 받아야 하므로 관성(官星)을 원하는 것이라고 주장한다. 그래서 식상(食傷)은 항상 관성(官星)을 그리워할 것이다.

여기서 관성(官星)은 인정받으려고 하는 것이며 만약 인정을 받지 못한다면 무형을 유형으로 드러내지 못할 것이다. 식상(食傷)이 관성(官星)을 원하지 않는다면 식상(食傷)은 오로지 어떠한 형체로 드러내지 못하고 그림자로 살아가야 할 것이다.

예문)
시 일 월 년
戊 丙 辛 庚
戌 午 巳 戌

40대 후반을 넘어선 중년의 여자이다.
火비겁(比劫)이 강하다고 할 수가 있다. 戊土식신(食神)과 슴을 하여 비견(比肩)으로 화(化)하고 있으니 丙午일주의 고집이 상당할 것이다. 火비겁(比劫)의 근본이 식상(食傷)으로서 관성(官星)을 요구한다. 다시 이야기를 한다면 비겁(比劫)이 슴을 하여 식상(食傷)이 많아지므로 인하여 새로운 것에 대한 두려움을 가질 수 있다는 것이다. 때문에 관성(官星)을 한번 취한다면 그것으로 만족하려고 하는 성향이 강하다고 할 수가 있다는 것이다. 흔히 火라고 하는 것을 불에 많이 비교하여 이야기를 하는데 실체는 그것으로 부족할 것이다. 하여 火를 형체가 없는 것이라고 이해한다면 편안할 것이다. 그래서 火를 알아가기 위해서 눈(眼)과 코(鼻) 그리고 귀(耳)와 맛(舌)과 피부(身)로 느끼는 전부가 火라고 할 는 것이고 이를 생각(意)과 마음(心)이 통제를 한다는 것이다. 그래서 火를 심장(心腸)으로 표현하는 것이다.

3) 토(土)= 자유권

공간은 능력이며 걸림이 없어서 재성이다. 걸림 없는 재성은 간섭을 싫어한다. 하여 오로지 재성을 요구할 뿐이다.

戊 : 편재(偏財)+편재(偏財)
己 : 정재(正財)+정재(正財)

土라는 오행을 십신이라는 공간속에서 무엇으로 표현하여야 할 것인가를 깊이 있게 생각하여야 할 것이다. 土라는 오행의 근본이 다양하고 조건에 따라서 전하고자 하는 것이 다르므로 타 오행보다 어렵다는 것이다. 이렇게 어려운 土오행도 근본을 알아야 하는데 그리되면 십신도 쉽게 알 수가 있다는 것이다. 다양하고 다변하는 土라는 것을 흙이라고 생각하지 말고 어떠한 공간이라고 생각하여보자. 土라고 붙여진 원인은 흙이라는 것이 土의 성향과 가장 흡사하기 때문에 흙土를 사용하는 것이다.

土라는 오행은 크게 나누어보면 타 오행과는 다르게 4가지로 이루어져 있다는 것이다. 다시 이야기를 한다면 土라는 것을 흙이라고 예를 들어서 이야기를 한다면 우선 수분이 충분하고 높낮이 차이가 그렇게 심하지 않는 것이며, 다음은 수분이 부족하여 건조하며 단단한 상태로 높다는 것이고, 다음은 수분이 없어서 뜨거운 사막의 모래처럼 응고(凝固)되지 못하여 그 모습이 불안전한 상태이고, 마지막으로 차고 얼어 있으며 최대한 응축(凝縮)하여 그 모습이 동굴처럼 이루어져 있다는 것이다. 이렇게 土는 어느 오행보다 난해(難解)하고 그 모습이 자유스러운 것이 특징이다. 이처럼 다양한 土의 근본과 비슷한 성향의 십신을 알고 이야기로 풀어 낸다고 한다면 깊이 감추어둔 비밀까지 알 수가 있을 것이다. 과연 어느 십신이 土의 성향과 비슷할 것인가 하면 아무래도 재성(財星)이 가지고 있는 뜻과 비슷할 것이다. 재성(財星)이라고 하는 것은 누구의 간섭도 거부하며 오로지 자기 방식으로 진행한다는 것이다.

土라는 것은 어떠한 원인으로 재성(財星)과 관계가 있으며 어떠한 이유로 변화지 못하고 재성(財星)만 고집하는지 알아보자. 재성(財星)이라고 하는 것은 자유권이 보장된 것이다. 하여서 자신의 능력이나 변화지 않는 부동이라고 할 수가 있다. 하여서 土라는 오행은 어떠한 공간을 이야기하는데 이는 우리주변의 부동산을 비교하면 가장 합리적이라고 할 것이다. 그래서 본성이 재성(財星)의 성향과 같으며 타의 지배를 거부도 하지 않는다. 하지만 재성(財星)이라고 하는 것은 자유권을 보장받고 싶어 하며 일체의 간섭을 원하지 않으므로 또 다른 십신은 원하지 않는다고 할 것이다. 정재(正財)는 정재(正財)를 원하고 편재(偏財)는 편재(偏財)를 원하는 특성이 강하므로 독립심이 강하다고 할 것이다.

예문)
시 일 월 년
戊 丙 丙 庚
戌 戌 戌 子

50대 후반의 여자이다.

사주에 土식신(食神)이 많은데 월주丙戌이 일주丙戌보다 더 강하다고 할 수가 있다. 또한 년 주의 庚子편재(偏財)가 일주와 合을 이루지 못하고 월주와 가까이 있으니 이는 분명 월주가 우선권을 가지고 있다고 하여도 된다. 土식신(食神)은 이렇게 해석하여야 한다. 土의 근본이 편재(偏財)이다. 그러면서 추상적으로도 편재(偏財)를 요구한다는 것이다. 이를 이야기로 풀어낸다면 이러할 것이다. 언어구사를 아주 수준 높게 구사하여 새로운 영업개척을 하는데 이용할 것이며 그로인하여 상당한 이익과 능력을 인정받을 것이다. 土라는 것을 흙이라고 생각하지 말고 공간(空間)이라고 생각하여보자. 다시 이야기를 한다면 戊土의 높고 넓은 공간과 己土의 낮고 좁은 공간으로 나누어서 이야기를 한다면 보다 土를 이해하기 쉬울 것이다.

4) 금(金)= 지배권

단단한 것은 타(他)로부터 만들어진 것이라서 관성(官星)이다. 타(他)로부터 만들어진 金은 이외의 것을 원한다. 하여 비겁(比劫)이 절실하다.

庚 : 편관(偏官)+비견(比肩)
辛 : 정관(正官)+겁재(劫財)

金이라는 오행을 십신이라는 공간속에서 무엇으로 표현하여야 할 것인가를 한번 생각하여보자. 金이라는 것은 자연에서는 볼 수가 없으며 어떠한 것이 火에 의하여 변화한 것이다. 때문에 金이라는 오행의 근본을 이해하는데 어려움이 있을 것이다. 그리고 십신에서 타에 의하여 자신을 알리는 것이 무엇인가를 생각하여야 한다. 金이라는 것도 크게 두 가지로 나누어지는데 자연적으로 형성된 것과 타에 의하여 한 번 더 변화한 것으로 이루어져 있다. 金이라고 붙여진 원인은 타에 의하여 이루어진 쇠의 성향과 비슷하고 가장 많은 金의 뜻을 가지고 있어서 쇠金자를 사용하는 것이다.

金이라는 것을 쇠라고 한다면 역시 자력을 가지고 있는 것과 자력을 가지지 못한 것으로 나누어져 있다. 자력을 가진 것으로 자연적인 철광석이나 재련되어 쇠로 가공된 것이 있으며, 자력이 없는 것은 비철이나 보석 같은 것이 있다고 할 수가 있다. 때문에 金이라고 하는 것은 단단하고 오랫동안 보존하기 위함이고, 때로는 하염없이 부드럽고 끊임없이 전해지기 위함일 것이다. 金은 火와 깊은 관계를 맺고 있으며 이를 금화교역(金火交易)이라고 표현한다.

이를 어느 십신에 해당하는지 알 수가 있다면 나 이외의 누군가에게 전하는데 장애가 있을 수가 없을 것이다. 과연 십신에서 金의 성향과 비슷한 뜻을 가지고 있는 것은 무엇일까 사고(思考)하여 보자. 아무래도 관성(官星)이 가지고 있는 뜻과 비슷할 것이다. 관성(官星)이란 스스로 이루어지는 것이 아니고 타에 의하여 만들어지고 인정받는 것이다. 때문에 金이라는 오행이 관성(官星)을 지향하듯 관성(官星)도 金의 성향을 가장 많이 따른다고 할 수가 있을 것이다.

金라는 오행은 어떠한 원인으로 관성(官星)과 관계가 있으며 왜 비겁(比劫)을 원하는지 알아보자. 관성(官星)이라는 것은 스스로 이루어지는 것이 아니고 타 오행에 의하여 생겨나는 것이라고 할 수가 있다. 때문에 관성(官星)은 누구가의 도움이나 인정을 절실하게 필요로 한다는 것이다. 그래서 金의 본성과 관성(官星)의 성향이 같다고 생각한다. 또한 관성(官星)은 일상적으로 계급구조라고 하는 것이며 이러한 계급은 비겁(比劫)에 의하여 이루어지고 비겁(比劫)이 존재할 경우에만 필요로 한다. 그래서 관성(官星)은 비겁(比劫)을 항상 그리워할 것이다. 그래야 관성(官星)은 자신의 목적을 다할 수가 있기 때문이며 관성(官星)은 비겁(比劫)이 존재하지 않으면 쓸모가 없어진다. 관성(官星)은 비겁(比劫)에 의하여 만들어진 것이며 비겁(比劫)에 의하여 관성(官星)의 구실을 확실하게 할 수가 있기 때문이다.

예문)
시 일 월 년
甲 庚 戊 壬
申 辰 申 申

25세의 아가씨이다.

사주구성은 金비견(比肩)이 강하며 辰土편인(偏印)과 合을 하여 水식신(食神)으로 변화하였다. 하여 식신(食神)이 강하게 작용한다고 할 수가 있다. 金비견(比肩)을 이렇게 해석하여야 할 것이다. 본래 金비견의 본성이 편관(偏官)으로 비견(比肩)을 요구하고 있다. 일주 庚辰편인(偏印)은 이렇게 해석하여야 한다. 즉 강력한 지극히 평범한 편재(偏財)가 역시 편재를 원한다는 것이다. 이를 이야기로 풀어본다면 이러할 것이다. "항상 친구들과 새로운 것에 관심을 많이 가지고 고집스럽게 나름대로 자기만의 지식으로 재물을 만들어보고 싶어 할 것이다." 여기서 金이라고 하는 것은 자연에는 없으며 타 오행에 의하여 만들어진 것이다. 金은 자연스럽게 이루어진 庚金과 이것을 다시 가공(加工)하여 만들어진 辛金으로 나누어서 이야기를 하여야 할 것이다. 또한 가장 강하고 단단하다고 하지만 반대로 가장 부드럽고 연약한 것이라고 할 수도 있다.

5) 수(水)= 종교권

흐르는 것은 지혜이면 인성(印星)이다. 지혜는 밝고 총명해야 하며 순수하고 항상 변화 발전하여야한다. 그래서 식상(食傷)을 원하고 있다.

壬 : 편인(偏印)+식신(食神)
癸 : 정인(正印)+상관(傷官)

水라는 오행을 십신이라는 공간속에서 무엇으로 표현하여야 적당할 것인지 생각하여 보자. 水라는 오행의 근본이 과연 어느 십신과 비슷한 뜻을 가지고 있으며 성향이 닮았는지 알아야 할 것이다. 水라는 오행도 크게는 두 가지로 나누어 이야기를 하여야 한다. 다시 이야기를 한다면 水라는 것은 흐르는 것으로 水라는 것이 흐르는 물이라고 생각하여 이야기를 꾸며보자. 물은 흐르는 액체(液體)와 증발하는 기체(氣體)로 나누어질 것이다. 水를 흐르는 물에 비교하는 것은 水오행이 전하고자 하는 근본을 흐르는 물이 가장 많이 가지고 있다는 것이며 그 성향이 비슷하다는 것이다. 때문에 물水자로 표현하는 것이다.

　水라는 것을 흐르는 물이라고 한다면 액체와 기체로 나누어지며 액체는 또 다시 민물과 짠물로 나누어지고 흐름이 느린 기름이나 증발이 빠른 화공(化工)으로 나누어지기도 한다. 기체로는 위로 오르는 수증기나 아래로 내려오는 이슬로 나누어지며 밑에서 피어오르는 안개나 위에서 떨어지는 비나 눈(雪)으로 나눌 수도 있다. 이렇게 다양한 水는 흐르는 것인데 물은 물의 무게와 중력의 때문에 아래로 흐르는 것이다. 그리고는 숨어버린다.

　과연 水라는 오행은 어느 십신과 비슷한 성향을 가지고 있는지 알 수가 있다면 이야기를 풀어 가는데 상당히 이로울 것이다. 과연 십신에서 水의 뜻을 가장 많이 가지고 있는 십신은 무엇일까 하고 생각하여 보면 인성(印星)이 가장 적합하다는 것을 알 수가 있다. 水의 특징은 절대적이고 영원하다는 것이며 늘어남도 줄어둠도 없으며 오로지 대자연속에 생존하는 모든 것의 젖줄과도 같은 것이며 가장 많이 존재하는 것이다. 때문에 인성(印星)이라는 십신의 성향과 비슷하다고 할 수가 있다. 인성(印星)이라는 것은 생명의 어머니요. 인간사에 가장 중요한 지혜로움이다.

　水라는 오행은 어떠한 원인으로 인성(印星)으로 표현하며 무엇 때문에 식상(食傷)을 원하는지 알아보자. 인성(印星)이라는 것은 만물의 근본이다. 때문에 끝임 없이 새로운 것이 생겨나는 것이다. 일상적으로 인성(印星)이란 어머니요 학문이고 인격이며 종교이다. 이러한 것이 항상 변화하고 발전하여야하기 때문에 식상(食傷)의 존재를 외면하지 못한다. 그러므로 인성(印星)은 새로운 진화와 발전을 요구한다는 것이며 식상(食傷)이 있으므로 인성(印星)이 진화를 할 수가 있다는 것이다. 이러한 인성(印星)은 항상 새로운 모습으로 변화하기를 즐겨하므로 인하여 식상(食傷)을 그리워한다는 것이다. 이는 식상(食傷)으로 인성(印星)의 모습으로 새롭게 태어날 수가 있다는 것이며 인성(印星)이 식상(食傷)을 원하지 않는다고 한다면 인성(印星)의 의미가 사라진다고 할 것이다.

예문)
시 일 월 년
辛 壬 己 庚
丑 子 丑 子

57세의 중년 남자이다.

섣달 水기운이 강한 사주이다. 다시 이야기를 한다면 모든 것이 얼어있다는 것이다. 子水겁재(劫財)는 丑土정관(正官)과 合하여 土정관(正官)이 된다는 것이다. 다시 이야기를 한다면 월주의 己土를 土라고 이해하지 말고 작은 덩어리라고 생각하여보자. 즉 내실이 단단한 작은 기업이라고 생각하면 편안할 것이다. 子水는 본래가 양(陽)인데 음(陰)기운이 강하여 겁재(劫財)로 읽는다. 하지만 이는 표면적이며 내면에는 양의 기운이 작용하고 있다. 다시 이야기를 한다면 남자의 외모가 아무리 곱다하여도 생각은 남성적이라고 한다는 것이다. 여기서 子水겁재(劫財)를 이렇게 해석하여야 한다. 水겁재(劫財)의 본성은 표면적으로 정인(正印)으로서 상관(傷官)을 원하고 있는 것처럼 보이지만 사실은 편인(偏印)이 식신(食神)을 원하고 있으므로 인하여 상당히 전문적인 지식을 가지고 연구 분석하여 개발한 것이라고 할 것이다. 즉 힘들게 배운 학문으로 새로운 것을 만들어 丑土정관(正官)을 설립한다는 것이다. 丑土정관(正官)의 본성은 정재(正財)이며 더욱 철저한 정재(正財)를 원하므로 작지만 알찬 것을 계획한다는 것이다. 水가 검은 색(色)이라고 하는 것은 빛이 깊이 통과하지 못하고 굴절하기 때문에 어둡다는 이야기이며 水가 子月에 가장 강하다는 이야기는 많다는 것이 아니고 가장 맑다는 이야기이다.

7

오행(五行)과 육기(六氣)

7.
오행(五行)과 육기(六氣)

　오행이라는 것은 음(陰)과 양(陽)이 결합하여 생겨난 것이다. 이렇게 생겨난 오행 속에 또 다른 음과 양이 존재한다는 것이다. 다시 이야기를 한다면 하나의 오행에는 음과 양으로 나누어져 있으며 이렇게 나누어진 음양이 다시금 결합하여 여섯 가지 기운을 드러내고 있다. 이를 육기(六氣)라고 하는 것이다. 이렇게 나누어진 기운 속에도 음양이 존재하고 또 분열하여 36가지의 기운으로 확장되고 이들이 또 분열하고 분열하여 수만(數萬)가지의 동식물이 생겨나는 것이 자연이라고 할 것이다.

1) 木의 기운(氣運)

　자연으로 나무라고 할 것이다.
　자연으로 이야기를 한다면 나무를 木이라고 한다. 즉 식물들을 두고 하는 이야기이다. 식물들은 바람에 의하여 꽃가루가 천지 사방으로 흩어지면서 수정(授精)을 하려고 한다. 가능한 것은 무엇이든 수정된다. 다시 이야기를 한다면 소나무가 잣나무와도 수정이 가능하다는 것이다. 이들의 원조(元朝)는 분명하게 水의 이끼에서 시작되었을 것이다.

자연으로 이야기를 한다면 "乙卯는 申月 코스모스처럼 무리를 지어서 붉게 피었지만 시간이 亥時라서 바라보는 이가 드물 것이다."

행위로는 살아있다.
행위로 이야기를 한다면 살아있는 것은 木이라고 하며 이는 암컷과 수컷으로 나누어지고 이들이 핵 분열하듯 하여 가족이 씨족으로 씨족은 국가를 만들고 국가가 모여서 세계화를 이루는 것이다. 비겁(比劫)의 원조이다.

행위로 이야기를 한다면 "乙卯는 일찍부터 가사를 돌보면서 지속적으로 학업을 이어가지 못하고 직업을 구하기 위하여 중단하였을 것이다."

음양으로 동적(動的)과 정적(停的)으로 나누어진다.
음양으로 이야기를 한다면 움직이는 것은 木이라고 한다. 동력으로 고정되어 돌아가는 것이나 자동차처럼 동적으로 움직이는 것이다. 다시 이야기를 한다면 정적이지만 힘을 전달하여 동적으로 움직이게 하는 것이 있으며, 동적이지만 정적으로 힘을 전달하는 전파 같은 것도 木에 해당한다. 木의 역마(役馬)이다.

음양으로 이야기를 한다면 "乙卯는 밖으로는 동적(午卯파(破))이고 안으로는 정적(亥卯합)이라고 할 것이다."

사상으로는 생(生)노(老)병(病)사(死)의 길을 선택한다.
사상으로 이야기를 한다면 생노병사의 길을 따르는 것은 木이라고 한다. 태어나고 늙고 병들어서 죽음을 맞아하는 것들이나 만들어서 사용하다가 노화(老化)되어 고장이 자주나면 폐기처리 하는 기계들이나 구름에서 비가 되어 내려서 흐르다가 증발하여 사라지는 것처럼 이러한 것도 木의 기운이라고 한다.

사상으로 이야기를 한다면 "을묘는 7월에 시작하여서 어려울 것이고 왕성할 때 이러한 고통은 후반으로 가면서 조금씩 좋아진다고 할 것이다."

목적으로 윤회(輪回)하기 위함이다.
목적을 두고 이야기를 한다면 윤회하는 것은 木이라고 한다. 다시 이야기를 한다면 돌고 돌아가는 것은 木의 기운이라고 하는 것이다. 밖으로 노출되어 돌아가는 것이나 감추어져 보이지 않게 돌아가는 것은 木의 기운으로 이루어지는데 이들이 멈추어버리면 木의 기운이 타 오행의 기운으로 변화된다.

목적으로 이야기를 한다면 "乙卯는 여하한 경우라고 하여도 丁火를 위하여 최선을 다하고 싶다는 것이다."

결론은 탄생(誕生)과 재생(再生)을 하려고 한다.

즉 새롭게 탄생되거나 재생되는 것을 木이라고 한다. 결론적인 이야기이다. 양적인 탄생이며 음적으로 재생되는 것이 木의 기운이 없다면 불가능한 이야기이다. 그러하기 때문에 木오행의 종말은 없다는 것이며 영원히 종족번식의 본능적 사명을 가지고 있다는 것이다.

결론으로 이야기를 한다면 "乙卯는 평소에 다양한 방법으로 조금씩 모아서 큰 재물을 모우고 싶은 것이다."

예문)
시 일 월 년
丁 乙 丙 丙
亥 卯 申 午

이러한 여자의 사주가 있다면 여기서 木의 기운을 어떻게 이야기를 하여야 할 것인가이다. 乙卯(비견) 생각을 이렇게 해석하여 보자. 본성은 겁재(劫財)로서 정인(正印)을 원한다고 하는데 가장 우선적으로 合하여 木으로 변화하는 亥水인성(印星)과 같이 풀어 보자. 乙卯는 평소에 집에서 새로운 학문을 반복적으로 학습한다. 다시 이야기를 한다면 복습과 예습을 한다는 것이다. 亥水정인(正印)의 해석은 이러할 것이다. 본성이 정인(正印)으로서 상관(傷官)을 요구한다는 것이지만 근본적으로 亥水는 음(陰)水이면서 표면적으로 양(陽)의 행위를 한다는 것이다. 때문에 편인(偏印)

이 식신(食神)을 요구하니 식신(食神)은 재물을 겁재(劫財)하려고 할 것이다. 다시 이야기를 한다면 乙木은 전문적인 지식을 배워서 생활에 보탬이 되었으면 하고 있다는 것이다.

2) 火의 기운(氣運)

자연으로 불이라고 한다.

자연으로 이야기를 한다면 불을 火라고 한다. 다시 이야기를 한다면 불이라고 하는 것이 자연에서 火오행이 전하고자 하는 것을 가장 많이 가지고 있다는 것이다. 불이라고 하는 것은 양으로 뜨거운 열기(熱氣)가 있으며 음으로 밝은 빛을 발산한다는 것이다. 빛이 강하면 분명하게 열이 발생하는데 열이 강하면 반듯이 빛이 난다는 것은 아니다. 다만 또 다른 표현으로 가능할 것이다.

자연으로 이야기를 한다면 "乙卯는 일찍부터 어려운(丙) 가정을 위하여 자신이 희생(午)되어 좋아지길 바라는 것이다."

행위로는 형체(無形)가 없는 것이다.

행위로 이야기를 한다면 형체(形體)가 없는 것이 火이다. 형체가 없어도 그 모양을 드러내는 경우가 있으며, 형체가 있어도 그 모양을 잡을 수가 없는 것도 있다. 때문에 형체는 비록 없지만 다양한 방법으로 자신을 드러내고자 하는 것이다. 하여 火의 기운을 가진 것은 형체가 있으나 그림 같은 것이 있고 또는 느낌으로 분명하게 있다는 것이다.

행위로 이야기한다면 "乙卯는 나름대로 최선을 다하여 가정을 위하여 희생하지만 돌아오는 것은 원망(卯午破)뿐이다."

음양으로 열(熱)과 빛(光)으로 나누어진다.
음양으로 이야기를 한다면 열과 빛을 火라고 한다. 열은 형체가 없다. 하지만 느낌으로 알 수가 있다. 빛은 형체가 있다. 하지만 잡을 수는 없다. 다시 이야기를 한다면 열이라고 하는 것은 사방(四方)으로 펼쳐나가는 것이고, 빛이라고 하는 것은 한 방향으로 집중(集中)되는 것이다. 빛을 가지고 음과 양으로 분리한다면 빛인 음은 어둠속에 한곳으로 집중되는 것이고 양은 어둠속을 밝히는 것이라고 할 것이다.

음과 양으로 이야기한다면 "乙卯의 생각은 정말 하기 싫은데 어쩔 수 없이 하여야 한다는 것이다."

사상으로 생각하면 안(眼)이(耳)비(鼻)설(舌)신(身)의(意)에 해당한다.
사상으로 이야기를 한다면 안 이 비 설 신 의가 전부 火의 기운에 해당한다. 다시 이야기를 한다면 보고 듣고 냄새와 맛 그리고 피부로 느끼는 것을 하나의 생각으로 뭉쳐서 정확한 답을 구하려고 하는 것이다. 비록 무형(無形)이라고 하여 없는 것은 아니라는 것이다. 분명 존재는 하는데 이를 알아차릴 수가 없을 뿐이라고 하는 것이다.

사상으로 이야기한다면 "乙卯는 공부하는 친구가 부럽고 듣기 싫은 잔소리에 화장품향수가 그립고 수다도 떨고 싶고 멋도 부리고 싶은데 뜻대로 되지 않으니 힘들고 피곤한 시절이다."

목적으로 명(明)과 암(暗)을 가리는 것이다.
목적으로 이야기를 한다면 밝음과 어둠이 火의 기운이다. 다시 이야기를 한다면 색(色)이라는 것이 火라고 하는 것이다. 즉 검은 색도 火이므로 어둠이 火의 기운에 속하는 것이다. 그래서 밝은 것은 양의 기운이고 어두운 것은 음의 기운이다. 때문에 그림이나 사진속의 색감(色感)을 火의 기운에서 이야기를 하여야 한다.

목적은 이러할 것이다. "乙卯의 기억에서 지울 수 없는 기억(丙)들을 자식을 통하여 대리 만족(丁)을 하고 싶다."

결론은 희생(犧牲)과 봉사(奉仕)이다.
결론적 이야기는 희생과 봉사이다. 火의 기운은 오로지 드러내고 보여주는 것일 뿐 아무런 댓 가가 없다는 것이다. 양적으로 봉사하고 음적으로 희생만 당하는 것이지 아무런 보답이 없을 것이다. 그러하기 때문에 火오행은 형체가 없고 타 오행을 이롭게 할 뿐이다.

결론은 "乙卯는 사무실에서 많이 움직이지 않고(亥) 찾아오는 지인이나 방문객(亥卯合)을 통하여 좋은 이야기(丁)를 해주고 재물(未)을 취하고 싶은 것이다."

예문)

시 일 월 년
丁 乙 丙 丙
亥 卯 申 午

年 月의 丙火상관(傷官)과 時의 丁火식신(食神)이 있다. 같은 오행이라고 하여도 부여된 십신이 다르고 본성과 원하는 것이 다르기 때문에 이야기를 다르게 하여야 한다. 년주의 丙火상관(傷官)이 지지 식신(食神)위에 자리하고 있지만 일지의 卯木비견(比肩)(劫財+正印)과 파(破)를 하고 있다는 것이다 여기서 丙火상관(傷官)의 해석은 식신(食神)(생계)과 편관(偏官)(곤란)으로 이야기를 하여 보자. 즉 어린(년주)시절 가정이 어려워서(午卯破) 乙木은 학업을 원만하게 할 수가 없었다는 것이다.

時의 丁火식신(食神)(正印+傷官)은 자신이 이루지 못한 학업을 자식이 하여주길 바란다는 것이다.

3) 土의 기운(氣運)

자연으로 흙이라고 한다.

土를 자연으로 이야기를 한다면 흙이라고 할 수밖에 없다. 이는 흙이라는 것이 土오행이 전하고자 하는 깊은 뜻을 가장 많이 가지고 있다는 것이다. 흙이라고 하는 것은 대자연의 모든 것을 안고 있으며 나무와 물 그리고 바위로 이루어져 있으며 흙속 깊은 곳에는 뜨거운 열을 품고 있다. 다만 흙이라는 것이 다양한 모습으로 드러내고 있다는 것을 알아야 할 것이다.

자연으로 이야기를 한다면 "乙卯는 보이지 않은 土를 그리워할 것이다. 하여 음신으로 未土편재(偏財)를 생각한다면 여러 가지 상담을 하여주고 수익을 올리고 싶다는 것이다."

행위로는 받아들이는 것이다.
행위로 이야기를 한다면 무엇이든 조건 없이 받아들이고 있다는 것이다. 어떠한 오행이라고 하여도 이유 없이 원하는 대로 받아만 주는 것이 아니고 새로운 것이 생겨나도록 이로움도 주고 있다는 것이다. 다시 이야기를 한다면 무엇이든 담아두는 것을 土라고 한다는 것이다. 담아두는 자루나 그릇 또는 가방과 주머니까지 土의 기운에 해당하는 것이다.

행위로 이야기를 한다면 "乙卯는 항상 동시 다발적인 직업을 가지고 많은 수익을 있었으면 한다."

음양으로 높고 낮음으로 구분한다.
土의 음양은 지면이 고르지 못하고 위로 솟아 올라있는 양적인 土와 아래로 꺼져 있는 음적인 土가 있다. 이를 음양으로 이해하여야 할 것이다. 다시 이야기를 한다면 산과 골자기를 표현하는 방법이다. 즉 고지대는 戌土에 해당하고 저지대는 丑土에 해당한다는 것이다. 지면이 고르면 辰土이고 분지를 未土로 표현하는 것이다.

음양으로 이야기를 한다면 "乙卯는 未土편재(偏財)를 원하는데 이는 변화가 많이 없는 일정한 재물을 모아서 큰 재물이 되기를 바라는 것이다."

　사상으로 생각하면 습(濕) 탄(炭) 건(乾) 동(冬)에 해당한다.
　사상으로 이야기를 한다면 수분(水分)이 많은 土와 수분이 적어서 건조한 土 그리고 강한 열 기운으로 수분이 없는 土가 있으며, 때로는 수분이 너무 많아서 얼어버린 土가 있다. 이처럼 다양한 모양으로 土의 기운을 표현하는 것은 오행의 중심이 되어 있기 때문이라고 할 것이다. 만약 오행의 중심에서 벗어난 이야기를 한다면 알 수 없는 공간(空間)이라고 하는 것이 좋다.

　사상으로 이야기를 한다면 "乙卯가 원하는 未土편재(偏財)는 수분이 전혀 없는 土로서 乙木에게 고통스러운 것이지만 乙木은 이를 알면서도 습하려고 찾고 있다는 것이다."

　목적으로 유(有) 무(無)을 가리는 것이다.
　土의 목적은 있는 것과 없는 것으로 나누어 이야기할 수가 있다. 다시 이야기를 한다면 무형의 공간인 하늘과 유형의 공간인 땅이라고 하여야 한다. 무엇이든 공간을 제공하여주지 않는다고 한다면 타 오행의 존재가 희박할 것이다. 하여 유형이 존재하는 공간과 무형이 들어갈 수 있는 공간 확보가 土의 목적일 것이다. 예를 들어 사람의 피부가 유형의 土이며, 영혼이나 생각은 무형의 土인 공간에서 존재하는 것이다.

　목적으로 이야기를 한다면 "乙卯의 목적은 자유로운 영혼으로 넓은 세상을 마음대로 이루어지길 바라는 것이다."

결론은 공간(空間)과 연결(連結)이다.

土의 결론은 어떠한 공간과 연결이다. 다시 이야기를 한다면 무형의 공간에서 만들어진 것들이 유형의 공간에서 무엇인가 새롭게 생겨날 수 있도록 연결하여 준다고 할 것이다. 때문에 무(無)에서 유(有)가 창출(創出)되는 것이며 유에서 무로 돌아가는 것이라고 한다. 여하한 경우라고 하여도 土를 이용하지 않고 표현한다는 것은 불가능하다는 이야기이다.

결론은 "모든 것은 乙卯를 통하여 이루어져야 한다는 것이다. 다시 이야기를 한다면 나와 인연된 자는 모두 여기로 모여라는 것이다."

예문)
시 일 월 년
丁 乙 丙 丙
亥 卯 申 午

이 명조에 土가 없다. 년주丙午식신(食神)의 지장간에 己土편재(偏財)와 시주 亥水정인(正印)의 지장간에 甲木겁재(劫財)가 合하여 土편재(偏財)가 되므로 이는 내가 어릴 때 하고 싶은 작은 꿈을 자식을 통하여 이루고 싶다는 것이다. 물론 다양한 이야기를 할 수가 있지만 火의 예문에서 이어서 이야기를 한다면 그러하다는 것이다. 또한 음신으로 戌土정재(正財)를 원하고 있는데 이를 해석하려면 편재(偏財)가 편재(偏財)를 원한다고 해석하여야 한다. 다시 이야기를 한다면 卯木비견(比肩)이 戌土정재(正財)와 합하여 火식신(食神)으로 변화하는데 이는 卯戌合火식신(食神)의 이론은 작은 것에 집착한다. 라고 할 수가 있으니 작은 돈을 들여서 午戌합火상관(傷官)이므로 눈치껏 공부를 하고 싶다는 것이다.

4) 金의 기운(氣運)

자연으로 쇠라고 한다.

자연으로 이야기를 한다면 쇠라고 할 수가 없고 돌(石)이라고 하는 것이 옳은 이야기이다. 자연에는 쇠가 없다. 이는 분명 이유가 있을 것이고 어떠한 원인으로 돌이라고 하지 못하고 쇠라고 하였는지 이해를 하여야 할 것이다. 다시 이야기를 한다면 돌이라는 것이 열(熱)에 의하여 쇠로 변형되었다는 이야기이며 이를 자연으로 이야기한다면 본래의 모습이 타 오행에 의하여 변화한 것이다.

자연으로 이야기 한다면 "7월 亥時에 乙卯에 맺은 열매가 상처를 받고 힘들게 매달려있다. 또한 어두운 밤이라서 어느 누구도 관심을 가지지 않는다."

행위로는 단단한 것이다.

행위로 이야기한다면 단단한 것을 金이라고 하는 것이다. 무엇이든 단단하게 변하는 것을 金이라고 하는데 이는 처음에서 오랫동안 유지하기 위하여 본성은 가지고 있지만 외형(外形)이 변화하였다고 할 것이다. 물론 필요에 의하여 내적(內的)으로도 단단하게 변화할 수도 있다는 것이며 분명한 것은 단단하지 못한다면 지속성이 떨어진다는 것이다. 金이란 오랫동안 유지하려고 단단하게 변화하였기 때문이다.

행위로 이야기를 한다면 "申金정관(正官)을 乙卯는 원진(怨瞋)으로 확신을 가지지 못하고 있으니 의욕을 내지 못하고 있다."

음양으로 강(强)과 유(柔)로 구분한다.
음양으로 나누어서 이야기를 한다면 강한 것은 양(陽)적이라고 할 것이며 부드러운 것은 음(陰)적 이라고 할 수가 있다. 金이라는 것이 부드럽다고 한다면 이해하기 어려울 것이다. 하지만 金의 성향이 오랫동안 이어가려면 때로는 더없이 부드러워야 한다는 것이다. 하여 강하거나 부드러운 것은 金의 기운 때문이며 이러한 기운이 없다면 쉽게 멸(滅)하고 말 것이다.

음양으로 이야기를 한다면 "乙卯는 申金정관(正官) 남편이 책임감이 강하고 하염없이 부드러운 남자이길 바라는데 이것이 의심스럽다는 것이다."

사상으로 생각하면 태(台) 란(卵) 습(濕) 화(化)에 해당한다.
사상으로 이야기를 한다면 金은 자신의 목적을 위하여 다양한 방법을 동원할 것이다. 다시 이야기를 한다면 모양을 갖추어 이어지는 태(台)로 외형은 단단하게 하고 내적으로 부드러운 란(卵)이 있으며 먼저 충분한 수분이 있어야 가능한 습(濕)과 지금 수분이 필요 없는 화(化)가 있다. 이러하듯이 金의 기운이 다양하게 이루어져 있으며 오로지 단단하다고 하여 전해지는 것은 아니다. 바람처럼 부드러운 것도 金의 기운이다.

사상으로 이야기를 한다면 "乙卯는 申金정관(正官)이 화(化)하여 생겨난 열매로서 申金지장간에 壬水가 시주(時柱) 丁火식신(食神)과 合하여 악착(비견)같이 살아나고 싶다는 것이다."

목적으로 보존(保存) 보전(保全)을 가리는 것이다.
金의 목적은 보존(保存)하고 보전(保全)하는 것이다. 원래의 모습을 그대로 유지하려는 음적인 보존과 외형은 변화하여도 본래의 모습을 지키고자 하는 양적인 보전으로 구분하지만 같은 의미를 가지고 있다. 수없이 많은 시간이 지나도 金의 기운은 변화를 싫어하며 본래의 목적을 위하여 최선을 다할 것이다. 때문에 무엇이든 변함없기를 바라는 것은 金의 기운이다.

목적으로 이야기한다면 "乙卯는 불안전한 申金정관(正官)이 늦게까지 사회활동을 하고 싶은데 자신감이 조금 부족하다고 느끼는 것이다."

결론은 결실(結實)과 기다림이다.
결론으로 이야기를 한다면 金이라는 것은 결실이며 하염없는 기다림이라고 할 것이다. 어떠한 결과를 원하지 언제까지 기다려야 하는지 기약 없는 시간 속에 타 오행의 도움으로 결과를 기다려야 할 것이다. 金의 기운은 스스로 변화할 수가 없으며 火의 기운을 절대적으로 필요로 한다는 것이다. 지금의 모습을 火의 기운이 없다면 무한한 시간 속에 그대로 있는 것이 어쩌면 기다리는 것의 결론일 수도 있다.

乙卯의 결론은 "어느 누구도 관심을 주지 않고 자신감도 없지만 그래도 고집스럽게 기다리며 자신의 뜻을 이루고자 노력하여 보겠다는 것이다."

예문)
시 일 월 년
丁 乙 丙 丙
亥 卯 申 午

申金정관(正官)으로서 해석하려고 한다면 이러하다. 申金의 본성은 편관(偏官)이 비견(比肩)을 요구한다는 것이다. 그리고 卯木비견(比肩)과는 원진(怨嗔)을 이루고 있다는 것이다. 여기서 卯申원진은 집착이라고 할 수가 있으니 남편에 대한 심각한 집착이라고 할 수가 있으며 이를 이야기로 엮어본다면 "평소에 인내심이 강하여 욱 하는 성격을 억누르고 어떠한 결과를 위하여 최선을 다한다"는 것이다. 만약 본인의 직업관으로 이야기를 한다면 이러할 것이다. 관리직(戊土)으로 卯木비견(比肩)과의 관계가 원활하지 못하여 항상 불만족하다는 것이다.

5) 水의 기운(氣運)

자연으로 물이라고 한다.

자연으로 水를 이야기한다면 한마디로 물이라고 한다. 물이라고 하는 것은 대자연의 젖줄이라고 할 것이며 줄어듦도 늘어남도 없다는 것이다. 그리고 자연속에 물의 필요성은 절대적이며 염분(鹽分)이 없는 민물과 염분을 가지고 있는 함수(鹹水) 즉 바닷물로 구분된다. 물이라고 하는 것은 자연의 근본으로 자연의 모든 것이 물에서 시작된다고 하여도 좋을 만큼 중요하다.

자연으로 이야기한다면 "乙卯는 비록 맑은 물은 아니지만 뿌리를 내리고 물망초 꽃을 피워놓고 바람에 향기를 주변에 피우고 있다."

행위로는 흐르는 것이다.

水라고 하는 것은 흐르는 것으로 행위를 이야기한다. 물이 아니어도 흐른다고 하는 것은 水의 기운이며 흐른다고 표현하는 것은 水의 기운을 가지고 있다는 것이다. 때문에 흐른다고 하는 것은 시간적으로 길다는 의미이며 끝이 없다는 것이다. 어디서 시작하여 어디까지 흘러서 끝이 나는지 알 수가 없으며 돌고 돌아 흐름이라는 것이 영원한 것일 수도 있다.

행위로 이야기를 한다면 "乙卯는 亥水에 의지하여 살아가는데 흐름은 없으며 그렇게 맑지 못하고 부유물이 많으니 말(丁)을 함부로 하므로 인하여 손실을 많다."

음양으로 깊고 얕음으로 구분한다.

음과 양으로 이야기를 한다면 깊은 것을 양(陽)이라고 할 것이며 얕은 것을 음(陰)이라고 할 수가 있다. 水의 기운이 깊고 음으로 표현하는데 이를 인간사로 이야기한다면 변함없는 사람을 두고 마음이 흔들림이 없고 속이 깊다고 표현한다. 이러한 사람은 자기표현을 잘하지 않듯이 깊은 것은 흐름도 변화도 알 수가 없다는 것이다. 얕은 것은 흔들림이 많으며 바닥이 보일 것이며 흐름도 빠르고 변화도 많을 것이다.

음양으로 구분하여 이야기를 한다면 "乙卯가 바라는 亥水정인(正印)은 바닥은 보이지 않지만 그렇게 깊은 것은 아니다. 때문에 공부를 많이 하였다고 할 수가 없지만 어느 정도까지는 하였다는 것이다."

사상으로 생각하면 청(淸) 탁(濁) 냉(冷) 온(溫)에 해당한다.

水의 사상을 이야기한다면 근본은 차고 맑은 것이며 부유물은 아래로 가라앉는다는 것이다. 환경의 영향으로 물의 온도가 올라가면 물은 흐리고 탁하게 변화하면서 부유물이 뜨게 되는 것이다. 물이 아니어도 맑고 차가운 것을 水의 기운으로 표현할 수 있으며 물이 따스하다면 속은 흐릴 것이다. 다시 이야기를 한다면 깨끗하고 더러운 것과 차고 따스한 것의 온도는 水기운으로 표현한다는 것이다.

사상으로 이야기를 한다면 "亥水는 흐리면서 온기가 있다고 할 것이다. 때문에 乙卯의 정인(正印)이 완벽하지 못하지만 열정을 가지고 있었다고 할 것이다."

  목적으로 액체(液體)와 기체(氣體)로 구분된다.
  水기운의 목적은 기체와 액체이다. 그래서 돌고 돌아 줄어듦도 늘어남도 없다는 것이다. 양(陽)으로 바라보면 액체일 것이고 액체는 무거워서 아래로 흘러갈 것이며, 음(陰)으로 바라보면 가벼워서 위로 올라갈 것이니 이를 기체라고 한다. 그래서 높은 대기의 온도가 매우 차다는 것을 알 수가 있을 것이다. 기체와 액체는 수많은 환경의 변화를 일으키는 것이다.

  목적으로 이야기를 한다면 "亥水는 분명 액체(液體)이므로 현실적으로 사용가능한 학문을 배우겠다는 것이다."

  결론은 감춤과 멈춤이다.
  결론으로 水의 이야기를 한다면 시작도 없고 끝도 알 수 없으니 그리고 아래로 흘러 숨어버리고 그렇게 흘러 언젠가는 멈추고자 하는 것이다. 그래서 알 수가 없는 곳에서 시작하여 알 수가 없는 그곳으로 가는 것이 水의 기운일 것이다. 바다에서 멈추고 높은 대기 속에서 보이지 않으니 水의 기운은 드러내고자 하지 않는다는 것이다.

  결론은 "亥水정인(正印)은 멈춤으로서 乙卯는 학문의 진도(進度)가 어느 정도 나가면 더 이상 할 수가 없을 것이다."

예문)

시 일 월 년
丁 乙 丙 丙
亥 卯 申 午

亥水정인(正印)이 자형(自刑)이다. 이를 해석하려고 한다면 亥水의 본성이 정인(正印)이며 상관(傷官)을 요구하고 있다. 그리고 일지 卯木과 合을 원하는데 未土가 음신으로 작용한다는 것이다. 合의 순서에 따라서 안에서(時주) 몰래 공부(亥水自刑)하여 집주변(日과 月주 사이에 未土가 자리함)에서 지인들을 상대(亥卯未合木비견)로 이익(未土)을 남기려고 한다는 것이다. 여기서 亥水정인(正印)은 조금 공부(인성)하여 많이 아는 척(상관)하면서 라고 해석하여야 할 것이다. 물론 시주에 관련된 것이나 다양한 질문에 따라서 亥水와 연관이 된다면 상황에 알맞게 이야기를 꾸며야할 것이다.

8

천간(天干)

8.
천간(天干)

  천간이라고 하는 것은 열개의 글자로 이루어져 있어서 십간(十干)이라고 하는 경우도 있다. 천간이란 과연 무엇을 전하고자하는 것인가가 중요하다. 즉 천간이 전하고자 하는 것은 유형적인 것이 아닌 무형으로 흔히 생각이라고 할 수가 있다. 하지만 생각도 다섯 가지 오행을 음과 양으로 나누어서 열개를 360도의 다양한 방향에서 전하고 있다는 것이다.

  이를 이해하여야 사주팔자에서 비밀스러운 것을 풀어내어 이야기로 전할 수가 있다는 것이다. 천간이라는 글자를 오행의 음과 양으로 표현하여 전하고자 하는 핵심은 사라지고 일반적으로 모양으로 판단하는 경향이 강하다. 왜? 이러한 글자가 천간에 쓰이게 되었는지 알고, 왜? 이러한 글자는 이러한 오행에 배정되었는지 알아야 다양한 방향으로 비밀스럽게 전해주는 뜻을 알 수가 있다는 것이다. 그리고 왜? 갑(甲)이라는 글자가 처음으로 쓰여 지고 계(癸)라는 글은 왜? 마지막에 쓰여 지는가도 알아야 할 것이다. 다시 이야기를 한다면 일반적으로 전해오는 글을 육안(肉眼)으로만 바라보기 때문에 생각하는 폭이 좁고 비밀스런 뜻의 표면만 이해할 뿐이다. 하지만 자연으로 천간을 이해하고 예측하여 다음에 일어날 것을 예견하여야 한다. 단순하게 전해지는 글에 의지하지 말고 비밀스러운 글자를 어떠한 시각으로 보아야 되는지 알아보자.

"木의 눈은 육안(肉眼)으로 외부를 판단하는 것이고, 火의 눈은 불안(佛眼)으로 참모습을 볼 수가 있어야 할 것이고, 土의 눈은 천안(天眼)으로 넓은 공간을 볼 수가 있어야 하고, 金의 눈은 법안(法眼)으로 전하고자 하는 것을 볼 수가 있어야 하고, 水의 눈은 혜안(慧眼)으로 본질을 볼 수가 있어야 한다는 것이다."

천간을 한자로 풀어보면 이러할 것이다.
갑(甲) : 거북이 등딱지를 형상화한 것으로 "우레"에 비유한다.
을(乙) : 하늘을 나는 새를 나타내는 것으로 "바람"에 비유한다.
병(丙) : 밝다는 의미를 가지고 있어서 "태양"을 상징한다.
정(丁) : 한곳을 바라본다는 의미에서 빛을 상징하는 "별"에 비유한다.
무(戊) : 허공으로 무한한 공간속에서만 나타나는 "노을"에 비유한다.
기(己) : 지속적으로 변화하는 몸을 나타내는 것으로 "구름"에 비유한다.
경(庚) : 결실을 나타내며 지속적으로 변화하는 "달"에 비유한다.

신(辛) : 변화한다는 의미고 살상(殺傷)을 뜻하기 때문에 "서리"로 비유한다.

임(壬) : 임신을 뜻하며 만물은 물에서 시작되기 때문에 "봄비"로 비유한다.

계(癸) : 헤아린다는 의미로 기체로 이루어진 "안개"에 비유한다.

1) 갑(甲)

甲은 오행으로 木으로 설정하였으며 음양으로는 양(陽)에 해당한다. 자연 속에서 비교하여 이야기를 한다면 木이라고 하는 것은 살아있는 것이고 생명을 가진 것은 암컷과 수컷으로 나누어진다는 것이다. 때문에 甲木은 무실(無實)에 해당하므로 인간사로 이야기하면 남자이다. 특징으로는 종족번식을 위한 종자(種子)는 가지고 있지만 직접적으로 번식은 할 수가 없다는 것이다.

木의 목적은 지속적으로 진화하는 것으로 천간에서 처음으로 배정되어 있다. 이는 처음 점성술의 시작이 거북이 등껍질에서 시작되었기 때문이다. 살아있는 것을 대표하여 이를 木이라는 오행으로 압축하였으며 양(陽)적이라고 하는 것은 꽃은 피울 수가 있지만 열매를 맺지 못하기 때문이다. 다시 이야기를 한다면 살아있는 것으로 진화하는 것이라고 할 수가 있다.

木이라는 것이 살아있는 것만은 아니다. 특히 甲木 이라고 하는 것은 직선적으로 움직이는 것으로 생사(生死)를 넘나드는 것이다.

또한 재생(再生)이나 윤회(輪回)는 하지만 생로병사(生老病死)의 길이 짧은 것이 아니고 강하기 때문에 변화를 싫어한다는 것이다. 가장 먼저 천간에 배정되었기 때문에 甲木을 우선권을 준다는 것이다. 즉 장자(長子)나 우두머리에 해당되며, 어떠한 십신이 부여되어도 甲木의 다양한 이론과 특징을 이야기 할 수 있어야 할 것이다. 그리고 양(陽)의 성향을 가지고 있으며 자연에서 우레로 표현하는데 이러한 것까지 세밀하게 십신을 해석하여야 하고 적절하게 응용하여야 할 것이다. 때로는 己土와 합하여 土오행으로 변질되는 경우가 있다는 것을 염두 해주기 바란다.

예문)
시 일 월 년
癸 乙 己 甲
未 卯 巳 寅

년주의 甲寅이 겁재(劫財)로 자리하고 있다. 을묘(乙卯)의 입장에서 바라보면 장남인 오빠라고 할 것이며 월간의 己土가 재성(財星)과 합을 하려고 생각하고 여자에게 주권을 주고자 하겠지만 지지가 寅巳刑으로 이루어져 있으니 쉽게 자신의 생각이 이루어지는 것이 어렵다고 할 것이다. 다시 이야기를 한다면 甲寅은 무실(無實)수인데 刑으로 이어지기 때문에 자식을 두기 어렵다고 할 것이다. 하여 시주 癸未를 바라보지만 이는 甲木의 인성(印星)이라서 어머니와 함께 여생을 보내야 할 것 같다는 이야기이다.

여기서 甲寅은 이러할 것이다. 본성이 비견(比肩)으로서 지극히 평범하고 일반적인 생각이라고 할 것이며, 편인(偏印)을 요구하기 때문에 이는 자신도 모르게 한쪽으로 기울어진다는 것이다. 다시 이야기를 한다면 편견을 가지고 있다는 것이다. 천간과 지지가 같으므로 이를 실천적으로 옮겨진다는 것이 문제이다. 즉 자신의 생각을 행동으로 옮겨지면서 습관적이 되어 있다는 것이다.

2) 을(乙)

乙은 오행으로 木에 설정되어 있으며 음양으로는 음(陰)에 해당한다. 인간사로 이야기를 한다면 여자의 특징을 가지고 있다는 것이다. 그리고 정적(靜寂)이며 천간에서 두 번째로 배정되어 있으며 자연에서 바람이라고 한다. 새 乙자를 木이라는 오행에 설정한 것은 역시 살아있는 것으로 종족번식을 목적으로 하기 위함이다. 또한 아무리 큰 나무라 하여도 열매를 맺는다면 이는 분명 乙木에 해당한다는 것이다. 즉 아무리 기골이 장대(壯大)하여도 자식을 낳는다면 여자라는 이야기이다. 두 번째에 배정된 것은 역시 점성술이 발달되면서 나는 새를 잡아서 점을 치는 것에서 유래된 것이다.

乙에 어떠한 십신이 부여되어도 乙木의 다양한 이론과 특징 그리고 음적인 성향으로 이야기하여야 할 것이며 때로는 乙木이 金으로 변질되는 경우도 있다는 것을 알아둘 필요가 있다. 이를 십신을 해석하는데 적절하게 응용하여야 할 것이다. 木이라는 것이 살아있는 것만은 아니다. 특히 乙木 이라고 하는 것은 직선적이지 못하며 곡선으로 부드럽고 재생(再生)이나 윤회(輪回)는 하지만 생로병사(生老病死)의 짧은 것이 특징이며 잘 변화한다고 할 것이다.

예문)
시 일 월 년
癸 乙 己 甲
未 卯 巳 寅

일주 乙卯의 본성이 겁재(劫財)이며 인성(印星)을 요구한다. 겁재(劫財)는 재물에 대한 겁탈이며 탈재이기 때문에 금전적인 방면에는 예민하다는 것이며, 인간사로 이야기를 한다면 인성(印星)에 대한 불안한 심정이라고 할 수가 있다. 乙木은 유실(有實)수이기 때문에 자식에 대한 애착이 남다를 것이며 특히 이사주의 자식은 巳火 상관(傷官)으로서 맺지는 못하여도 수정단계이기 때문에 더욱 자식에 대한 집착이 강하다고 할 수가 있다.

시지 未土와 합을 하여 재물에 집착을 하지만 未土편재(偏財)는 巳火상관(傷官)과 합하여 寅巳刑을 이루고 있다. 자신의 재물은 부모 형제들과 자식을 위하여 투자할 것이며 만약 결혼하여 자식을 두기 전이라면 巳火의 지장간속에 庚金이 자연스럽게 탕진할 것이라고 예상할 수가 있다. 그리고 천간과 지지가 같으므로 자신의 생각을 실천하려고 하는 성향이 강하고 외부로부터 간섭을 싫어하면서 자신의 주장을 강하게 밀어 붙이려 할 것이다.

3) 병(丙)

丙을 오행으로 火에 설정하고 음양으로는 양(陽)으로 해석한다. 즉 火로 이야기를 한다면 열(熱)기운이 강한 것이라고 할 수가 있다. 그리고 천간에 세 번째로 배정되어 있으며 자연에서 하늘의 태양이라고 한다. 남녘 병자가 火오행으로 설정된 것은 뜨겁다는 의미이며 형체가 없는 모든 것을 火라고 하는데 특히 丙火는 무형적이라고 할 수가 있다.

세 번째로 천간에 배정된 사유는 역시 점성술이 발달하면서 하늘 높이 떠오르는 태양을 보고 점치는 것에서 유래되었다. 아무리 작은 불이라고 하여도 열기가 강하면 양적이라고 생각하여야 할 것이며 무엇이든 열 기운이 발생한다면 丙火의 기운이 있다고 할 수가 있다. 또한 보이지 않아도 열 기운을 가지고 있다면 丙火로 인식하여야 한다. 때문에 丙火에 어떠한 십신이 부여되어도 火의 다양한 이론과 특징 그리고 양적인 성향으로 이야기하여야 할 것이다. 丙火는 항상 새롭게 뜨고 변함없이 뜨겁다. 그리고 가장 높은 곳에 가장 필요로 하는 것이 태양이라는 것이다.

예문)
시 일 월 년
丙 庚 戊 己
戌 申 辰 亥

시주의 丙火편관(偏官)이 戌土편인(偏印)의 묘지(墓地)에 있으니 생각은 높고 넓은 곳까지 이름을 알리고 싶지만 꿈일 뿐이다. 하지만 丙火가 힘을 받은 행운이 온다면 문제는 달라지는 것이다. 丙火가 낮에 태어났다면 태양처럼 해석하면 좋은데 이렇게 밤에 태어났다면 태양으로 해석하면 안 된다. 이는 밤에 태양이 있을 수가 없다는 자연의 이치이기 때문이다. 하여 여기서는 庚金이 달이므로 달빛이라고 표현하여야 할 것이다. 다시 이야기를 한다면 달빛이 없으니 이름은 희망사항일 뿐이라고 이야기하여야 할 것이다. 특히 丙火편관(偏官)의 본성은 식신(食神)으로 무엇을 하는가에 따라서 해석을 다르게 할 수가 있으며 편관(偏官)을 원한다. 편관(偏官)이 명예라고 한다면 최고의 자리일 것이며 새로운(食神) 것으로 명예(偏官)를 취한다는 것이다.

4) 정(丁)

丁이라는 글은 火오행에 설정하고 음(陰)적으로 해석한다. 불이라는 것으로 이야기를 한다면 우리가 느끼는 뜨거운 열(熱)기운이 아닌 바라볼 수 있는 불빛이라고 할 수가 있다. 그리고 천간에 세 번째로 배정되어 있으며 자연에서 밤하늘의 별이라고 한다. 고무래 丁자가 火오행에 설정된 것은 빛의 반사(反射)나 굴절(屈折) 또는 복사(輻射)된다는 의미이다. 형체가 없는 것이 火라고 하지만 丁火는 유형으로 오감(五感)에 의하여 알 수가 있다는 것이며 특히 눈으로 볼 수는 있는데 잡을 수가 없다는 것이다.

네 번째로 천간에 배정된 사유는 역시 점성술이 발달하면서 밤하늘의 별들을 보고 점치는 것에서 유래 되었다. 점성술의 시초라고 생각할 수 있으며 지금 흥행하는 타로가 丁火의 원조라고 이야기하고 싶다. 열(熱)에 의하여 무엇인가가 생겨나서 오감(五感)으로 알 수가 있다면 丁火로 인식하여야 한다. 어떠한 십신이 부여되어도 丁火의 다양한 이론과 특징 그리고 음(陰)적인 성향으로 이야기하여야 할 것이다. 丁火의 특징은 오감으로 알 수가 있으며 화려하고 복잡하다는 것이다. 그리고 고무래라고 하는 것은 농기구의 일종으로 곡식을 한곳으로 모우거나 펼칠 때 사용하는 기구이다. 다시 이야기를 한다면 빛이란 한곳으로 집중하는 조명이나 필요에 의하여 흩어져 주변을 밝게 한다는 의미일 것이다. 고무래와 丁火의 모양이 비슷하여 끝이 휘어진 의미를 사유(思惟)하여보는 것도 중요하다.

예문)
시 일 월 년
乙 癸 丁 己
卯 卯 丑 亥

월주 丁火편재(偏財)가 丑土편관(偏官)묘지(墓地)위에서 웅크리고 있다. 이는 재물의 중요함을 느끼고 함부로 하지 않겠다는 생각이다. 丁火의 본성이 상관(傷官)이며 정관(正官)을 원하기 때문에 무엇을 하는가에 따라서 편재(偏財)를 다양하게 해석할 수가 있다. 이 사주의 주인이 전문 음식을 하는 사람이라고 한다면 이렇게 해석할 수가 있을 것이다. "예쁜(丁) 모양을 갖춘 작고 깊은 그릇(丑)에 정해진 양(正官)의 음식물을 보기 좋게(傷官) 담는다고 할 수가 있다." 亥水겁재(劫財)와 合을 하여 작은 가게로 들어오면 항상 즉석에서 새롭게 조리하여 내어 놓는다고 할 수 있으며 때로는 亥水겁재(劫財)가 모여 있는 곳으로 찾아간다고 할 수도 있다. 丁火의 성향이 한곳으로 집중하기 때문에 일정한 곳에 아무도 모르게 감추어두는 것이 좋다고 할 것이다.

5) 무(戊)

戊라는 글은 土오행에 설정하고 양(陽)적으로 해석한다. 흙이라는 이야기로 한다면 넓고 높은 곳이라고 할 수가 있을 것이다. 그리고 천간에서 다섯 번째로 배정되어 있으며 자연으로 노을이라고 한다. 한문의 뜻은 창 戊자이다. 즉 집을 지을 때 방안과 밖을 볼 수 있도록 벽면에 만들어진 창문이라고 생각하면 된다. 이를 土오행에 설정된 것은 흙이라고 하는 것보다 오히려 공간이라는 것을 전하고자 하는 것이다. 그래서 土라는 것이 중간에서 연결하는 고리 또는 매개체라고 한다.

다섯 번째로 천간에 배정된 원인은 그림으로 주술(呪術)을 하였기 때문이다. 부족(部族)을 표식(表式)하는 것도 그림이요. 땅의 생김새 같은 것으로 예측하기도 하였을 것이다. 지금의 풍수(風水)가 그때부터 시작되었다고 할 수가 있으며 풍수학으로 발전되었을 것이다. 戊土에 어떠한 십신이 부여되어도 戊라는 글이 전하는 것을 지금의 언어로 전환하여 이야기하고 戊土의 성향을 충분하게 이해하고 다양한 표현으로 구사하여야 할 것이다. 그리고 때로는 무성하다는 의미가 있을 것이며 무성하다는 것을 다른 언어로 전환한다면 가득하다. 또는 어마어마하다는 뜻으로 변화할 수가 있다.

예문)
시 일 월 년
戊 己 戊 丙
辰 未 戌 申

월주에는 戊土겁재(劫財)와 戌土겁재(劫財)가 묘지(墓地)에 있으며 시주 戊土겁재(劫財)는 辰土겁재(劫財)와 관대(冠帶)지에 있다. 오행이 같은 土라고 하지만 해석은 완전히 다를 것이다. 戊土나 戌土 그리고 辰土의 성향은 오로지 편재(偏財)를 요구한다. 이 사주는 무엇을 질문하는가에 따라서 다양한 이야기로 답을 할 수가 있을 것이다. 세상은 넓고 할 일은 많은데 내 재물은 어디에 있을까하고 水재성(財星)을 찾아나서는 모양이다. 월주 戌土겁재(劫財)는 묘(墓)지에 있으니 활동성이 떨어지고 한곳에 장기간 머무는 것으로 아무나 할 수가 있는 것이 아니라고 생각한다. 하지만 재물과의 인연이 약하다고 할 것이다. 그리고 시주 戊土겁재(劫財)는 관대(冠帶)지에 있으므로 자영업이며 여기저기 옮겨 다니면서 출장형식으로 영업하는 것이라고 할 수가 있다.

여기서 戌土겁재(劫財)의 공간이 넓고 높다는 의미를 이렇게 해석하여 본다. 戌土위의 戊土겁재(劫財)는 오로지 한 가지 일을 오랫동안 한다.

辰土위의 戊土겁재(劫財)는 가도 가도 끝이 없다.

이를 종합하여 이야기로 표현한다면 "세상은 넓고 할 일은 많은데 재물이 보이지(水가 없으므로..) 않는다."

6) 기(己)

몸 기자는 土오행과 아무런 연관성이 없다고 하면 안 된다. 성질은 음(陰)적이며 역시 흙이라는 전제(前提)하에 이야기를 하여야 할 것이다. 어떠한 분지(盆地) 같은 형상이라고 생각하면 어울린다고 할 수가 있을 것이다. 그리고 천간에서 여섯 번째에 배정하였으며 자연으로는 구름이라고 표현하였다. 한문이 전하는 뜻은 몸이다. 또는 제 자신을 가리키는 뜻을 가진 몸 기자이다. 몸이라고 하는 것은 살집 속에 뼈와 수분을 감추고 있다. 그래서 土를 피부나 살집으로 표현하는 것이다. 이를 다르게 표현한다면 포대와 같은 의미이다. 그래서 土를 크게 해석한다면 공간이다.

여섯 번째로 천간에 배정하였으며 아마도 집을 짓고 살기 시작하였을 것이고 자기 것이라고 표시도 하였을 것이다. 그리고 집안이나 몸에 그림을 그리고 주술적인 행위를 하였을 것이다. 이것이 발전되어 지금의 부적이라는 것의 원조가 되었을 것이다. 己土는 때에 따라 甲木의 성향을 가지고 있을 것이며 어떠한 십신이 부여되어도 己土와 甲木을 생각하며 특징이나 환경적 영향의 변화에 따라 이야기를 하여야 할 것이다. 己土는 구름이며 구름이 때를 만나면 비가 되어 내린다는 것을 잊어서는 안 된다.

예문)

시 일 월 년
癸 乙 己 甲
未 卯 巳 寅

　월주의 己土편재(偏財)가 巳火상관(傷官)이 제왕(帝旺)지에 있으니 己土가 비록 작다고 하지만 알차다는 의미가 된다. 다시 이야기를 한다면 己土의 성향이 오로지 정재(正財)만을 요구하기 때문이다. 이를 이야기로 표현한다면 직장에서 월급을 받는데 성과제로 받는다고 할 수가 있을 것이다. 지금시대로 이야기한다면 판매에 대한 이익보장이라고 할 수가 있다.
　甲木겁재(劫財)는 오너이며 合土편재(偏財)이므로 대표와 그렇게 약속(偏印)하고 활동을 한다는 것이다. 己土는 비록 작지만 제왕지에 있으므로 인하여 내실이 단단하다는 의미로 해석할 수가 있다.
　己土의 특징은 수분으로 이루어져 있는 덩어리로서 낮고 작은 것으로 비유하기 때문에 십신의 언어를 己土의 성향에 맞추어 이야기를 하여야 한다는 것이다. 또한 지지에 따라서 己土의 움직임이나 12운성에 따라서 표현을 다르게 하여야 정확한 답을 구할 수가 있다.

7) 경(庚)
　庚은 오행으로 金에 설정되어 있으며 음양으로는 양(陽)에 해당한다. 즉 자연 속에서 비교하여 이야기를 한다면 어떠한 환경에 의하여 자연적으로 이루어진 바위 같은 것이라고 생각하면 된다. 그래서 자연에서 바위로 비유한다. 특징은 한번 생겨난 것은 또 다른 환경에 의하여 쉽게 변화되지 못한다는 것이다.

　金의 목적은 영원히 사라지지 않고 존재하고자 하는 것이며, 천간에서 일곱 번째에 배정되어 있다. 바뀔 庚자가 金오행에 설정된 원인은 스스로 이루어지지 못하고, 타(他)에 의하여 생겨나고 타에 의하여 바뀌어 지기 때문이다. 다시 이야기를 한다면 바위라는 것은 흙과 열(熱)에 의하여 성분이 같은 것 끼리 녹으면서 덩어리진 것이라고 할 수가 있다. 하지만 金이라는 것이 오로지 단단한 것만은 아니다. 바람처럼 부드럽고 물처럼 지혜롭게 어떠한 곳이든 정착을 잘하며 조건이 맞으면 자신의 모습을 보전하려고 드려낸다.

　일곱 번째로 천간에 자리한 것은 돌을 이용하여 점술을 보고 거대한 바위에 신(神)이 있다고 생각하였기 때문이다. 때문에 庚金에 어떠한 십신이 부여되는가에 따라서 金이 전하고자하는 다양한 뜻을 응용하여 이야기로 풀어야 할 것이다. 庚金을 달이라고 하는데 가까이 있으므로 지구에 미치는 중력이 대단하다. 하여 물을 움직이게 할 뿐만 아니라 자연에 미치는 영향력도 대단히 크다.

　때로 乙木과 비슷한 성향을 가지고 있다. 다시 이야기를 한다면 乙木과 형제라는 생각을 가지고 해석하면 원만할 것이다. 자연으로 이야기를 한다면 나무에 열매가 자식이고 자식이 때가 되면 나무로 자라난다는 이야기이다.

예문)

시 일 월 년

庚 丁 甲 壬

子 酉 辰 辰

　시주의 庚金정재(正財)가 子水편관(偏官) 사(死)지에 있으니 보기는 좋아도 실체는 절반정도의 수확으로 만족할 수밖에 없다는 것이다. 시주는 자식 자리이며 재물이 안에서 깨어진다고 하는 것은 자녀 교육비로 들어가거나 아니면 자식들이 직업상 문제가 있으므로 인하여 보조를 해준다는 의미일 것이다. 또 다른 이야기를 한다면 나름대로 집안을 정리한다고 하지만 완벽하지 못하고 어중간한데 일 것이다.

　庚金정재(正財)는 이렇게 해석을 하여야 할 것이다. 본성이 편관(偏官)으로서 비견(比肩)을 요구하고 있으니 이것은 평소에 일반인들이 누구나 할 수 없는 직업군으로 자연적으로 익혀진 것 즉 전생(前生)에 이어서 지금 하는 것이라고 할 것이다. 여기서 庚金정재(正財)는 水를 조력(潮力)하는 힘을 가지고 있는데 그 세력이 절반정도이기 때문에 강하지 못하다고 하니 자기가 하는 일에 자신감이 부족하고 많이 망설인다고 할 것이다.

　庚金은 스스로 이루어진 것이 아니고 타(他) 오행에 의하여 저절로 생겨나기 때문에 선천적인 편관(偏官)이라고 할 수가 있다.

8) 신(辛)

辛이라고 하는 오행이 金에 설정되어 음(陰)의 성향을 가지고 있으므로 金에서는 음(陰)에 해당한다. 다시 이야기를 한다면 자연 속에서 광물(鑛物)을 재련하여 아주 강하고 실용적이고 더 이상의 변화는 불가능한 상태라고 할 수가 있다. 그리고 자연에서 물상으로는 서리라고 하는데 서리의 본성은 물(水)이다.

천간에서 여덟 번째로 배정되어 있으며 金의 특징을 가장 잘 드러내고 있다고 할 수가 있고 타(他)에 의하여 이루어진 金이 한 번 더 가공되어서 생겨난 것이다. 글자의 뜻은 매울 辛자이며 독(毒)하다는 이야기로 해석되기도 한다. 다시 이야기를 한다면 자연적이지 못하고 가공되어 내성이 강하고 쉽게 다루기 어려울 것이다.

이렇게 내성이 강한 辛金이라고 하여도 고열(高熱)에 의하여 생겨나고 역시 고열에 의하여 성향이 변화한다는 것이다. 다시 이야기를 한다면 강력한 열에 의하여 더욱 단단하여 진다는 것이다. 이렇게 단단한 것은 두고두고 전해질 것이며, 천간에 여덟 번째로 자리한 것은 농경시대에 수확한 곡물을 신(神)에 받치고 한줌의 곡식을 이용하여 길흉(吉凶)을 알아보는 점술(占術)에 많이 사용되었기 때문이다. 辛金에 붙여진 십신에 따라서 성향이나 본성 그리고 특징을 헤아려서 가장 적절하고 합리적인 답을 찾아야 할 것이다. 辛金은 열(熱)에 의하여 변화하기 때문에 계절에 따라서 특성이 많이 변화 한다는 것을 잊어서는 아니 된다.

예문)

시 일 월 년
辛 辛 丙 辛
卯 巳 申 丑

　辛金비견(比肩)이 丙火정관(正官)에 합을 하려고 경쟁을 하고 있다. 이러한 경우에는 년에서부터 순차적으로 합을 한다고 이야기할 수가 있으며 지지가 합을 이루고 있으면 우선권을 가지게 된다. 辛金의 특징은 스스로 이루어지는 것이 아니고 타에 의하여 결정되어서 또 다시 변화를 한 번 더 한다는 것이다.

　년주의 辛金비견(比肩)이 丑土편인(偏印)의 양지(養地)에 있으므로 인하여 누구가의 보호를 받고 있다고 할 것이다. 하지만 일주 辛金은 巳火정관(正官)이 사지(死地)에 있으니 외롭고 고달프며 항상 불안한 심정이라고 할 것이다. 시주 辛金비견(比肩)이 卯木편재(偏財)의 절지(絕地)에 있으니 벼랑 끝에서 대롱거린다.

　일주 辛金은 巳火정관(正官)역마(役馬) 위에서 끊임없이 노력하고 움직여야 살아남을 수가 있으니 일감을 찾아다니면서 바로바로 처리한다는 것이다. 다시 이야기를 한다면 엄청난 노력과 대인관계를 항상 유지하여야 한다는 것이다. 그러하지 못할 경우 비견(比肩) 즉 힘의 논리에서 사지에 있기 때문에 어려워진다는 것이다. 힘이 강하면 전체를 지배하는 것이 대자연의 법칙이다.

9) 임(壬)

壬이라는 글은 水오행에 설정되어 있으며 음양으로는 양(陽)에 해당한다.

이를 자연 속에서 비교하여 이야기를 한다면 액체(液體)로 이루어진 것이라고 할 수가 있으며 낮은 곳으로 흘러가려고 한다. 그래서 자연에서는 비 또는 물로 비유한다. 특징은 그 모습이 변화할 뿐이지 줄어듦도 늘어남도 없다는 것이다. 그리고 모든 생명의 어머니 같은 역할을 한다고 할 수가 있다.

水의 목적은 어디이든 멈추고 싶은 것이며 자신의 모습을 드러내는 것을 꺼려한다는 것이다. 천간에서 아홉 번째에 자리 매김하고 있으며 글의 뜻은 아이 밸 壬자이다. 그래서 만물을 잉태(孕胎)하고 있다는 의미에서 근원(根源)이라고 하는 것이며 모든 새싹은 물속에서 생겨나서 밖으로 나오기 때문에 처음에는 감추어서 키우며 성장할 때까지 기다려주는 지혜와 지속력이 강하다. 그러하다고 水라는 것이 오로지 흐르는 것만은 아니다. 환경에 민감하여 자신의 모습을 다양하게 변화시킨다. 때로는 안개로 때로는 얼음으로 필요시에는 구름으로도 변화한다. 그러한 자신이 싫어서 어두운 곳으로 스며들고자 한다.

천간에 아홉 번째에 자리한 것은 물에도 신(神)이 있으며 이를 용(龍)이라는 상상의 동물을 만들어 숭배하기 때문이라고 생각한다. 어떠한 십신이 壬水에 붙어진다고 하여도 壬水가 전하고자 하는 깊은 뜻이나 강한 성향을 알고 壬水의 특성에 알맞게 이야기로 풀어내야 할 것이다. 봄날에 희생당하고 여름날에 증발당하고 가을날에 외면당하며 겨울에 얼음으로 구속당한다. 壬水가 필요 이상 모이면 큰 화(禍)를 불러올 것이며 절대 부족하면 큰 재앙(災殃)이 몰려온다.

예문)
시 일 월 년
壬 癸 己 癸
戌 酉 未 卯

시주에 壬水겁재(劫財)가 戌土정관(正官) 관대(冠帶)지에서 나름 힘을 쓰고 있다. 관성(官星)이 시주에 있으니 자식을 알아보는 자리이며 배우자가 시지에 있다는 것은 아이처럼 천진하든가 아니면 아이처럼 철부지일 수가 있다는 것이다. 직업으로 이야기를 하여보자. 壬水의 본성이 편인(偏印)으로서 식신(食神)을 요구한다는 것이다. 다시 이야기를 한다면 자영업으로서 전문적인 기술을 발휘하여 예전부터 알고 지내는 관계이며 이들은 먼 곳에서도 찾아와서 한곳에서 오랫동안 머물면서 새로운 모습으로 변해 가고 있다는 것이다.

壬水의 특징은 액체(液體)로서 하나의 덩어리로 흐른다는 것이다. 문제는 액체가 흐르면서 밖으로 드러난다는 것이다. 다시 이야기한다면 소문이 현실로 드러날 경우가 왕왕 있다는 것이다. 본성이 편인(偏印)이라고 하는 것은 한 방향으로 흐른다고 할 수가 있으며, 식신(食神)을 원하는 것은 일정한 모습이 아닌 환경에 따라서 즉흥적으로 변화하는 것이다. 즉 한번 빠지면 수단방법을 가리지 않고 변화하겠다는 것이다.

10) 계(癸)

癸는 오행으로 水에 해당하며 음양으로 분리되면 음(陰)에 해당한다. 즉 자연으로 비교하여 이야기를 한다면 표면(表面)으로 흐르는 얕은 물이라고 할 수가 있다. 때문에 물상에서 안개라고 하는데 이는 기체(氣體)라는 것을 전하고자 하는 것이다. 안개는 온도차에 의하여 생겨나고 바람이 일어나면 사라지는 것이다. 때로는 어떠한 조건이 만들어지면 물로 변해 버린다.

癸水의 목적은 정화(淨化)이다. 보다 더 맑고 투명한 것으로 거듭나고 싶어 하는 것이다. 천간에서 마지막으로 배정되어 있으며 글자의 뜻은 헤아릴 癸자이며 다변함을 드러내고자 하여 水 오행에 선택된 글이라고 할 수가 있다. 다시 이야기를 한다면 水라는 것이 있는듯하면서 보이지 않고 없는듯하면서 올라와 흐르는 것이다. 하여 천간을 두루 살펴보면 몽땅 水로 이루어져 있다는 것을 알게 된다.

물이라는 것이 다양한 모습으로 드러내는데 크게 두 가지이다. 즉 염분(鹽分)이 있는 것과 없는 것으로 이루어져 있으며 또는 액체(液體)와 기체(氣體)로 그 모습을 드러낸다. 천간에 마지막으로 자리한 것은 인간의 간절함을 신(神)에 전하기 위하여 정화(淨化)된 깨끗한 물을 받아서 올리고 주술(呪術)을 행하였기 때문이라고 생각한다. 癸水의 특징을 헤아려서 부여된 십신으로 이야기를 해석하여야 할 것이며 어떠한 의미를 감추고 있는지 깊이 생각하여 이를 알고자 하는 것에 비유하여 풀어야 할 것이다. 무엇보다 癸水는 기온 차에 의하여 그 이름이 다양하다는 것을 염두 하여야 할 것이다.

예문)
시 일 월 년
庚 丁 癸 戊
戌 亥 亥 午

월주에 癸水편관(偏官)이 亥水정관(正官)제왕(帝旺)지에서 힘겨루기를 하고 있다. 다시 이야기를 한다면 양부모는 서로 양보를 하지 못하여 관계가 불편하다는 이야기이며 사회활동이나 직업이 안개속이다. 癸水편관(偏官)의 본성이 정인(正印)으로 마음은 어질지만 상관(傷官)을 추구하기 때문에 부정적인 생각을 가지게 된다면 자신감을 상실하는 경우가 있다. 그래서 이 사주는 스스로 자신의 일을 찾아서 하여야 하는데 상당히 두려움을 많이 가지고 있을 것이다. 이는 사주가 신약(身弱)하게 이루어져 있기 때문이다.

癸水의 특징은 기체(氣體)이므로 안개처럼 점(點)으로 이루어져 있다는 것을 생각하고 이를 응용하여 해석을 하는데 정인(正印)의 성향을 가지고 있으면서 상관(傷官)의 기질을 발휘한다는 것이다. 하여 癸水편관(偏官)은 차분할 것 같으면서 유별나고 다스리기 어려울 것이라고 할 수가 있다.

11) 합(合)

천간의 合은 자연으로 이야기를 한다면 나무의 잎사귀가 서로 부딪치는 정도라고 할 수가 있다. 하지만 合을 하는데 그만한 원인이 충분하게 발생되기 때문일 것이다. 과연 어떠한 원인으로 合을 이루고 있는지 알아보며 이러한 원인들을 부여된 십신에 의하여 다양하게 응용하여 이야기로 구성하여야 할 것이다.

甲己合土

지식으로는 바르게 合을 이루고 있다고 하여 중정지합(中正之合)이라고 한다. 甲木이 己土를 바라보면 재성(財星)이며 己土가 甲木을 바라보면 관성(官星)이므로 정상적인 부부(夫婦)관계라서 그렇게 이야기를 하는 것 같다. 이는 인간사의 이야기이다. 하지만 사회성으로 이야기를 한다면 어떠한 공간을 만들려고 合을 이루는 것이다. 다시 이야기를 한다면 甲木에 부여된 십신과 己土에 부여된 십신이 合을 하여 土로 변화 한다는 것은 甲木이 己土 속으로 흡수(吸收)된다는 이야기이다.

土라는 것은 공간으로 그렇게 방대(尨大)하지 못하고 그렇게 높지가 않다는 것이다. 이를 부여된 십신으로 풀어내면 되는 것이다. 사주구성에 甲木이 있으면 己土의 역할을 할 것이고 己土가 존재하면 甲木의 역할을 한다고 할 수가 있다.

甲木이 우레이며 己土가 구름이 되는 원인

甲木의 움직임이 己土구름과 合하여 천둥번개가 일어나기 때문에 甲木을 우레라고 하는 것이다. 다시 이야기를 한다면 己土의 구름과 甲己合土의 두 구름이 서로 부딪치면서 생겨나는 것이 우레라고 하는 것이며 己土의 근본이 구름이며 구름은 수증기가 뭉쳐지면서 생겨난 수분(水分)덩어리이다. 이렇게 만들어진 구름 속에는 수없이 많은 생명의 씨앗(甲)들이 수분(己)과 합하여 환경의 영향에 의하여 비가 되어 같이 내리면서 땅은 푸르게 변화하는 것이다. 때문에 甲木과 己土를 형제라고 하는 것이다.

예문)
시 일 월 년
辛 己 壬 甲
未 亥 申 寅

이 사주는 년주 甲寅과 일주 己亥가 천간 合을 하지만 지지는 합(合) 파(破) 자형(自刑)으로 이어지고 있다. 이 사주는 이란성 쌍둥이로서 년주 甲寅이 누나이고 일주 己亥가 남동생이다. 甲木의 입장에서 이야기를 한다면 누나의 인생이야기가 될 것이며 甲木은 壬水편인(偏印)이 申金편관(偏官)의 장생(長生)지에 있지만 寅申 沖을 하고 이후에 六刑을 하고 있으니 남편을 정신적으로 의지는 하고 싶으나 실체는 그러하지 못하다고 할 것이다. 그리고 己土정재(正財)의 시집살이도 원만하지 못하다고 할 것이다.

己土의 입장에서 이야기를 한다면 남동생의 인생사가 될 것이다. 甲木정관(正官)이 寅木건록(建祿)지에 있으니 좋은 직업으로 보여 合을 하려고 하지만 申金상관(傷官)이 중간에 가로 맞고 있으니 내 것이 될 수가 없을 것이다. 壬水재성(財星)은 己土壬濁(탁)으로 도움이 되지 못하여 인연이 불투명하고 亥水재성(財星)을 인연으로 생각하고 있지만 未土비견(比肩)과 합을 하니 이 또한 부적절한 관계라고 할 수밖에 없을 것이다. 己土는 甲木누나를 걱정하고 甲木은 己土 동생을 걱정하지만 가까운 거리임에도 불구하고 자주 만나면 장애(壬申)로 인하여 구름이 서로 부딪쳐서 우레 소리만 요란할 뿐이다.

乙庚合金

이는 인의지합(仁義之合)이라고 책으로 배우고 익히며 이해를 하였다. 무엇이 인의(仁義)인가하고 한번 정도는 생각을 해볼 필요가 있다. 어질며 바르다는 뜻인데 乙木이 庚金정관(正官)을 바라보고 庚金은 乙木정재(正財)를 바라보니 옳다는 이야기이다. 이는 인간사로 문자로서 가능한 이야기이다. 이를 사회성으로 이야기를 풀어간다면 완벽한 인의지합(仁義之合)이라는 이야기는 할 수가 없다. 乙木과 庚金에 부여된 십신에 따라서 이해를 다르게 하여야 할 것이며 乙庚合金은 무엇인가 확실한 것을 이루고자 합을 한 것이다. 그래서 합하여 金으로 화(化)하는 것이다. 庚金이 있으면 없는 乙木을 역할을 한다고 할 수가 있고 乙木이 있으면 庚金의 성향을 가지고 있다고 생각을 하여야 할 것이다. 다시 한 번 이야기를 하지만 乙庚合金은 확실한 구조를 원하기 때문에 합을 이루는 것이다.

乙木이 바람이며 庚金이 달이라고 하는 원인

乙木의 바람이 소통하여주고 庚金의 달이 수분을 조절하여주기 때문에 종자(種子)번식을 원활하게 하여준다는 것이다. 다시 이야기를 한다면 乙庚이 合하여 金이라는 새로운 씨앗이 만들어진다는 것이다. 乙木나무는 바람이 소통하지 못하면 숨을 쉴 수가 없어서 살아나지 못할 것이다. 그리고 庚金달의 중력으로 물을 움직이지 못한다면 물은 썩고 맑지 못하니 먹지 못할 것이니 모든 것이 멸망하고 말 것이다. 결과적으로 종족 번식을 담당하는 것은 乙木과 庚金의 합작이라고 할 수가 있다는 것이며 자연은 바람(乙)에 의하여 생명을 유지하고 달(庚)의 중력에 의하여 살아있는 물을 공급 받는다는 것이다. 때문에 乙木과 庚金은 부부 같은 존재라고 할 수가 있다.

예문)
시 일 월 년
癸 戊 乙 庚
亥 申 酉 子

월간의 乙木정관(正官)이 년간 庚金식신(食神)과 合을 하여 金상관(傷官)으로 변화하였다. 다시 이야기를 한다면 乙木정관(正官)이 庚金식신(食神)과 合을 하여 庚金이 상관(傷官)으로 변화한다는 것이다. 이를 인간사로 이야기를 하여본다면 乙木정관(正官)인 남편이 멀리 庚金식신(食神)의 새로운 무엇을 것을 찾아가서 모양이 변하여 있는데 이를 戊申식신(食神)이 子水정재(正財)

를 바라보고 예전처럼 合을 하려고 한다면 필히 子酉파(破)를 당한다고 하는 것이다. 사회성으로 이야기를 한다면 乙木정관(正官)은 직업으로서 庚金식신(食神)에 관련된 것을 자연스럽게 시작하였는데 기술을 배우면서 자신의 직업이 되었다는 것이다.

丙辛合水

점잖고 엄숙하다고 하여 위엄지합(威嚴之合) 이라고 지식적으로 이름 하였다. 천간 合은 정재(正財)와 정관(正官)이 合을 하는 관계인데 合을 이루는 뜻은 다르게 표현하고 있다는 것이다. 인간사에 남자와 여자의 정상적 合이라고 하지만 인연 따라 삶이 다르듯이 어느 천간과 合을 하는가에 따라 이야기를 달리하고 있다. 하지만 사회로 나가서 丙火와 辛金이 合을 하고자 하는 목적을 이야기한다면 몰래 감추고 싶어서 合을 한다는 것이다. 다시 이야기를 한다면 丙火에 부여된 십신과 辛金에 부여된 십신이 合을 하여 水오행으로 변화하기 때문에 또 다른 십신이 부여된다. 이럴 경우에 水에 부여된 십신은 감추거나 드러내는 것을 싫어한다는 것이다.

丙火를 태양으로 辛金을 서리라고 하는 원인

丙火의 태양에 의하여 辛金서리가 水로 변화 한다는 것이다. 여기서 辛金은 차가운 날씨로 인하여 수분이 서리로 내렸을 때에만 가능한 이야기이다. 다시 이야기를 한다면 辛金의 서리가 봄에는 이슬이요. 여름날에는 안개이며, 가을에는 다시금 이슬이라고 하며, 기온이 떨어진 겨울이 찾아들면서 서리라는 이름이 붙여진다.

다시 이야기를 한다면 허공 위의 온도차에 의하여 생겨나는 이슬은 바람(乙)에 의하여 뭉쳐지거나 떨어지고, 허공 아래의 온도차에서 생겨나는 안개는 바람(乙)에 의하여 밀려간다고 이야기 할 수 있을 것이다. 태양 볕이 열(熱)로 변화함에 따라 서리는 水로 변화하여 아래로 스며드는 것이다. 때문에 丙火와 辛金은 합하여 다른 水오행으로 변화하는 것이다. 즉 丙辛合水는 무늬뿐이라고 할 수가 있다.

예문)
시 일 월 년
乙 辛 丙 甲
未 亥 寅 辰

일주 辛亥가 월간 丙寅과 천간합水하면서 지지는 寅亥합파(破) 자형(自刑)으로 이어지고 있다. 여기서 이야기하고 자하는 것은 辛金이 丙火정관(正官)과 합水하여 식신(食神)으로 변화하는 것을 어떻게 풀어내는가이다. 辛金의 성향은 정관(正官)으로서 본래의 모습으로 살아가는 것보다 자신을 변화하여 살아가는 것이 이로울 것이며 겁재(劫財)를 요구하기 때문에 상당히 피해를 당하는 것 같지만 실리는 취한다는 것이다. 丙火정관(正官)의 성향은 본성이 식신(食神)이므로 다양한 언어 구사력과 적극적이며 진실하게 보여줄 것이며, 편관(偏官)을 요구하기 때문에 이러한 것을 인정받고자 한다는 것이다. 이러한 사연들이 종합하여 水식신(食神)으로 변화하기 때문에 항상 자신의 모습이 도전적이고 진보적이라고 할 것이다. 월주 사회생활과 合을 하기 때문에 직업적으로 이러한 정신과 실천으로 자신의 사업을 개척하고자 한다는 것이다.

丁壬合木

어질고 덕(德)이 많으며 건강하여 수명(壽命)이 길다고 하여 인수지합(仁壽之合)이라고 지식적인 표현을 하는데 때로는 음란지합(淫亂之合)이라고 하여 부정적으로 이야기를 하는 경우도 있다. 壬水에 丁火의 따스한 빛이 스며들어 무엇인가 새로운 생명이 생겨나는 것이 木이라고 하였다. 이를 음란(淫亂)하다고 하여야 하는지 아니면 번식의 원칙으로 표현하는 것이 정상인지 읽은 이가 판단하여주기 바란다. 丁壬合木을 사회성으로 이야기를 한다면 새로운 것을 만들어내려고 合을 한 것이다. 라고 이야기하고 싶다. 다시 이야기를 한다면 丁火에 부여된 십신과 壬水에 부여된 십신이 뜻을 같이하여 木으로 변화하여 새로운 십신을 부여 받는다. 이를 이야기할 때에는 새로운 것을 창출(創出)하려고 한다는 이야기이다.

丁火가 별이고 壬水가 봄비가 되는 원인

壬水에 丁火의 은은한 빛을 지속적으로 조명한다면 분명 온기(溫氣)가 발생할 것이다. 이러한 환경이 만들어진다면 壬水의 물 속에 보이지 않은 포자(胞子)가 발아(發芽)할 것이다. 이것이 木의 근원이 되는 이끼로 자라날 것이며, 수분(壬)과 포근한 볕(丁)에 의하여 강산을 푸르게 만들어가는 식물이 되는 것이다. 丁壬合木이라고 하는 것은 계절적으로 木이 강한 봄날이 가장 적합하다는 의미이며 계절적으로 분리하면 丁壬合木의 성립이 어려울 수가 있다는 것이다. 때문에 丁火와 壬水가 合을 하여 멸(滅)하지 않고 영원한 삶을 만들어가는 木오행으로 변화한다는 것이다.

예문)
시 일 월 년
甲 丁 己 壬
辰 卯 酉 寅

일주 丁火는 년주 壬水정관(正官)과 合하여 木인성(印星)으로 진화하였다. 다시 이야기를 한다면 학창시절 학문에 관심을 가지고 있었을 것이며 학생을 지위하는 대표라고 할 수가 있을 것이다. 인간관계는 일찍 배우자와 인연을 맺고 있었다고 할 수가 있을 것이다. 하지만 己土식신(食神)으로 자녀가 태어나면서 己土壬濁(탁)으로 배우자와 인연이 멀어질 것으로 생각한다. 여기서 壬水정관(正官)은 어떠한 성향을 가지고 있는지 알아보자. 壬水의 본성이 편인(偏印)이 식신(食神)을 요구하기 때문에 집요하게 따진다고 할 수가 있으며 어떠한 일에 집중적이라고 할 수도 있다. 정관(正官)을 직업으로 보고 이야기를 한다면 밖으로 돌아다니면서 한 가지 직업에 오랫동안 종사할 것이라고 할 수가 있다.

戊癸合火

아무런 뜻도 없고 정이 없다고 하여 무정지합(無情之合)이라고 이름 하였다. 선인께서 좋은 글을 붙여 주었음에도 후대는 이를 이해하지 못하고 전해주는 글자 그대로 받아들여 응용하려고 하는데 이는 큰 오류를 범하는 것이다.

자연으로 이야기를 풀어보면 이러할 것이다. 戊土의 허공에 불생불멸(不生不滅)하는 癸水기체(氣體)가 가득하니 정(精)이 있을 수가 없다하여 무정지합으로 이름 하였던 것이다. 인간사에 흔한 것은 귀함이 떨어진다는 의미이지만 사회성으로 이야기를 한다면 모든 것이 순간적으로 이루어지기 때문에 아무런 목적 없이 合을 한 것이다. 다시 이야기를 한다면 戊土에 부여된 십신과 癸水에 부여된 십신으로 새로운 십신이 생겨나는 이야기를 하여야 할 것이며 이것이 목적이 아니고 순간에 일어나서 사라지는 것으로 풀어야 할 것이다.

戊土가 노을이고 癸水를 안개라고 하는 원인

戊土의 허공에 癸水의 안개로 인하여 붉은 노을이 생겨난다고 하여 火로 표현되는 것이다. 다시 이야기를 하지면 이러할 것이다. 안개속의 다양한 먼지와 입자(粒子)이 태양 앞을 가리고 있으니 빛이 통과하지 못하여 붉게 보이는 것을 노을이라고 하는 것이다. 그래서 戊土를 노을이라고 표현하며, 癸水는 수분으로 이루어진 안개라고 하는 것이다. 이들이 合하여 태양을 가리고 있으니 노을이 되는 것이다. 노을이란 이른 아침(癸)이나 저물어가는 저녁(戊)에 많이 보이므로 젊음과 늙음의 만남이라고 하는 것이다. 때문에 戊癸合火는 형체가 없는 것이며 조건에 의하여 이루어지는 것이므로 무정(無情)지합 이라고 한다.

예문)

시 일 월 년
庚 丁 癸 戊
戌 亥 亥 午

년과 월의 천간 戊土상관(傷官)과 癸水편관(偏官)이 合을 이루어 火비견(比肩)의 생각을 가지게 되었다. 흔하게 이야기하는 산바람(산소문제)이다. 그로 인하여 평소 사회생활이 어려울 것 같다. 인간사로 이야기를 한다면 어릴 때 형(兄)으로부터 보호를 받았는지 항상 형을 그리워한다고 할 수 있으며 사회 활동은 잠시 잠깐 동안 할 것이다.

戊癸合火의 특징은 순간적으로 合을 하는 것으로 장기적이지 못하기 때문이다. 이를 표현할 때는 짧은 것이나 잠시라고 하여야 한다. 오랫동안 合을 이루고 있으면 습한 기운으로 정상적인 기능을 다하지 못할 것이다.

12) 충(沖)

천간이 沖을 하는 것은 변화를 요구하는 것으로 이야기할 수가 있으며 沖이란 힘의 대립이 상호간의 같다는 의미인 것이다. 다시 이야기를 한다면 水火의 沖은 변화(變化)를 요구하며, 水는 액체(液體)에서 기체(氣體)로 더욱 새롭게 변화하여 이익 됨을 보여줄 것이다. 그리고 火는 열(熱)이 빛(光)으로 공간을 통과하며 새롭게 변화하여 이익 됨을 보여주는 것이다. 또한 木金의 沖으로 발전(發展)을 원하는 것이다.

즉 木의 무실(無實)이 沖을 하여 유실(有實)로 변화하면서 새로운 생(生)을 이어가려고 할 것이며, 金은 자연스럽게 다음을 위하여 보전(保全)되는 것과 목적을 위하여 보존(保存)하는 것으로 나누어진다. 천간이 沖을 한다는 것은 무형이 沖을 하는 것이다. 천간은 하늘이고 사람으로 이야기한다면 생각과 갈등 또는 고민이라고 할 수가 있다. 즉 심한 갈등(葛藤)을 沖이라고 할 수가 있을 것이다. 그래서 천간 沖은 이러한 것이 있다. 甲庚沖 乙辛沖 丙壬沖 丁癸沖이 있으며 천간에서 土가 沖을 하는 경우는 없다.

甲庚沖

木과 金의 관계는 양간으로 외적인 충격을 강하게 드러낼 것이다. 어떠한 오행이 강한지는 조건에 따라서 이야기를 다르게 하여야 할 것이다. 또한 십신들이 발전(發展)을 원하기 때문에 沖을 하는지 원하지 않는다 해도 어쩔 수없이 沖을 하는지 이해하고 이야기로 풀어야 할 것이다.

예문)
시 일 월 년
癸 庚 癸 甲
未 午 酉 寅

일주는 庚午가 년주 甲木편재(偏財)를 沖하고 있다. 때가 八月이라서 甲寅보다 庚金이 강하기 때문에 오히려 甲木편재(偏財)가 피해를 본다고 할 것이다. 어린 시절 현금으로 庚午를 키운 것이라고 할 수가 있다. 인간사에서 이야기를 한다면 甲木편재(偏財)는 이렇게 이야기를 하여야 할 것이다. 본성이 비견(比肩)이며 편인(偏印)을 요구하기 때문에 甲木편재(偏財)는 인연관계(比肩)가 있는 사람과 불확실한(偏印) 관계에서 패하였을 것이다. 이를 종합하여 이야기로 한다면 "庚午가 어릴 때 아버지는 가까운 지인들과의 재물 관계로 시비하여 이기지 못하고 많은 손실을 보았다"고 할 수 있다. 그리고 庚金은 午火정관(正官)의 목욕(沐浴)지 위에 자리하고 있으니 영문도 모르고 바라만 보고 있었다고 할 것이다.

乙辛沖

음(陰)으로 이루어진 관계의 木과 金이 沖을 하는 것이다. 그래서 외적이지 못하고 내적이며 강력하지 못하다. 하지만 순간적이지 않고 장기적이라고 생각을 하여야 할 것이다. 분명 무엇인가를 위하여 沖을 하는 것으로 볼 수 있으며 부여된 십신을 알고 이야기로 풀어보면 좋을 것이다. 이를 자연으로 이야기를 한다면 나무에 沖을 가하여 열매를 맺은 것으로 보다 좋은 것을 생산하고자 沖을 한다고 할 것이다.

예문)

시 일 월 년
庚 庚 乙 辛
辰 午 未 卯

천간의 年과 月이 沖을 하고 있다. 문제는 乙木이 庚金과 合을 하여 金으로 변신하였다는 것이다. 다시 이야기를 한다면 비겁(比劫)이 천간에서 沖을 한다는 것이다. 이를 지지와 병행하여 이야기로 풀어보자. 년간 辛金겁재(劫財)가 卯木정재(正財) 절(絶)지에 있으니 잃어버린 형(兄)이라고 할 수가 있다. 월간 乙木정재(正財)가 未土정인(正印)의 양(養)지위에 자리하여 아버지는 어머니의 재물과 合을 하니 아마도 어머니의 능력 때문에 인연되어 庚午를 낳고 午卯파(破)하여 인연을 정리하였다고 할 수가 있다.

어린 시절에 잠시라도 어머니와 떨어지지 않겠다고 하는 것이다. 乙木정재(正財)는 겁재(劫財)와 정인(正印)으로 이야기를 하여야 하는데 이는 "어머니가 보이지 않으니 불안하다."고 생각하는 것이다. 그리고 辛金겁재(劫財)는 정관(正官)과 겁재(劫財)로 이야기하라고 하였으니 "변함없이 그곳에 머물러야 한다."고 할 것이며 이를 종합하여보면 "어머니가 시야에서 멀어지면 불안하다."고 할 수가 있다.

丙壬沖

水火가 충돌을 하였다. 상호 강력한 양간으로 어떠한 변화(變化)를 원하고자 沖을 하는 것이다. 丙火와 壬水는 적대적이면서도 가장 절실한 관계로 서로의 변화를 위하여 가장 좋은 관계를 이루고 있기 때문에 沖을 한다고 할 수가 있다. 때문에 어떠한 십신이 절실하여 沖을 하는지 그러하지 않을 경우 정말로 적대관계로 沖을 하는지를 알고 이야기로 풀어야 할 것이다.

예문)

시 일 월 년
壬 丙 戊 庚
辰 辰 子 申

丙辰일주가 시간의 壬水편관(偏官)과 沖을 하고 있으며 지지는 자형(自刑)으로 이루어져 있다. 아직 젊은 37세의 주부이면서 직업을 가지고 있다. 壬水편관(偏官)이 시주에 있으니 자영업 같으며 일찍부터 익혀온 전문직으로 누구나 할 수가 없는 그리고 흔한 직업은 아니지만 그렇게 귀한 것은 아니고 지극히 평범하다고 할 수 있다. 동짓달 태생으로 丙火보다 壬水가 더 강한 기운을 가지고 있다고 할 수가 있지만 추위를 이기기 위하여 丙火의 햇살이 절실하기 때문에 주권은 丙辰이 가지고 있다고 할 수가 있다. 하여 丙火는 壬水편관(偏官)을 다스리는데 壬水의 본성이 편인(偏印)이며 식신(食神)을 요구한다는 것이다.

즉 "전문직이라고 하지만 항상 새로운 것을 만들어야 한다."는 것이다. 이를 사랑방에서는 이렇게 표현할 수도 있다. "매일 새로운 테크닉"으로 서로서로가 즐겁게 지낸다고 할 것이다. 지지 辰土식신(食神)이 자형(自刑)으로 자식을 생산하기 어려울 것 같다. 그리고 시주 壬辰에서 壬水편관(偏官)이 묘(墓)지에 자리하고 있으니 주변의 방해를 받지 않겠다는 것으로 이야기 할 수가 있을 것이다. 또한 부부가 서로 자식을 일찍 낳는 것을 꺼리고 마음껏 즐긴다고 의견을 보았다고 할 수 있다.

丁癸沖

음(陰)으로 이루어진 관계로 火와 水가 沖을 하는 관계이다. 외적(外的)이지 못하고 내적(內的)이라고 할 수가 있으며 서로의 변화를 위하여 沖을 한다고 할 것이다. 이를 자연으로 이야기를 한다면 빛은 물을 통과하지 못하고 굴절(屈折)한다. 그리고 水는 火의 도움으로 변화하는 것이다. 다시 이야기를 한다면 액체에서 기체로 화(化)하는데 이는 火의 沖으로 인하여 이루어지는 것이다. 이를 십신에 적용하여 이야기로 풀어낸다면 좋은 이야기가 될 것이다. 음으로 이루어진 관계의 木과 金이 沖을 하는 것이다. 그래서 외적이지 못하다.

예문)
시 일 월 년
庚 丁 癸 戊
戌 亥 亥 午

丁亥는 월주 癸水편관(偏官)과 沖을 하고 있다. 이는 丁火에서 바라보면 직업관이고 부모 궁이다. 때는 亥月이라서 癸水편관(偏官)이 제왕(帝旺)지에 임(臨)하고 있으니 특히 아버지와의 관계에서 불편할 것이다. 이를 이야기로 하여본다면 丁亥를 낳고부터 癸亥(부모)의 사이가 멀어지기 시작하면서 癸水(아버지)는 밖으로 戊土를 찾아(合火) 떠나는 것이라고 할 것이다. 丁亥의 입장에서 이야기를 한다면 강력한 癸水편관(偏官)이 대한 두려움으로 사회활동력이나 직업의식이 떨어지고 외부활동을 기피하는 경우가 많다고 할 것이다. 하여 丁亥는 癸亥와 화합하기 어렵고 매사를 부정적으로 바라볼 수가 있을 것이다. 하지만 년주의 戊午와 잘 어울릴 수가 있을 것이다. 이는 형(兄)이라고 할 수 있다. 여기서 癸水의 성향은 이러할 것이다. 본성이 인성(印星)으로 상관(傷官)을 요구하기 때문에 "게으르고 거짓말로 요령 것 임기응변으로 위기를 넘긴다."고 할 것이다.

13) 극(剋)

천간에서 극이라는 단어를 구사하기는 조금은 어색하다. 이는 천간에서 극을 당하는 경우가 없다는 것이다. 즉 극이란 어느 한쪽이 일방적으로 강하여 조건 없이 당하는 경우를 극이라고 표현하기 때문이다. 하지만 문자나 오행으로 이야기를 한다면 가능하다. 나무가 흙을 극하여도 흙의 대항은 없을 것이며, 밝은 태양이 없으면 달은 빛을 잃어버리고 말 것이다.

이를 표현한다면 甲戊剋 丙庚剋이라고 할 수가 있으며, 자연으로 이야기를 한다면 유실수는 문전옥답에서 자라고 볕에 의하여 수확한 열매를 건조하는 것이다. 이들의 표현은 이러한다. 乙己剋 丁辛剋이라고 할 것이다. 때로는 土가 水를 가로 막은 경우도 있지만 극하지는 못한다고 할 수가 있다. 원인은 水라는 것이 불생불멸(不生不滅)하고 부증불감(不增不減)하기 때문이다. 천간의 극(剋)에서 특이한 것은 음양의 관계에서 양(陽)으로 이루어진 것이 음(陰)으로 이루어진 것을 일방적으로 극하는 것을 알 수가 있다. 오행으로 이야기를 한다면 木은 土를 일방적으로 극하고 土는 水를 극한다. 火는 金을 일방적으로 극하고 金水는 일방적으로 극하는 상대가 없다고 할 것이다.

9

지지(地支)

9.
지지(地支)

지지라고 하는 것은 유형적이며 실체가 있다고 할 것이다. 그리고 행(行)을 위하여 존재하는 것이라고 이야기를 하여야 할 것이다. 특이한 것은 지지는 子水에서 시작하여 亥水에서 끝이 난다는 것이다. 이는 인간사로 이야기를 한다면 "알 수 없는 그곳에서 왔다가 알 수 없는 그곳으로 간다."는 의미이다. 이를 자연으로 이야기한다면 모든 것은 子水에서 시작하여 亥水에 의하여 사라진다는 것이다. 다시 이야기를 한다면 水의 도움으로 생겨나서 水의 영향으로 분해되어 없어진다는 이야기이다.

십신(十神)으로 이야기를 한다면 지지는 과거(過去) 현재(現在) 미래(未來)의 이야기로 실질적으로 가능한 이야기를 다양하게 할 수가 있다는 것이다. 그리고 12가지의 지지마다 고유의 성향을 가지고 있다는 것으로 이를 십신으로 표현하였다. 다시 이야기를 한다면 먼저 음(陰)과 양(陽)을 보고 다음은 오행(五行)으로 살펴야 할 것이며 사계절 중에 초와 중 또는 어느 계절의 마지막에 해당하는지 판단하여야 할 것이다. 즉 어떠한 상황을 십신에 알맞게 이야기를 하여야 한다는 것이다. 그리고 부여된 동물의 특징이나 글의 의미와 자연의 변화를 종합하여 이를 십신에 맞도록 이야기를 하여야 할 것이다.

1) 자(子)

지지에서 아들子라는 글이 가장 우선적으로 등장하는 것은 水오행에 배속되어 있으며 음양으로는 본성은 양(陽)이지만 음(陰)이 기운이 강하기 때문에 음으로 해석한다. 즉 만물이 水에서 시작된다는 의미일 것이다. 쥐라는 동물을 상징적으로 엮어두고 있는데 이 역시 다산(多産)을 의미하고 있다. 시간으로 이야기를 한다면 23시31분부터 다음날 01시30분까지이며 깊은 야밤이다.

글의 뜻은 새끼를 가리키는 것이며 새로운 것의 탄생을 알리는 글자이다. 그래서 처음으로 子에서 시작하는 것이다. 계절은 추운 겨울이라서 물이 맑고 차다. 방위는 북쪽으로 설정되어 있는데 인간의 이야기로 한다면 북망산천이라 하여 죽음을 이야기하고 처음부터 새롭게 시작한다는 의미다. 때는 깊은 야밤이며 색상을 검은(黑) 것으로 표현하는 것은 어두워서 보이지 않으며 보이지 않으니 감춘다는 의미가 담겨져 있다. 오장으로 신장(腎臟)에 해당하며 인체의 하부에 자리하고 있으니 물이 아래로 흐른다는 것이다. 수리(數理)는 모든 것이 물에서 시작하는 것이라 1에 해당한다.

子水의 성향을 알고 부여된 십신을 이야기로 풀어낸다면 그동안 알지 못하게 감추어둔 비밀스러운 이야기를 알아갈 것이다. 특히 水오행이 검은 것은 물이 검은 것이 아니고 밤이 검은 것도 아니다. 다만 물은 빛이 통과하지 못하므로 보이지 않는다는 의미이고 밤은 빛이 없어서 어두워서 보이지 않으니 검은 색으로 표현할 뿐이다. 子水의 특징은 깊으면 알 수가 없고 얕으면 속이 보인다는 것이다.

子水의 본성은 편인(偏印)으로서 식신(食神)을 원하고 있다. 하지만 子水는 음의 기운이 강하기 때문에 정인(正印)이 상관(傷官)을 원하고 있다고 이야기를 할 수 있다. 때문에 표면적으로 음이라고 하지만 본래의 성품이 양이기 때문에 감추어진 편인(偏印)을 이야기하여야 할 것이다.

특징)

子水는 가장 맑고 투명하다고 하지만 깊으면 보이지 않는다. 맑다고 하여 완전히 여과(濾過)까지 되었다는 것은 아니다.

편인(偏印)+식신(食神)이란 확실하게 새로운 것으로 변화하여 쉽게 드러내려고 하지 않으며 어떠한 곳에서도 가능하다는 것이다.

2) 축(丑)

지지에서 두 번째로 자리하는 글이 丑이다. 土오행에 배속되어 있으며 음양으로 이야기할 때는 음에 해당한다. 水의 시작은 土라는 공간을 이용하여야 水의 뜻이 이루어지는 것이다. 소라는 동물로 표현하는데 되새김질하는 습관과 느리지만 힘차게 이어가고자 하는 의미일 것이다. 시간으로는 01시 31분부터 03시30분까지이며 새벽이 열리는 시간 때이다.

글의 뜻은 소 丑으로 알고 있으며 때로는 추(醜)하다는 의미로 이야기할 때도 있다. 다시 이야기를 한다면 불편하다는 것으로 통할 수가 있다. 계절은 추위가 가장 매서운 겨울이라서 얼음이 두껍고 단단하다. 방위는 오행으로 중앙(中央)이라고 하는데 여기서 중앙이라고 하는 의미는 북쪽과 동쪽의 중간으로 해석하여야 할 것이다. 색상은 연황색으로 흙의 기본적인 색이며 편안함이 부족하여 조금 불안함을 느끼는 것이다. 오장(五臟)으로는 비장(脾臟)에 속하고 혈액 여과를 담당하며 적비수(赤脾髓)로 혈액속의 이물을 걸러내는 것이 주목적이다. 수리는 모든 것을 받아서 마무리 하는 곳이라 5에 해당 한다고 생각한다.

丑土의 성향을 알고 특징적인 것을 이해하면 부여된 십신을 이야기로 풀어내기 쉬울 것이다. 지지에서 土는 4가지로 나누어져 있는데 각각 전하고자 하는 뜻이 완전히 다르므로 丑土의 성향을 알아야 할 것이다. 丑土의 특징은 모든 것을 응축(凝縮) 하고 줄이려고 하며 깊고 어두운 곳으로 숨기고 드러내는 것을 싫어한다. 자연에서 땅이라는 조건을 가지고 이야기를 한다면 깊이 페인 웅덩이나 동굴 같은 것으로 비교 연상하면 좋을듯하다. 丑土는 4가지 土와의 화합을 가장 싫어하는 것이라고 할 수가 있다.

丑土의 본성은 정재(正財)로서 상당히 응축되어 있다는 것이며 일체의 다른 것을 원하지 않고 오로지 정재(正財)로서 만족을 하려고 한다는 것이다. 丑土의 성향은 가장 응축된 모습이며 차고 어두워서 드러내려고 하지 않는다. 이러한 공간에서는 활동할 수가 없으며 가장 깊이 빠져드는 공간으로서 헤어나기 어렵다.

특징)

丑土는 가장 차고 깊으며 어둡다고 할 것이며 활동을 멈추고 최대한 웅크린 상태라고 할 것이다. 여기를 지나오면 대단한 적응력을 가질 수가 있을 것이다. 하여 寅木과 미혼(未婚)의 자매 같은 관계를 유지한다.

정재(正財)란 가장 밀도가 높은 상태라고 할 수가 있다. 하여 가장 단단하고 오랫동안 유지하고자 할 것이다.

3) 인(寅)

지지에서 세 번째로 등장하는 글이 寅이다. 오행으로는 木에 해당하고 음양에서 양의 성격을 가지고 있다. 木이라는 것은 어떠한 공간속에서 처음으로 생겨나는 것을 이야기하는 것이다. 동물로는 범이라고 하며 호랑이의 특징은 빠르며 강하고 자신감이 충만하여 독립적이며 식탐이 없으며 정면으로 승부를 한다는 것이다. 시간으로는 03시 31분부터 05시30분까지이며 일반적으로 새벽이라고 한다.

글의 뜻은 범(寅)으로 알고 있지만 실질적으로는 사람이나 진취적인 것을 나타내는 뜻이며 공경 받는다는 의미에서 많이 사용된다. 이는 계절적으로 초봄이며 만물이 비슷한 시기에 싹트는 때이기 때문이다. 방위는 동북간으로 색상은 청색이다. 인간사로 이야기를 한다면 아기가 태어나서 건강하게 잘 자라라고 안아 키우는 시기이며 그 시기에 입히는 때때옷에는 청색선이 가장 많이 들어 있다. 육부(六腑)에 해당하는데 담(膽)에 해당하며 흔히 하는 이야기로 쓸개라고 하는 것이며 담력(膽力)으로 비유하기도 한다. 수리는 3에 해당한다.

寅木에 어떠한 십신이 부여되는가에 따라서 寅의 특성이나 가지고 있는 성향을 비교하여 풀어보면 좋은 이야기가 많이 나올 수도 있을 것이다. 寅木의 특징은 처음으로 자신의 모습을 천천히 드러낸다는 것이며 대단한 기백(氣魄)으로 어떠한 환경에도 견디어 내려고 할 것이다. 자연속의 나무에 비교하여 이야기 한다면 큰 뿌리에 해당할 것이며 위로는 둥치에 해당할 것이다.

寅木의 본성은 비견(比肩)으로서 편인(偏印)을 원하고 있다는 것이다. 다시 이야기를 한다면 寅木에 부여된 십신을 비견(比肩)과 편인(偏印)으로 설명하여야한다는 것이다. 寅木은 살아있는 것으로 역마(役馬)인데 그렇게 빠르게 움직이는 것은 아니다. 그리고 여리고 천천히 자신을 위하여 강력하게 밖으로 가려고 하는 힘이 강하다고 할 것이다.

특징)

寅木은 무엇인가가 처음으로 시작하는 단계이므로 그렇게 강력하지는 못하다. 또한 역마(役馬)이며 그 역할이 뛰어난 것은 아니지만 탁월한 경쟁의식을 가지고 있다고 할 것이다. 丑土에서 이어받은 기운을 항상 생각하고 있다.

비견(比肩)+편인(偏印)이란 어떠한 경쟁이라고 하여도 천천히 인내하며 뜻을 펼쳐보려고 할 것이다. 이는 丑土에서 혹독한 시련을 경험하였기 때문이다.

4) 묘(卯)

지지에서 네 번째로 등장하는 글이 卯이다. 木오행에 배속되어 있으며 음양으로 구분할 때는 음에 해당한다. 木이 왕성하여 결실을 볼 수가 있다는 의미로 해석한다. 토끼라는 동물로 표현하는데 비록 체구는 작지만 민첩하고 뒷걸음질을 하지 못한다. 즉 뒤로 물러서지 않는다. 시간으로는 05시 31분부터 07시30분까지이며 하루의 일과를 준비하는 때이다.

글의 뜻은 토끼(卯)라고 하는데 왕성하다는 의미로 사용된다. 인간사에 비교하여 이야기를 한다면 성인으로 자신의 생각을 강하게 주장하며 물러서지 않으려고 할 때라고 할 것이다. 때로는 흠을 나타내는 뜻으로 사용된다. 방위(方位)는 정동으로 卯方이라고도 한다. 색상은 진청색으로 진행과 쓰러지지 않는 힘을 가진 것 같은 느낌을 준다. 오장으로는 간장(肝臟)에 해당되며 모든 내장 중 가장 크며 음식물을 소화하기 위한 즙을 생산하는 기관으로 몸속의 독성을 분해하는 중요한 역할을 하며 자생력을 가지고 있는 유일한 기관이다. 수리는 8에 해당한다.

卯木은 자연에서 이야기를 한다면 나무의 잔뿌리에 해당하며 줄기에서 보면 가지에 해당한다. 卯가 지니고 있는 특성이나 성향을 이해하고 이를 부여된 십신으로 이야기를 풀어간다면 다양한 이야기를 할 수가 있을 것이며 토끼라는 동물의 장단점과 유실수로 할 수 있는 다양한 것을 십신의 조건에 맞게 이야기 할 수가 있다. 자연에서 살아있는 것으로 종족을 번식하는 모태(母胎)라고 할 것이다.

卯木에 부여된 십신은 이렇게 설명하여야 한다. 본성은 겁재(劫財)이며 정인(正印)을 요구하기 때문에 정인(正印)과 겁재(劫財)를 강력하게 이야기한다면 좋을 것이다. 이는 木의 제왕(帝旺)으로서 어느 정도 잡아주지 않는다고 한다면 가치가 떨어질 것이며 극심할 경우에서 아무런 쓸모가 없을 수도 있다는 것이다.

특징)
卯木은 시작으로부터 더 이상 어려움 없이 스스로 진행할 수가 있는 단계이다. 주변과 어우러져 외부의 공격으로부터 충분하게 견디어 낼 힘을 가지고 있다는 것이다.

겁재(劫財)+인성(印星)으로 어떠한 경우라고 하여도 경쟁에서 물러나지 않으려고 많은 것을 익히고 강화시킨다고 할 수가 있다.

5) 진(辰)

지지에서 다섯 번째로 등장하는 글이 辰이다. 土오행에 배속되어 있으며 음양으로 구별할 때는 양으로 해석한다. 木이라는 오행이 뜻을 이루기 위한 공간으로 변화무상하다고 할 수가 있다. 상상의 동물 길조(吉兆)의 대명사인 용(龍)으로 표현하는데 辰土라는 공간이 바로 꿈과 희망을 가질 수 있는 공간이라고 할 것이다. 용(龍)은 때를 기다려 힘차게 위로 오르는 최강의 동물이다. 시간은 07시31분부터 09시30분까지이며 하루 일과의 시작이므로 어떠한 일이 발생할 것인지는 어느 누구도 예측하지 못하고 시작하는 시간이다. 이 시간에는 용이 승천(昇天)하는 것과 무관하다. 하지만 시작하는 때이므로 용이라는 동물로 표현한 것이다. 즉 사람의 꿈을 이루기 위한 시작이라는 것이다.

별(辰)으로 지지에서 유일하게 하늘의 이야기를 담은 글이다. 다시 이야기를 한다면 해와 달 그리고 별이 만나는 곳이라는 뜻이다. 그래서 하늘 용궁(龍宮)이라는 표현도 가끔은 한다. 계절은 봄의 끝자락이며 만물이 자신의 세력을 가장 강하게 확장하려고 하는 때이다. 방위는 봄과 여름을 이어주는 중앙으로 해석한다. 노란색으로 안전 또는 편안함을 느끼게 하며 육부에 해당하는 소화기관으로 위장(胃臟)의 음식물을 뒤섞어 소장으로 보내는 역할을 하는 곳이다. 辰土의 경우는 습식(濕式)으로 초기에 위액(胃液)을 분비하여 쉽게 분해하는 과정으로 이해하면 된다. 수리는 역시 중간의 10에 해당한다.

　辰土의 뜻이 참으로 오묘하다고 할 수가 있다. 이는 조건에 의하여 수없이 변화하는 글이라서 종횡무진(縱橫無盡)할 것이며 여기에 부여된 십신도 역시 다양한 이야기꺼리로 나올 수밖에 없을 것이다. 지지의 4가지 土중에 변화가 가장 많이 일어나는 것으로 辰土의 성향을 이해한다는 것이 참으로 난감할 수밖에 없다. 자연에서 어떠한 모양으로 이루어진 곳일까 생각하여 보면 끝없는 평원이라고 생각하는 것이 좋을 듯하다.

　辰土의 본성은 편재(偏財)로서 오로지 자신만의 공간으로 무엇인가를 위하여 희생을 하겠다는 것이다. 辰土는 자형(自刑)으로서 수평으로 확장하려고 하는 성향이 강하다. 또한 辰土는 생명을 가진 것 들이 가장 살아가기 적합한 공간으로서 오행을 고루 갖추고 있다는 것이다. 다시 이야기를 한다면 지장간에 乙木의 바람과 癸水의 수분 그리고 戊土의 드넓은 공간을 기본으로 하여 火의 기운이 교류(戊癸合火)되면서 생겨나는 金의 기운(乙木)까지 갖추고 있다는 것이다. 하여서 辰土의 공간은 영혼(靈魂)이 자유로운 곳이라고 할 수가 있다.

특징)
　辰土는 자형(自刑)으로서 공간이 비좁아 보다 넓은 곳으로 스스로 흩어지거나 분갈이 할 때라고 할 수 있다. 공간적으로는 평평하거나 높낮이 차가 미미하고 사방(四方)이 트인 곳이라고 할 수가 있다.

편재(偏財)라고 하지만 지극히 일반적이며 평범하기 때문에 걸림이 적고 좋은 환경이라고 하여 무엇이든 선호하는 공간이라고 할 수가 있다.

6) 사(巳)

지지에서 여섯 번째로 등장하는 글은 巳이다. 火라고 하는 오행에 속하며 음양에서 양(陽)으로 해석하는데 이는 열(熱)이 밖으로 발산(發散)하지만 안으로는 열이 저장할 수가 없기 때문이다. 본성은 음(陰)이다. 때문에 밖으로 표현하는 것과 안으로 생각하는 것이 다를 수가 있다. 火라고 하는 것은 형체(形體)가 없는 것으로 무(無)에서 유(有)로 이어지며 오로지 느낌으로 전해지는 것이다. 뱀이라는 동물로 표현하였는데 이는 발도 없이 앞으로 빠르게 이동하는 파충류로 혀와 생식기가 두 개이며 큰 음식물을 섭취할 때는 턱뼈가 분리되어 쉽게 삼키도록 만들어져 있다. 시간은 오전 09시 31분부터 11시 30분까지이며 하루 중 가장 왕성하게 활동하는 때이며 흔히 오전이라고 한다.

글의 유래를 알아보면 뱀이 몸을 사리고 꼬리를 드리운 모양을 보고 뱀巳 라고 한다. 차가운 곳을 싫어하고 서늘하거나 따스한 곳을 좋아하며 겨울잠을 자는 동물이다. 계절적으로는 초여름에 해당하며 꽃들이 화려하게 피어나고 날아다니는 곤충들이 왕성하게 꿀을 모으는 때이다. 방위는 동남간으로 색상은 붉은 색이다. 인간사로 이야기한다면 20대 초반의 총각 처녀라고 할 수가 있으며 얼굴에 붉은 기운이 감돌아 예쁘게 보인다. 오장으로 심장(心臟)에 해당하고 피를 혈관을 통하여 전신에 보내는 기관이다. 수리는 7에 해당한다.

巳火는 역동적인 것으로 왕성한 활동을 하는데 비하여 이익은 그다지 많지 않으며 끊임없이 움직여야 하는 특징을 가지고 있다. 뱀의 특성을 이해하고 부여된 십신으로 이야기를 한다면 명쾌한 답을 구할 수가 있을 것이다. 자연으로 이야기를 한다면 수정하기 위하여 상호교류가 이루어지고 있으며 우리가 알고 있는 金오행의 단단하다는 생각은 巳火에서는 하지 말아야 할 것이다. 그리고 金이 부드러운 것이라고 생각할 필요가 있다. 火의 근본은 무형이며 눈과 귀로 코와 혀 그리고 피부의 느낌과 생각으로 이어지는 촉(觸)이 모두 火에 속한다.

巳火를 이야기하려고 한다면 본래 음이지만 양의 성질을 많이 가지고 있다고 하여 양으로 변화하여 이야기를 한다. 하지만 이것은 외적인 성향이고 내적으로는 음의 성품(性品)을 가지고 있다는 것이다. 그리고 巳火의 특징은 밖으로 표현하는 열성이라고 할 수가 있다. 인간사로 이야기를 한다면 의욕(意慾)이 강하거나 적극적(積極的)이라고 할 수가 있다. 본성은 식신(食神)과 편관(偏官)으로 해석하여야 한다는 것이다. 그리고 巳火는 역마(役馬)로서 가장 빠르게 이동을 하지만 어떠한 결론(結論)을 위하여 움직이는 것은 아니다.

특징)

巳火는 자신의 외모를 드러내고 목적을 위하여 정열적으로 활동하는 역마(役馬)라고 할 것이다. 하지만 노력하는 만큼의 댓 가가 그렇게 많지 않다는 것이다.

식신(食神)+편관(偏官)으로 해석하라고 한다. 즉 항상 새로운 모습으로 앞서가려고 하며 인정을 받으려고 부단한 노력을 한다고 할 것이다.

巳火는 양적인 외형을 가지고 있지만 본성은 분명 음적이다. 다시 이야기 한다면 표면적인 모습은 강하지만 내면은 부드럽다는 것이다.

7) 오(午)

지지에서 일곱 번째로 午라고 하는 글이 등장한다. 火오행에서 음(陰)으로 이야기 하는데 이는 안으로 열(熱)을 가지고 있으면서 밖으로는 열(熱)이 미약하기 때문이다. 본성은 양(陽)이다. 하여 안과 밖이 다를 것이다. 火라는 오행이 전하고자 하는 수많은 뜻을 이해하려고 노력을 한다면 가장 가까운 주변 것부터 하여야 할 것이다. 다시 이야기를 한다면 火는 색(色)이다. 색으로 마음이 변화한다. 동물에는 말(馬)을 두고 있으며 이는 무더위 속에 가장 오랫동안 쉬지 않고 뛴다는 것이다. 시간은 오전11시31분부터 오후1

시30분까지이며 하루 중 태양이 지구와 가장 가까운 시간 때이다.

글의 유래를 찾아보면 午火는 말이라는 동물과는 아무런 관계가 없으며 무질서하게 뒤섞인 것을 나타내는 글이라고 한다. 즉 글의 모양이 가로와 세로 그리고 대각으로 이루어져 있다는 것이다. 동물에 비교한다면 말이 놀랄 때는 허둥대는 것이라고 이해하여야 할 것이다. 계절적으로는 한여름이며 자연 속에서는 수정(受精)이 가장 많이 이루어지는 때일 것이다. 방위는 정남(正南)으로 색상은 진 붉은 색으로 강함을 전하고자 할 것이다. 육부로 소장(小腸)에 해당하며 분해된 음식물의 영양을 흡수하는 기관이다. 수리는 2에 해당한다고 할 수가 있다.

午火는 역동적이라고 하는 것보다는 오히려 열정적으로 무엇인가를 맺으려고 한다는 것이다. 때문에 午火에 부여된 십신을 이야기할 때는 무엇인가를 이루고자 열정을 다한다는 것이다. 특히 火오행이 전하고자 하는 것을 말이라는 짐승의 특성에 알맞도록 이야기로 풀어내면 되는 것이다. 특이한 것은 제왕지의 지장간 속에 土를 가지고 있다는 것이다. 일부 역학인들은 己土를 무시한다고 하는데 이는 무지한 생각이다. 火의 특징이 무형이라는 것인데 이러한 무형은 己土의 감각에 의하여 알 수가 있다는 것이다. 자연에서 이야기하는 午火는 과연 무엇으로 표현할 것인가 의문을 가진다면 그냥 꽃이라고 하고 싶다. 또는 빛이라고 표현하는 것이다.

午火는 음의 기운으로 전환하기 직전에 있으며 음기를 많이 가지고 있다고 한다. 하지만 본래는 양의 기운을 내면에 간직하고 있으므로 표면적으로는 음으로 읽어야 하지만 내면적으로 양으로 생각하고 있어야 한다. 그래서 午火에 부여된 십신을 본성을 상관(傷官)으로 해석하면서 정관(正官)을 요구한다고 해석하여야 할 것이다.

특징)

午火는 양적인 열(熱)을 속으로 가지고 있어도 음(陰)으로 이야기를 한다. 그리고 표면에 부드러운 열을 가지고 있다. 하지만 본성은 양(陽)의 성향을 가지고 있음을 잊어서는 아니 된다.

상관(傷官)+정관(正官)으로서 해석을 하여야 한다. 다시 이야기를 한다면 별것 아닌 것 같으나 규정을 벗어나지 않고 원칙대로 하려고 한다.

8) 미(未)

지지에서 여덟 번째로 등장하는 글이 未이다. 역시 土오행에 속하며 음으로 구분되어 있지만 양적인 성향이 강하다. 火라는 오행이 뜻을 전하는 공간으로 조짐도 보이지 않고 소리 없이 진행하는 미지의 공간이라고 할 수가 있다. 가장 차분하고 순한 동물인 양(羊)으로 표현하는데 그래서인지는 모르지만 未土라는 공간이 알 수 없는 마음을 이야기하는 종교성이 강한 공간이라고 할 수가 있다. 때는 이른 오후로 13시 31분부터 15기30분까지이며 하루 중 가장 기온이 올라가는 시간일 것이다. 그래서 일손을 놓고 쉬는 경우가 많다.

한자의 뜻은 아니다. 라는 뜻을 가지고 있으며 아직 때가 이르 다는 뜻으로 이해를 하여야 할 것이다. 다시 이야기를 한다면 기 다려야 한다는 의미로 해석되며 여름의 끝자락에서 결실로 넘어 가는 때이기 때문이다. 방위는 중앙으로 여름과 가을을 이어주는 간방으로 주황색으로 표현할 것이다. 오장에 해당하는 비장(脾臟) 이며 혈액을 담당하는 기관으로 사람의 주먹크기이다. 비장에는 2가지 형태가 있는데 백비수와 적비수로 나누는데 未土는 백비수 (白脾髓)에 해당하며 면역강화를 위한 항체(抗體)를 생산하는 곳 이다. 수리는 5에 해당한다.

未土의 뜻을 헤아리지 못하지만 느낄 수는 있을 것이다. 火라고 하는 것은 형체가 없는 무형을 이야기 하는 것으로 오로지 느낌뿐 이다. 그래서 아닐 未로 표기 하였으며 양(羊)이라는 짐승으로 기 다릴 줄 안다. 라고 표현한 것이라고 생각한다. 지지의 4가지 土중 에 참 모습을 알 수가 없는 공간이라고 생각하고 여기에 부여된 십 신을 이야기로 풀어내야 한다. 자연에서 이야기하는 土는 어떠한 모양일까? 생각하여 본다면 모래로 이루어진 사막 같은 곳이라고 상상할 수 있을 것이다. 그리고 바람이 일면 그 형체가 의심나는 공간이라고 이야기 할 수 있을 것이다.

未土의 공간은 뜨거운 열(熱) 기운이 가득하여 위로 부풀어 올 라가는 모양이라고 할 수가 있다. 다시 이야기를 한다면 열이 전해지는 곳 까지는 열기구처럼 살짝 위로 올라가고 반대편은 살짝 아래쪽으로 내려가 있다는 것이다. 이는 공기가 열(熱)에 의하여 팽창하고 가벼워져서 그러한 형태로 이루어지는 것이며 살아있는 것이 적응하기에는 어렵다고 할 수가 있을 것이다. 土의 본성이 재성(財星)으로 未土는 음의 기운이 강하기 때문에 오로지 정재(正財)의 성향을 강하게 드러내고자 한다.

특징)

未土는 가장 수분이 부족한 공간으로서 모든 것이 가볍고 풍선처럼 부풀어 나려는 성향이 강하다고 할 것이다. 이는 또 다른 무엇으로 변화하려고 하기 때문이다. 하여 申金을 기다리고 있으니 기혼(旣婚) 자매처럼 힘을 실어주는 관계를 이루고 있다.

오로지 정재(正財)로 해석하라고 하는 것이며 비록 작고 연약하지만 풍선처럼 최대한 확장하려고 하는 것이다.

9) 신(申)

지지에서 아홉 번째로 申이라는 글로 지정되어 있다. 오행으로는 金에 해당하며 음양으로 구별한다면 양(陽)이다. 어떠한 목적이나 결과를 두고 이루고자 하는 것으로 재주 많은 원숭이를 동물로 지정하였다. 申이라는 글자는 뒤집어도 申이 되듯이 원숭이의 재주도 특별하다. 특징으로는 환경 적응력이 뛰어나고 나무위에서나 땅위에서나 활동이 자유스럽고 타 동물과 천적 관계를 두지 않는다는 것이다. 하루의 오후시간으로 오후3시31분부터 오후5시

30분까지이다. 이 시간 때에는 비능률 적이며 일과를 정리하는 과정이라고 할 수가 있다.

글이 전하고자 하는 의미는 원숭이와는 관계가 없으며 거듭 또는 반복한다는 의미로 유전적 원인에 의하여 같은 종류가 생겨나는 계절이라고 할 수가 있다. 다시 이야기를 한다면 새로운 것이 잉태하여 자라고 있다는 것이다. 원숭이의 주식(主食)이라고 할 수 있는 과일로 표현하기도 한다. 가을의 시작으로 결과를 예측하기 어려울 때이다. 방위는 여름이 가을로 넘어가는 서남(西南)간으로 색상은 연한 흰색으로 늙어짐을 표현하는 색이며 육부에 해당하는데 음식물의 수분을 제거하고 딱딱하게 모여 있는 대장(大腸)이라고 할 것이다. 수리는 9에 해당한다.

申金에 부여된 십신을 이용하여 다양한 이야기를 풀어내고자 한다면 원숭이의 특성과 金오행이 양적으로 드러내는 것을 이해하고 이를 응용하여야 할 것이다. 그래야 부여된 십신을 자유롭게 해석이 가능할 것이며 金이라는 오행이 자연 속에 없다는 것을 생각하여야 할 것이다. 다만 자연 속에는 종족을 번식하기 위하여 木을 이용한다는 것이며 절대적으로 火의 도움이 있어야 가능하다는 것을 잊어서는 안 된다. 물상으로 이야기를 한다면 바위나 열매로 이야기가능하며 단단함의 대명사처럼 붙어있다.

申金을 십신으로 설명을 하고자 한다면 이렇게 하여야 한다. 본성은 편관(偏官)으로서 비견(比肩)을 요구하기 때문에 이를 응용하여 이야기를 하여야 할 것이다. 申金은 역마(役馬)로서 결과를 요구한다는 것이다. 다시 이야기를 한다면 목적이 확실할 때는 무서운 힘으로 빠르게 움직이지만 그러하지 못할 경우 움직임이 느리고 힘이 약하다.

특징)

申金은 어떠한 결과를 만들고자 최선을 다하고 있다는 것이다. 그래서 역마(役馬)라고 하는 것이며 목적을 위하여 강력하게 추진하려고 하는데 이는 未土로부터 도움을 받는다고 할 수가 있다.

편관(偏官)+비견(比肩)으로 해석하라고 하는 것이다. 즉 어렵지만 항상 최선을 다하여 가장 확실한 평가를 받고 최고의 대우를 받으려고 한다.

10) 유(酉)

지지에서 열 번째는 酉라고 하는 글이다. 오행으로는 金에 해당하며 음(陰)으로 구분된다. 어떠한 것이 이루어진 과정으로 완벽하고 확실한 성체(成體)라고 하며 내성(耐性)도 강하며 자신의 유전적인 정보를 많이 가지고 있다. 동물은 닭이라는 것으로 표현하는데 12지지에서 유일하게 다리가 두 개이며 머리에는 벼슬을 가지고 있다는 것이다. 그리고 알을 낳는다. 모이를 파헤쳐서 먹으며 이러한 습성은 의심이 많은 짐승으로 볼 수밖에 없는 것이다. 하루 중 어두운 밤으로 이어지는 늦은 오후 시간으로 5시31분부터 저녁7시30분까지이므로 밖에서의 활동을 끝마치고 귀가하는 때라고 할 수가 있다.

글이 전하고자 하는 의미는 배부르다 또는 오래 되었다는 의미이며 물이나 기름을 담은 그릇이다. 닭이라는 짐승의 특징은 끊임없이 헤집어서 모이를 먹고 높은 곳으로 올라가서 잠을 자는데 이는 불안하여 그러한 행위를 보여주는 것이다. 그리고 뒤에 배정한 것은 오래됨을 뜻하고 채운다는 의미에서 金오행으로 하였을 것이다. 또한 과일이나 알은 일정한 환경이 만들어지면 기억된 유전자에 의하여 새로운 생명체가 깨어나고 그러하지 못할 경우에는 하염없는 시간이 지난다고 하여도 변함없이 모습을 유지한다는 것이다.

풍요로운 계절 가을의 가장 자리에 있으며 방위는 정서(正西)이다. 색으로는 백옥 같은 흰색으로 깨끗함을 느끼게 할 뿐만 아니라 새로운 이미지도 주고 있다. 오장(五臟)으로 폐(肺)에 해당하며 밖에서 안으로 들어오는 공기를 여과하는 기관으로 1차적으로 코에서 건식(乾式)으로 여과하고 폐(肺)로 들어가서 습식(濕式)으로 2차 여과하는 기관이다. 수리는 4에 해당한다.

酉金에 부여된 십신과 글이 전하는 뜻 그리고 닭이라는 동물의 성향을 이해하고 이를 상황에 적합하게 부여된 십신으로 이야기를 풀어내어야 할 것이다. 그리고 열매나 유전적인 정보를 가지고 있는 것들을 생각하여야 할 것이며 다만 생명이 끊어진 상태와 그러하지 않은 경우가 있다는 것을 알고 이야기하여야 한다. 자연으로 들어가서 이해를 하려고 한다면 외적으로는 살아있는 것들의 열매이며 내적으로는 미완(未完)의 종자(種子)라고 할 수가 있다. 때문에 가장 단단한 경우와 가장 부드럽고 유연한 것으로 나누어서 이해하여야 할 것이다.

酉金에 부여된 십신은 이렇게 해석하여야 할 것이다. 본성이 정관(正官)으로서 겁재(劫財)를 원하고 있으며 자형(自刑)으로서 위에서 아래로 흩어지는 것이므로 이를 훌륭하게 응용하여 이야기하면 좋다. 가장 金의 기운이 강할 때이므로 丁火의 도움이 절실하다고 할 것이다. 그러나 水의 기운이 접근한다면 자형(自刑)하기 어렵다고 할 것이다.

특징)
酉金은 자형(自刑)으로서 단단함을 가지고 자신의 유전자를 오랫동안 변함없이 이어가려고 하는 성향이 강하다. 그래서 위에서 아래로 떨어지는 자형(自刑)이라고 한다.

정관(正官)+겁재(劫財)로 해석하라고 한다. 다시 이야기를 한다면 완벽하게 이루어서 인정받은 것을 외부의 충격으로부터 무너지지 않겠다는 것이다.

11) 술(戌)
지지에 열한 번째에는 戌이라는 글이 나온다. 土오행에 배속되어 있으며 음양으로 구분할 때는 양(陽)으로 구별된다. 金오행이

火오행의 도움으로 뜻을 이루기 위한 공간이며 볕이 따갑고 건조한 공간이다. 동물로는 사람과 가장 가까운 개로 표현 하였다. 개의 특징은 한번 물면 놓지 않고 살기 위해 투쟁(鬪爭)을 한다고 할 수가 있으며 힘들게 거두어들인 재물을 지키고자 하는 의미인 것 같다. 하루를 마감하는 이른 저녁으로 19시31분부터 21시30분까지이다. 이 시간에는 일과를 정리하거나 잠자리에 들어가기 전의 휴식을 취하면서 준비하는 과정이다.

戌土의 뜻은 끊어버린다. 또는 깎는다는 의미를 가진 것으로 戌月이 되면 뿌리에서 수분을 끊어버리고 동안 지어서 모아놓은 재물을 까먹는 때라고 하는 것이다. 그래서 계절의 끝자락에 戌이라는 글을 두고 개라고 하는 동물이 사람을 대신하여 어둠속을 지켜주기 바라는 의미일 것이다.

방위는 가을과 겨울을 이어주는 중앙으로 해석한다. 붉은 주황색으로 힘이 없어 쉬고 싶은 느낌을 주며 육부에 해당하는 소화기관의 위장(胃腸)으로서 음식물을 뒤섞어 소장(小腸)으로 보내는 역할을 하는 곳이다. 戌土의 경우는 건식(乾食)으로 초기에 위액을 분비하여 쉽게 분해하여 소장으로 넘어갈 때 수분을 흡수하는 과정으로 이해하면 된다. 수리는 역시 중간의5에 해당한다.

戌土에 부여된 십신으로 다양한 이야기꺼리를 만들어내는 것이 아니고 戌土에 어울리는 이야기를 할 수가 있어야 할 것이다. 辰土만큼 오묘하지는 않지만 뜨거운 火의 기운을 가장 지향하기 때문에 火의 이미지를 가지고 이야기하는 것이 좋을 것이다. 4가지 土중에 이상(理想)이 가장 높은 글이라고 생각하며 戊土가 가지고 있는 다양한 의미를 부여된 십신에 적응하여 이야기 한다면 알고자하는 것을 가까이 접근할 수가 있을 것이다. 자연에서 어떠한 모양으로 이루어진 곳일까 생각하여 보면 일반적으로 높은 곳이라고 생각하는 것이 좋을듯하다.

 戊土의 공간은 건조(乾燥)하여 위로 솟아오른 모양이라고 할 수가 있다. 때문에 무엇인가를 쌓아두고 보관하기 좋은 공간이라고 할 수가 있으며 일체의 생산은 어렵다고 할 수가 있지만 적당한 수분을 유지하기 때문에 썩지 않는다. 戊土에 부여된 십신은 본성이 오로지 편재(偏財)이므로 이상이 높은 편재(偏財)라고 할 수가 있으며 보관하거나 쌓아두는 편재(偏財)라고 생각하면서 해석하면 좋다.

특징)
 戊土는 최소의 수분을 남겨두고 높이높이 쌓아가는 성향으로서 본래의 모습을 최대한 압축하려고 한다. 이는 장래가 어떻게 변화할지 어느 누구도 모르기 때문이다.

 오로지 편재(偏財)로 해석하라고 하는 것인데 이는 나름대로 알아서 수분을 조절하라는 것이다. 흥망(興亡)은 수분조절을 어떻게 하는가에 따라서 결정된다고 할 것이다.

12) 해(亥)

　지지에서 마지막으로 등장하는 글이 亥이며 오행으로는 水에 해당하며 본성은 음(陰)이지만 응용할 때는 양(陽)으로 변화하여 이야기를 한다. 가장 먼저 등장하는 오행도 水(子)이며 마지막으로 등장하는 것도 水(亥)오행이다. 이는 만물이 알 수 없는 유전정보를 가지고 태어나서 살다가 죽으면 알 수 없는 곳으로 간다는 의미일 것이다. 동물로는 돼지가 상징되며 잡식성으로 성격이 온순하고 고개를 들어서 하늘을 볼 수가 없는 동물이며 먹거리로 기르는 짐승이다. 밤이 깊어가는 시간으로 21시31분부터 23시30분까지이다.

　亥라고 하는 글이 전하고자 하는 의미는 간직하다. 라는 의미로서 다음으로 이어진다는 것이다. 돼지로 표현하는 것은 살아있는 채로 저장하는 먹거리라고 할 수가 있다. 또한 亥月에는 겨우살이 준비를 하여야 하는 의미이며 추운 겨울이 곧 온다는 의미에서 월동(越冬) 준비하는 시기이다. 때는 하루를 간직하고 새로운 날을 기다리는 시간으로 21시31분부터 23시3분까지이며 색은 검은 것으로 표현한다. 물이 검은 것이 아니고 빛이 통과하지 못하여 어둡다는 의미에서 검은 색으로 표현할 뿐이다. 육부로 방광(膀胱)에 해당하며 신장(腎臟)에서 나오는 오줌을 저장하는 주머니 모양의 배설하는 기관이다. 수리는 6에 해당한다.

　亥水에 부여된 십신을 응용하여 다양한 이야기를 풀어내야 하는데 이렇게 하려면 亥라고 하는 글이 전하는 의미와 돼지라는 동물의 특성 그리고 계절과 시간, 색이라는 의미를 알아야 한다. 그리고 자연에서 전하는 다양한 이야기를 종합하여 물의 성향을 풀어야 한다. 亥水를 통하여 할 수 있는 이야기는 수없이 많을 것이다. 하지만 다양한 것을 응용하지 못한다면 지식으로 습득하여진 초라한 언어만으로 이야기를 풀어야 하는 비참한 경우가 발생할 것이다.

亥水를 역마(役馬)로서 부여된 십신을 설명하려고 한다면 본래의 내면에 간직하고 있는 기운을 알아야 한다. 음으로서 정인(正印)과 상관(傷官)인데 지장간이 양의 기운으로 이루어져 있으므로 인하여 편인(偏印)이 식신(食神)을 요구하는 것으로 읽어야 한다. 그리고 亥水역마(役馬)는 비활동적이라고 할 수가 있으며 지장간을 보면 안으로 들어가는 것이지 밖으로 나오는 것이 없다. 하여서 움직이는 공간이 지극히 제한 적이다.

특징)
亥水는 자형(自刑)으로서 모든 것을 감추려고 하는 것이며 조건에 의하는 것이 아니고 스스로 살아남으려고 찾아든다는 것이다. 그래서 역마(役馬)라고 하는데 가장 깊이 스며들면 더욱 안전할 것이다. 분명 음(陰)의 성향이 강한데 표면적으로 외부의 것을 받아주고 감싸주기 때문에 양(陽)으로 이야기한다.

편인(偏印)+식신(食神)으로 해석하라고 한다. 언제라고 약속은 할 수 없지만 분명 새롭게 진화하여 활동할 것이라고 이야기하여야 한다.

지지합(地支合)

10.
지지합(地支合)

 지지는 땅으로 유형이며 현실적이고 행위를 나타내는 것으로 다양한 변화가 일어날 것이다. 어떠한 목적(目的)을 위하여 합을 하는데 이러한 합에도 삼합(三合)이라고 하여 하나의 오행을 이루기 위한 합이 있으며 뜻을 같이 이루기 위하여 합을 하는 방위합(方位合)과 필요에 의하여 조건적으로 합을 요구하는 육합(六合)이 있다. 합을 도모하는데 순서대로 배열되었는지 안에서 밖으로 향하는지 밖에서 안으로 향하는지를 알아야 한다. 즉 년(年)주에서 시(時)주로 흐르는 것인지 시(時)주에서 년(年)주로 흐르는 것인지를 판단하여야 할 것이며 합의 구조가 흐트러져 있으면 원만하게 합을 이루는데 난감하다.

 인간사로 이야기를 한다면 이리저리 오고가며 무엇인가를 이루고자 한다는 이야기이다. 이러한 경우에 이야기를 풀어내는 것이 그리 쉽지는 않을 것이다. 어디서 시작하여 어디에서 마무리되는가를 알고 이야기로 풀어가야 할 것이다. 그리고 합의 목적과 어느 곳으로 가려고 하는지 알아야 정확한 이야기를 할 수가 있을 것이다. 또한 사주 구성이 合으로 이루어져 있다고 한다면 결단성이 떨어지기 때문에 우유부단함으로 인해 불편한 상황이 자주 발생할 수가 있을 것이다.

三合의 구조에서 보이지 않는 글이 분명히 있다. 이런 경우 合이 이루어지지 못한다는 생각보다는 보이지 않는 부분은 감추고 싶어 한다고 이야기 할 수 있다. 또한 타인이 알지 못하게 하려고 하는 의도적인 생각이 감추어져 있다고 판단을 하고 이야기를 이어가야 할 것이다. 일상에서 흔히 있을 수 있는 것처럼 생각하고 풀어야 한다. 다시 이야기를 한다면 사회적 생활은 지식(知識)으로 살아가는 것이 아니고 상식(常識)을 살아가면서 융통(融通)성과 지혜(智慧)가 필요하다는 것이다.

1) 삼합(三合)

삼합은 장기적인 목표를 가지고 서로 다른 오행이 뜻을 모아서 이루고자 하는 合이다. 때문에 다른 오행이 무엇을 원하는지 무엇 때문에 合을 하려고 하는지 이해를 하여야 한다. 목적에 따라서 먼 과거부터 뜻을 세우는 것도 있으며 때로는 오로지 하나만을 위하여 合을 하는 경우도 있다. 그래서 三合은 지독한 인내(忍耐)를 필요로 한다는 것이다.

亥卯未合木 : 과거(過去)에 이어온 이야기

亥水와 卯木 그리고 未土가 만나서 木이라는 오행을 만들어낸 것이다. 이를 설명한다면 오래전부터 亥水가 木이라는 것을 가지고 있다가 卯의 때를 만나서 확실하게 木을 만들어 未土의 공간에서 새로운 木을 가진다는 것이다. 이럴 경우에 亥卯未의 合에 부여된 십신을 木오행에 부여된 십신 이야기로 풀어내면 된다. 다시 이야기를 한다면 亥水는 과거의 이야기로서 지난해 동지(冬至)가 오기 전에 저장하였던 것이 재생되며 卯木의 봄에 가장 왕성한 힘을 발휘하고 未土의 늦여름에 새로운 것을 가지게 되는 것이다.

예문)
시 일 월 년
庚 庚 乙 辛
辰 午 未 卯

년과 월이 亥卯未合木정재(正財)를 이루고자 하는데 亥水가 없다. 이는 음신으로 작용하며 위치는 년주 이전이므로 밖이나 전생(前生)이라고 할 수가 있으며 亥水식신(食神)은 어릴 때의 이야기이다. 亥水식신(食神)이 卯木정재(正財)와 未土정인(正印)과 합(合)을 이루고 있다. 이는 전생에 이어서 어머니와 인연을 가지고 있었다고 할 수가 있으며 밖으로 나가면 스스로 어머니로부터 떨어지지 않겠다는 의미이다. 이를 성인이 되어서 표현한다면 과거의 습관을 버리지 못하고 모든 것을 규정대로 진행한다는 것이다.

寅午戌合火 : 시공간적(時空間的) 이야기
寅木과 午火 그리고 戌土가 만나서 火라는 오행을 만들어낸 것이다. 이는 일찍부터 寅木이 무형의 火를 잉태하면서 午火의 때에 가장 강열한 모습을 드러내어 戌土의 공간속으로 사라진다. 이를 이야기로 전하려면 寅午戌에 부여된 십신이 合을 하여 새로운 火오행을 만들어낸 것이므로 여기에 부여된 십신이 결론인 것이다. 이를 다시 이야기한다면 寅木의 초봄에 서서히 싹트기 시작하여 午火여름에 가장 화려하게 꽃을 피우고 戌土의 늦가을에 수분을 적당하게 조절하여 오랫동안 이어가도록 하려고 할 것이다.

예문)
시 일 월 년
庚 丁 癸 戊
戌 亥 亥 午

년주의 午火비견(比肩)과 시주의 戌土상관(傷官)이 合을 하고자 하는데 寅木정인(正印)이 없다. 하여 寅木정인(正印)이 음신(陰神)으로 작용한다고 생각하면 된다. 여기서 寅木이란 역마(役馬)로서 처음 시작하는 것으로 이를 이야기로 꾸며서 한다면 이러할 것이다. 인간사로 이야기를 한다면 어머니께서 시작하여 주시면 본인이 마중을 나가서 정리하겠다고 하는 것이다. 寅木정인(正印)은 비견(比肩)으로서 "평소에..."라고 할 것이며, 편인(偏印)을 요구하기 때문에 "실력이 아직 부족하여..."라고 하며, 처음 시작하는 것이 힘들다는 것이다. 이를 종합하여 이야기를 꾸며본다면 "아직 경험이 부족하니 어머니(正印)께서 시작하여 주시면 일사(比肩)천리(傷官)로 마무리하겠다."

巳酉丑合金 : 보전(保全)하는 이야기

巳火와 酉金 그리고 丑土가 만나서 金이라는 오행을 만들어낸 것이다. 이는 巳火에 의하여 가장 연약하게 시작하여 酉金 때에 목적을 이루어 丑土의 공간 속으로 최대한 압축(壓縮)하여 오랫동안 보관하려고 하는 것이다. 巳酉丑에 부여된 십신으로 만들어진 金오행으로 부여된 십신이 때가 올 때까지 기다리는 이야기이다. 다시 이야기를 한다면 巳火의 초 여름날에 수차례 수정(受精)하여 맺어진 것을 酉金의 가을에 가장 확실한 것을 선택하여 단단하게 만든다. 그리고 丑土의 늦겨울 추위 속에 내성(耐性)을 강하게 키운다.

예문)
시 일 월 년
辛 丁 己 丁
丑 丑 酉 巳

일주丁丑은 년주丁巳비겁(比劫)가 제왕(帝王)지에서 시작하여 월주己土식신(食神)의 酉金장생(長生)지의 편재(偏財)를 가지고 있다. 그리고 일주丁丑식신(食神)으로 마무리를 부탁하는 三合을 완벽하게 이루고 있는 사주이다. 다시 이야기를 한다면 밖에서 巳火겁재(比肩)가 己土식신(食神)의 사소한 것까지 생각하여 酉金편재(偏財)을 가지고 일주丁丑식신(食神)에게 정리하여줄 것을 부탁하는 모양으로 이루어져 있다. 이를 하나씩 풀어보자.

년주丁巳비겁(比劫)의 성향은 본성이 식상(食傷)으로서 관성(官星)을 요구하는 것이다. 이를 종합하여 보면 "밖에서 새로운 사건 사고를 바르게 잡아주길" 바라는 것이다.

월주 己土식신(食神)의 성향은 정재(正財)로서 정확한 언어구사이며 酉金편재(偏財)의 성향은 정관(正官)이 겁재(劫財)를 요구하기 때문에 이는 규정에 따라서 나눔을 따져본다는 것이다. 이를 종합하여 이야기한다면 "어떠한 문제점을 정확하게 이야기로 논쟁하여 본다."는 것이다. 酉金편재(偏財)은 재물적인 가치도 규정에 의하여 라고 할 것이다.

일주丁丑식신(食神)의 마무리는 역시 정재(正財)로 하라고 하였으니 이렇게 해석하여야 한다. "최소의 언어를 가장 정확하게..." 라고 할 것이다.

合金편재(偏財)를 이루고 있는 것은 충분한 댓 가를 비겁(比劫)들로부터 받고 丁丑식신(食神)이 마무리하여 준다는 것이다.

이를 종합하여 이야기로 풀어본다면 "사회(社會)(年柱)에서 살아가면서(役馬) 일상적으로 일어나는 시비(是非)(比劫)를 전문가(偏財)를 통하여 단기일에 법으로 처리하는 대변인이 직업(月柱)이다."라고 할 것이다.

申子辰合水 : 미래(未來) 이야기

申金과 子水 그리고 辰土가 만나서 水라고 하는 오행을 만들어 낸 것이다. 이는 申金을 통해 子水의 길을 이용하여 辰土의 공간으로 모두 모아 다음을 기다리는 이야기이다. 申子辰에 부여된 십신이며 水라는 오행을 만들어낸 것이므로 水에 붙여진 십신으로 다음을 위한 이야기를 하여야 할 것이다. 이를 해석한다면 申金의 초가을에 영양분을 서서히 채워 子水의 겨울에 이를 이용하여 연명(延命)하면서 때를 기다리고 있다가 辰土의 늦은 봄날에 여기저기 흩어진다.

예문)
시 일 월 년
庚 丁 乙 戊
子 未 丑 申

丁未는 년지 戊申의 金정재(正財)를 시작으로 하여 시지 庚子의 水편관(偏官)을 통하여 보이지 않는 甲辰의 土상관(傷官)으로 마무리를 지으려고 하는 것이다. 申子辰合水는 흐름이 어느 방향으로 가는 가를 알아야 한다. 다시 이야기를 한다면 물의 흐름이 어떻게 이루어지고 있는가를 이야기하는 것이다. 즉 밖에서 안쪽 깊숙이 파고들어 저수조에 편안하게 들어차는 모양이라고 할 것이다. 이를 십신으로 이야기하여 보면 이러하다.

년주 戊土상관(傷官)이 申金정재(正財)역마(役馬)가 병(病)지위에서 살아나려고 발버둥을 치고 있다는 것을 알 수가 있다. 다시 이야기를 한다면 어린 시절 건강이 매우 좋지 않았다고 하는 것이다. 이는 살아남기 위하여 시주로 合하여 이어지는 것이다. 여기서 申金의 성향은 편관(偏官)이 비견(比肩)을 요구하기 때문에 "건강 상태가 매우 안 좋았다." 는 것으로 해석이 가능할 것이다.

시지 庚金정재(正財)가 子水편관(偏官) 사(死)지위에서 기력을 잃어버리고 안방에서 가족들의 보살핌으로 살아가야 하는데 이는 음신(陰神)으로 작용하는 甲辰을 찾아가야 한다. 여기서 子水의 성향은 정인(正印)이 상관(傷官)을 원하기 때문에 "어머니께서 불쌍하게 생각하여"라고 해석을 하여야 할 것이다.

甲木정인(正印)이 辰土편재(偏財)의 쇠(衰)지위에서 간신히 목숨을 이어 오다가 새로운 기운이 돌아오면서 건강을 회복할 수가 있었다는 것이다. 여기서 甲木의 성향은 비견(比肩)이 편인(偏印)을 요구하고 辰土는 오로지 편재(偏財)를 원하기 때문에 이를 이렇게 해석하여 보자. "어머니께서 자식의 건강을 회복하기 위하여 값비싼 것은 아니지만 한약을 지어서 매일 먹였다."는 것이다.

2) 방위합(方位合)

방위 합이란 장기적이지 못하며 그렇다고 단기적인 것도 아닌 중간 정도의 관계에서 무엇인가를 이루고자 뜻을 세우는 것이다. 때문에 한곳으로 가기 위하려고 힘을 모우는 合이라고 할 수가 있다. 무엇인가 이루기 위하여 뜻을 같이 하며 이루고자 하는 방향으로 밀어 붙이는 것이다. 앞에서 이끌고 중간에서 조정하고 뒤에서 밀어 준다고 생각하여 보자. 뜻을 이루기 쉬울 것이다. 같은 오행이 모여서 같은 방향으로 가려고 合을 원하는 것이다.

亥子丑合水 : 여과(濾過)하는 이야기

亥水와 子水 그리고 丑土는 같은 북방(北方)으로 水오행과 관련되어 있으며 같은 뜻을 가지고 새로운 것을 만들어 내는 것이 아니고 水를 재생(再生)한다고 생각하여야 할 것이다. 다시 이야기를 한다면 亥水는 탁(濁)하고 이물질이 많아서 정화(淨化)를 필요로 하고 子水는 정화되어 맑으나 여과(濾過)되지 못하니 보이지 않은 것들이 숨어 있다. 그래서 丑土의 미세한 공간에서 보이지 않은 것을 여과하여 저온(低溫)으로 살균(殺菌)처리까지 한다고 할 수가 있다. 이를 부여된 십신으로 이야기를 풀어내야 한다.

예문)
시 일 월 년
癸 戊 乙 庚
亥 申 酉 子

일주 戊申식신(食神)이 년주의 庚子정재(正財)와 合을 하려고 하는데 子水정재(正財)는 밖에서 시지의 亥水를 바라보며 合을 하여 멀리 있는 丑土로 合하러 가자고 하는 것이다. 다시 이야기를 한다면 丑土겁재(劫財)가 음신(陰神)으로 년주 앞에서 合하려고 한다는 것이다. 合의 원칙은 순서이다. 때문에 어디에서 발원 하는지를 알고 순서대로 따라 가면서 풀어 보면 된다. 이를 풀이하여 보자. 戊申식신(食神)역마(役馬)는 년지 子水정재(正財)를 찾아가는 것이며, 子水는 음신 丑土에 합하였다가 시지의 亥水로 들어간다고 하는 것이다.

申金식신(食神)의 성향은 편관(偏官)이 비견(比肩)을 원하고 있으니 "지인들을 찾아간다."라고 할 것이다.

子水정재(正財)의 성향은 정인(正印)이 상관(傷官)을 원하기 때문에 "무리를 지어서 살아가는 이야기를 하면서 즐긴다."라고 할 것이며,

丑土겁재(劫財)의 성향은 오로지 정재(正財)이므로 "항상 만나든 지인들을 작은 규모의 공간에서" 라고 할 것이다.

亥水편재(偏財)역마(役馬)의 성향은 편인(偏印)이 식신(食神)을 원하고 있다는 것이며 "땅거미 드리우는 시간에 귀가하여 저녁을 준비한다."는 것이다.

이를 종합하여 이야기를 하여 본다면 "자주 지인들과 만나서 운동도 하고 이야기도 나누면서 지내다가 어둠이 찾아드는 시간이면 집으로 들어가서 가사 일을 시작한다."라고 이야기한다.

* 亥水역마(役馬)의 특징은 자신이 움직이는 것이 아니고 亥水는 그대로 있는데 또 다른 무엇이 亥水를 찾아드는 것이다.

寅卯辰合木 : 성장(成長)하는 이야기

　寅木과 卯木 그리고 辰土가 뜻을 같이하여 木오행으로 몸집을 키우려고 한다. 같은 동방(東方)을 바라보며 지금보다 나은 미래로 나아가기 위하여 성장하려고 하는 것이다. 다시 이야기를 한다면 寅木은 지금 피어나는 새싹으로 튼튼한 卯木이 되려고 노력하고 卯木은 성장하였으니 독립을 원하기 때문에 조건 좋은 辰土의 공간을 활용하려고 한다. 이를 부여된 십신으로 다양한 풀이가 가능할 것이다. 인간사로 이야기를 한다면 형제들이 한곳에서 옹기종기 모여서 자라면서 어느 정도 성장되면 뿔뿔이 흩어진다는 이야기이다.

　예문)
　시 일 월 년
　癸 乙 己 甲
　未 卯 巳 寅

　년주의 甲寅겁재(劫財)가 일주 乙卯비견(比肩)과 방위합(方位合)을 하고자 하는데 辰土정재(正財)가 보이지 않으니 완전하게 합을 이루지 못하고 있다. 이러한 경우 辰土정재(正財)를 음신(陰神)으로 필요에 따라서 이용할 수가 있다는 것이다. 합의 시작은 년에서 일주로 이어져 庚辰土정재(正財)에서 마무리 하여 木비견

(比肩)이 되는 것이다. 이를 合의 원칙에 따라서 순서대로 이야기 할 수가 있어야 한다.

년지 寅木겁재(劫財)역마(役馬)로서 성향이 비견(比肩)에 편인 (偏印)을 원하고 있으니 이는 "평소에 밖으로 나가서 전문인으로 활동하여 재물을 취득한다."고 할 수가 있다.

일지 卯木비견(比肩)의 성향은 겁재(劫財)가 정인(正印)을 원하고 있으니 "乙木을 중심으로 하여 모든 것이 이루어진다."고 할 수가 있다.

음신(陰神) 辰土정재(正財)의 성향은 오로지 편재(偏財)를 주장하기 때문에 "약속된 프리랜스로 많은 이익을 가지고 들어올 것이다."고 할 수가 있다.

이를 종합하여 풀어본다면 "밖에서 활동을 하는데 乙木이 중심이 되어 능률재로 이익금을 받으며 평소에 많은 이익을 챙겨간다."는 것이다.

* 寅木역마(役馬)의 특징은 비록 느리지만 강력한 힘을 가지고 밀어붙이는 것으로 철저한 경쟁에서 이기지 못한다면 죽음이라고 생각하며 진행하는 것이다.

巳午未合火 : 확장(擴張)하는 이야기

巳火와 午火 그리고 未土가 힘을 合하여 火오행으로 팽창(膨脹)하려고 열(熱)을 모으고 있다. 같은 뜻을 가지고 남방(南方)을 향하여 최선을 다하여 새로운 곳으로 확장하려고 한다. 다시 이야기를 한다면 巳火에서 몽우리로 피어나기 시작한 꽃은 午火에서 활짝 피어나 화려함을 널리 알리고자 향기를 풍기려고 未土의 공간을 이용한다는 것이다. 이를 巳午未에 부여된 십신으로 이야기를 하는데 자신을 알리고 인정을 받으려고 하는 목적이다. 인간사로 이야기를 한다면 가장 열심히 살아가는 이야기이다.

예문)
시 일 월 년
癸 乙 己 甲
未 卯 巳 寅

월지 巳火상관(傷官)이 시지 未土편재(偏財)에 合을 하려고 하는데 午火식신(食神)이 보이지 않으니 불안전한 合이라고 할 것이다. 하지만 午火은 음신(陰神)으로 조건에 따라서 완전한 合을 이루기도 한다는 것이다. 이렇게 合을 완벽하게 한다면 火식신(食神)이 되며 이에 알맞은 이야기로 풀어야 할 것이다. 巳火상관(傷官)이 일지 卯木비견(比肩)으로 인하여 본성을 드러내지 못하고 음신(陰神)으로 이어져 시지의 未土편재(偏財)에 방위합(方位合)을 이루어 식신(食神)으로 표현하려고 한다는 것이다. 이를 해석하여 보자.

巳火상관(傷官)역마(役馬)의 본성은 식신(食神)을 기본으로 하여 편관(偏官)을 원하는 것이니 이는 "일상적으로 이용하는 것으로 의식주(衣食住)에 해당하는 것이다."라고 할 수 있으며,

음신(陰神) 午火식신(食神)의 성향은 상관(傷官)이 정관(正官)을 원하고 있으니 이는 "사방으로 새로운 모습을 보여주고 인정받고 싶다."고 할 수가 있다.

未土편재(偏財)의 성향은 오로지 정재(正財)로서 "잘 다듬어진 멋진 모습으로 주변보다 조금 앞서 가고자 한다."는 것이 된다.

이를 종합하여 식신(食神)을 이야기를 한다면 "평소에 업무용으로 착용하는 의류에 대한 감각이 뛰어나서 이를 이용하여 타인의 시야를 집중시킬 수 있도록 타고난 감각으로 이야기를 한다."고 할 수가 있다.

* 巳火상관(傷官)의 특징은 속전속결을 원하기 때문에 활동하는 것에 비교하여 이익은 적을 것이다. 그리고 巳火는 속도를 요구하는 것이 장점이라고 할 수가 있으며 단점은 이루어지는 것이 그다지 많지 않다는 것이다.

申酉戌合金 : 매듭짓는 이야기

申金과 酉金이 戌土와 연합하여 金오행으로 마무리를 짓고자 한다. 어떠한 경우라고 하여도 매듭짓는 것이 목적이라는 것을

잊어서는 안 된다. 같은 뜻을 가지고 서방(西方)으로 향하는 것은 머나먼 여정(旅程) 속에 다시 돌아올 수가 있다는 믿음을 가지고 合을 하였다는 것이다. 申金에서 어떠한 모양을 잡아서 酉金에서 확실하게 하여 자기의 유전적 인자(因子)를 감추고 戌土의 공간속에서 가공하여 매듭짓는다. 다시 이야기를 한다면 申酉戌에 부여된 십신으로 새로운 合에 부여된 십신을 확실하게 하고자 하는 것이다.

예문)
시 일 월 년
癸 戊 乙 庚
亥 申 酉 子

일주 戊申식신(食神)은 월주 乙酉상관(傷官)과 방위합(方位合)을 하고자 하는데 戊土비견(比肩)이 보이지 않는다. 하여 음신(陰神)으로 작용하여 완전한 合을 이루고 있지 못하고 필요에 따라서 合을 이루고 있다고 할 것이다. 다시 이야기를 한다면 申酉戌合金 상관(傷官)이 되는 것이다. 이를 풀어보자.

일지 申金식신(食神)의 성향이 편관(偏官)이 비견(比肩)을 요구한다는 것이다. 즉 "어떠한 결과를 가지고 지인들과 모여서 이야기를 한다."고 할 것이다.

월지 酉金상관(傷官)의 성향은 자형(自刑)으로서 정관(正官)이 겁재(劫財)를 원하고 있다는 것이다. 즉 "각자의 의견을 이야기 한다."라고 할 것이다.

음신 戊土비견(比肩)의 성향은 오로지 편재(偏財)로서 "나름대로 소리높이고 있다."는 것이다.

이를 종합하여 상관(傷官)에 알맞게 이야기를 하여야 할 것이다. 즉 "戊土는 새로운 결과를 구하기 위하여 옳고 그름을 스스로 판단하고 주변의 지인들과의 대화에서 자신의 주장을 강하게 펼친다."고 할 수가 있을 것이다.

 * 申金역마(役馬)의 특징은 목적이 확실한 경우 강력한 힘을 발휘하고 빠르게 활동하는 것이라고 할 것이다. 하지만 목적이 확실치 않을 경우 밀어붙이는 힘이 약하고 신속하지 못하다고 할 것이다.

3) 육합(六合)

六合이라고 하는 것은 장기적이지 못하고 단기적이거나 순간적으로 필요에 의하여 合을 이루는 것이다. 하여 힘을 한곳으로 집중하는 것은 아니며 목적이 이루어지면 돌아서는 것이 대부분이다. 하지만 오랫동안 함께하기 위하여 合을 하는 경우도 있다. 자연은 독불장군이 없다. 어떠한 경우라고 하여도 合을 이루어야 영원할 수가 있으며 合을 이루지 못하는 경우 멸종(滅種)할 수밖에 없다는 것이 자연의 냉혹함이다. 때문에 六合도 꼭 필요하다는 것이다.

　인간사로 이야기를 한다면 남녀의 合으로 자식을 두고 헤어지는 경우와 자식으로 인하여 生을 다하도록 함께하는 경우라고 생각 하면 이해가 될 것이다. 고서에 생자필멸(生者必滅)하며 회자정리(會者定離)한다는 이야기가 나온다. 이는 생명을 가진 것은 반드시 죽을 것이며, 만나면 필히 헤어진다는 이야기이므로 六合의 원리도 이와 같다는 것이다. 이를 어기면 헤어나기 어렵고 문제가 발생 되서 변화(變化)나 진화(進化)가 느리다고 할 것이다. 부여된 십신으로 合하는 조건을 이야기하고 合하여 부여된 십신으로 목적을 이야기하는 것이다.

子丑合土 : 한 덩어리가 되기 위하여 合한다.

　子와 丑이 合을 하여 土라는 오행으로 변화한다. 亥水가 존재하면 水로 변화하고 亥水가 없어지면 土로 변화 하는데 이를 자연 속에서 바라보면 子月에 子水가 얼어서 丑月에 더욱 단단하여진다는 것이다. 하지만 亥月의 온도는 높아서 얼지 못한다. 이를 子水와 丑土에 부여된 십신이 合하여 변함없이 얼음덩어리가 되어 새로운 土로 변화하였다는 것이다. 깨어지지 않으므로 인하여 흐름을 멈추고 있으나 亥水를 만나면 온기로 인하여 흘러갈 수가 있다.

예문)
시 일 월 년
庚 丁 乙 戊
子 未 丑 申

　월주 乙丑의 丑土식신(食神)이 시주의 庚子의 子水편관(偏官)과 합하여 土식신(食神)으로 변화하여 영원히 함께 하길 바라는 것이다. 하지만 丁丑은 이를 거부하고 丑未沖으로 오히려 대항을 한다고 할 것이다. 다시 이야기를 한다면 월간 乙木편인(偏印)이 월지 丑土식신(食神)의 쇠(衰)지 위에서 시간의 庚金정재(正財)를 子水편관(偏官)사(死)지 위에서 요구하고 있다는 것이다. 이를 해석하여본다면 乙木편인(偏印)의 성향은 겁재(劫財)가 인성(印星)을 원하고 있으니 "계모가 무엇인가를 바란다."고 할 것이며, 丑土식신(食神)은 오로지 정재(正財)를 요구하니 "하던 이야기 또 한다."고 할 것이다.

　庚金정재(正財)의 본성은 편관(偏官)으로서 비견(比肩)을 요구하니 "힘으로 일정한 재물을 앗아간다."고 할 것이며, 子水편관(偏官)의 성향은 정인(正印)이 상관(傷官)을 원하기 때문에 "요구하는 것을 주지 않을 경우 이간질을 할 수가 있다."고 할 것이다. 이를 종합하여 이야기를 한다면 "우리 은사(恩師)님은 돈이 필요할 때마다 나한데 가져오라고 명령을 한다. 이를 거부하면 이상한 소문을 퍼트리고 있다."고 할 것이다.

寅亥合木 : 목적(目的)이 다하면 한쪽이 合을 깬다.

寅과 亥가 合을 하여 木이라는 오행이 생겨난 것이다. 하지만 조건이 이루어지면 亥水는 자형(自刑)으로 돌아간다는 것이다. 이를 자연 속으로 들어가서 이야기를 한다면 寅月에 亥水는 木를 위하여 合을 하지만 亥月이 되면 亥水는 저절로 寅木에서 벗어난다. 이러한 원리를 응용하여 寅木과 亥水의 관계를 해석하고 부여된 십신으로 이야기를 풀어야 하며 木를 만족시키기 위하여 亥水가 스스로 오고 가는 것이다.

예문)
시 일 월 년
乙 辛 丙 甲
未 亥 寅 辰

일지 亥水상관(傷官)과 월지 寅木정재(正財)가 합하여 木편재(偏財)를 이루고 이후 파(破)하고 亥水가 자형(自刑)으로 멈추어 선다는 것이다. 인간사로 이야기를 한다면 배우자궁에 자식이 있으니 辛金의 배우자는 월간 丙火정관(正官)으로 합한 뒤에 자식을 낳으면 어느 정도의 세월이 흐른 뒤에 인연 정리를 辛亥가 하여야 할 것이다. 이는 목다화식(木多火熄)이라고 하여 木이 많으면 火가 꺼져버리기 때문에 정관(正官)이 사라지는 것이다. 사회적으로 이야기를 풀어 본다면 자식이 본인의 업소에 들어와서 처음에는 재물을 모으고 관리에 적극적이라고 할 수가 있지만 일정한 기간이 지나면서 문제를 일으키고 이것이 사건(事件)으로 이어질 가능성이 크다는 것이다.

卯戌合火 : 영원(永遠)하기 위하여 合한다.

卯과 戌이 合을 하여 火라는 오행을 만들어 영원히 변치말자고 合을 하였다. 이를 자연 속에서 이야기를 하여 본다면 이러할 것이다. 卯木에 맺은 인연을 戌土의 공간속으로 까지 이어간다는 것이다. 과연 이것이 무엇일까 하고 생각하여 보면 열매속의 유전적인 정보이다. 다시 이야기를 한다면 인간이 가지고 있는 생각이나 마음을 나타내는 것이라고 할 수가 있다. 卯木과 戌土에 부여된 십신의 인연(因緣)으로 영원히 마음속에 간직하고자 하는 것이다. 또는 한 번 익힌 버릇은 고치기 어렵다는 것이다.

예문)
시 일 월 년
壬 癸 己 癸
戌 酉 未 卯

년주 癸卯식신(食神)과 시주 壬戌정관(正官)이 火편재(偏財)로 合을 하여 복귀하지 못하고 있다. 즉 合을 깨지 못하고 끊임없이 이어지고 있다. 이를 이야기로 풀어본다면 이러할 것이다. 밖에서 지인들이 안으로 찾아와서 도움을 청한다는 것이다. 다시 이야기를 하여보자 卯木식신(食神)을 겁재(劫財)와 정인(正印)으로 해석하여 보면 "새로운 모습을 하기 위하여..." 라고 이야기하고 戌土정관(正官)은 편재(偏財)형식으로 풀어서 이야기를 하는데 "오래된 그 직업으로 나름대로 관리해주고...”라고 할 수가 있으며, 合하여 火편재(偏財)가 되므로 "곱게 단정하여 주고 고액을 받는다.”고 할 수가 있다. 또한 卯戌合火가 깨어지지 않으니 한번 찾아온 인연은 영원한 인연이라는 해석이 나온다.

辰酉合金 : 조건(條件)을 가지고 合한다.

辰과 酉의 만남은 완전히 조건에 의하여 合을 한다고 할 것이다. 조건이 이루어지면 누가 먼저라고 할 것 없이 合은 깨어진다. 이를 자연 속으로 들어가 보면 이러하다. 辰月에 여기저기 휘날리듯이 흩어져서 酉月에 알알이 영글어진 열매가 저절로 터져서 떨어진다는 것이다. 이는 合으로 맺어서 목적을 이루고 나면 合으로 떨어진다고 할 것이며 辰土자형(自刑)과 酉金자형(自刑)의 성향을 이해하고 이에 부여된 십신으로 조건 맞는 이야기를 풀어낸다면 만족하고 원래대로 돌아간다는 것이다.

예문)
시 일 월 년
壬 辛 己 壬
辰 酉 酉 子

일주 辛酉비견(比肩)는 시주 壬辰인성(印星)과 合하여 金인성(印星)으로 이어지고 있다는 것이다. 이를 인간사로 이야기를 한다면 평소에 집에서 어머니와 같이 있으면서 마치 손아래 친구를 대하듯 한다고 할 수가 있다. 일상적으로 이야기를 한다면 작은 공간에서 확실하게 알지 못하는 문서(文書)에 대하여 조건적으로 지원해주는 것이라고 할 수가 있다. 酉金비견(比肩)과 辰土인성(印星)이 六合을 이루어 金비견(比肩)이 되어있는 것을 해석하여 보자.

일주는 酉金비견(比肩)의 성향은 정관(正官)과 겁재(劫財)를 이용하여 이야기하여야 한다. 즉 "辛金은 규정에 의하여 행동할 것이며 벗어나는 행위는 스스로 거부한다."고 할 것이다. 본인을 중심으로 풀어야 한다.

시지 辰土인성(印星)은 壬水상관(傷官)묘(墓)지에 관련된 지식을 자율적으로 지원해주는 것으로 성향은 편재(偏財)로서 이야기를 하여야 하기 때문에 이를 "평소에 부족한 공부나 일반상식을 집에서 혼자 배우고 익히고 있다."고 할 수 있다.

월지 酉金비견(比肩)은 己土인성(印星)장생(長生)지에서 지시를 받고 있으며 성향은 정관(正官)과 겁재(劫財)를 이용하여 이야기하여야 한다. 하지만 월주에 관련되게 풀어야 한다. 즉 직업은 "국가에서 운영하는 곳이나 인정된 곳에서 나 이외의 사람에게 기초적인 문서에 관련된 것을 도와주는 것이다."라고 할 수 있다.

이를 종합하여 辰酉合金비견(比肩)의 이야기를 풀어야 한다. 다시 이야기를 한다면 "정해진 곳에서 정해진 시간동안 자율적으로 타인이 알지 못하는 행정(行政)적인 민원을 돌봐주는 일을 하고 있다."는 것이다.

巳申合水 : 짧게 합하고 오래 원망(怨望)한다.

巳와 申이 만나서 새로운 시작을 하려고 합을 하였다. 시작이 길면 좋은 현상이 아니다. 자연 속에서 바라보면 巳月에 수정하여 申月에 모양을 갖추지 못한다면 실패라고 하여서 파형(破刑)으로 이어지는 것이다. 비록 짧은 시간이지만 조건을 확실하게 해두자는 것이다. 그러하지 못한다면 문제가 있을 것이고 빠른 시간에 정리가 되지 못한다면 전체가 문제된다는 것이다. 다시 이야기를 한다면 목적을 위하여 확실하게 맺어지고 이를 속히 결론지어서 다음을 위하여 매듭을 지어야 한다. 인간사로 이야기를 한다면 어떠한 문제가 발생하였다면 속히 정리하여야 할 것이며 이를 방치하게 되면 불미스러운 결과를 가져올 수가 있다는 것이다. 巳火와 申金에 부여된 십신으로 새로운 水오행에 부여된 십신을 이루어야 무난할 것이다.

예문)

시	일	월	년
乙	丁	庚	癸
巳	卯	申	未

74세의 노모님이다.

일주 丁卯편인(偏印)은 월주 庚申정재(正財)가 시주 乙巳겁재(劫財)와 六合을 하여 水정관(正官)으로 합하고 있다. 무엇 때문에 월주와 시주가 합을 하는지 풀어보자. 丁火는 申金정재(正財)에서 급하게 시지 巳火겁재(劫財)와 합을 하여 水정관(正官)으로 이야기를 하라고 한다. 이를 좀 더 상세하게 풀어보자.

　월주 庚申정재(正財)는 사회생활이며 申金정재(正財)역마(役馬)의 성향은 편관(偏官)이 비견(比肩)을 요구하기 때문에 "평소에 많은 동료들과 같이 자신이 맡은 일에 충실 한다."고 할 수가 있다.

　시주의 乙巳겁재(劫財)역마(役馬)의 성향은 식신(食神)이 편관(偏官)을 원하고 있기 때문에 "사고로 움직임이 불편한 남편을 위하여 속히 귀가한다."고 할 수가 있다.

　水정관(正官)의 성향은 인성(印星)이 식상(食傷)을 원하기 때문에 "어머니로서 의식주(衣食住) 해결을 위하여 자신의 건강을 돌보지 못하고 묵묵하게 열심히 일한다."고 할 것이다.

　이를 종합하여 水정관(正官)을 이야기하라고 한다. 즉 "사고로 집에 쉬고 계시는 남편을 대신하여 열심히 일하고 속히 퇴근하여 가사도 돌보는 것을 당연하게 생각하고 가장(家長)으로서 책임을 다하고 있다."고 할 것이다.

　午未合火 : 合은 하지만 느낌뿐이다.
　午와 未가 合을 하여 새로운 조건으로 변화하고 싶어도 뜻을 이루지 못하고 그대로인데 이를 자연 속에서 이야기로 풀어보자. 午月의 폭염은 未月이가도 여전하다는 것이다. 하지만 사실은 다르다. 五月의 열기는 위에서 아래로 따가운 볕이 전해지면서 땅이 흡수(吸收)를 하지만 六月의 열기는 위에서 아래로 전해지는 볕이 땅속으로 스며들지 못하고 오히려 땅속의 열기가 올라오고 있으니 전해지는 火의 기운이 다르다.

자연속의 동식물들도 이를 알고 있으며 인간사의 학문은 火라는 표현 이외는 할 수가 없다는 것이다. 午未合은 火라고 할 수는 있어도 확실한 원인을 이해하지 못하고 그냥 아무런 변화가 없다고 한다면 잘못된 표현이라고 할 수가 있다. 다시 이야기를 하자면 午未가 合을 하여도 변화가 없다는 생각을 버리고 이렇게 생각을 하여 보자. 巳火에서 시작하는 뜨거운 기운은 속으로 스며들어가서 午火에 가득하니 未土에서는 오히려 밖으로 돌아 나온다. 하여 未月이 가장 덥다는 느낌을 가지는 것이다.

이를 인간사에 비교한다면 四月에 활짝 피어난 꽃이 수정(授精)이 없는데 五月에 어떻게 잉태가 있겠는가? 하여서 六月에 열매는 볼 수가 없고 꽃만 바라봐야 한다는 것이다. 즉 4월에 피어난 꽃이 5월을 지나고 6월에도 그대로 있다는 것이다.

예문)
시 일 월 년
庚 庚 乙 辛
辰 午 未 卯

유치원 다니는 여자아이다.

일주 庚午정관(正官)이 월주 乙未정인(正印)과 合을 하여 火정관(正官)으로 모습을 드러내고 있으며 未土정인(正印)은 년주 辛卯정재(正財)와 지지는 合을 하고 있지만 천간은 乙辛沖을 하고 있다. 여기서 일지 午火정관(正官)과 월주 未土정인(正印)이 合을 하여 여전히 火정관(正官)으로 이어지는 것을 풀어보자.

일지 午火의 성향은 상관(傷官)이 정관(正官)을 요구하고 있기 때문에 "자신의 모습을 바라봐주고 자기중심적이길 바란다."고 할 것이다.

월지 未土정인(正印)의 성향은 오로지 정재(正財)를 고집하기 때문에 "정신 집중이 잘 안 된다."고 할 수가 있고, "더욱 화려하게"라고 할 수도 있다.

合火정관(正官)의 성향은 식상(食傷)을 본성으로 하여 관성(官星)을 요구하기 때문에 "모든 일상이 자신의 생각대로 이루어져야 된다고 믿고 있다."는 것이다.

이를 종합하여 이야기로 풀어보면 "어린 생각에 자신이 예쁘고 외출을 하고자 한다면 더욱 예쁘게 꾸며서 나가려고 할 것이다."고 할 수가 있다. 이는 관심을 받을 수 있다고 믿기 때문이다.

인간사로 이야기한다면 "庚午가 어머니와 合을 하여 어린 것이 어미를 간섭 하려고 드는 것이며, 庚午의 어머니를 辛金겁재(劫財)하여 빼앗기지 않으려고 午卯파(破)를 하고 있다."고 할 수가 있다.

11

형(刑)충(沖)파(破)해(害) 그리고 원진(怨嗔)

11.
형(刑)충(沖)파(破)해(害)
그리고 원진(怨嗔)

　우리가 사주팔자(四柱八字)를 이야기하려고 한다면 刑 沖 破 害 그리고 怨嗔이라는 것을 이해하지 못하면 풀이할 수가 없다. 다시 이야기를 한다면 어떠한 글에 악보(樂譜)가 있으면 노래가 되는데 악보가 없으면 그냥 문장(文章)이라고 하며 흥얼거리거나 소리 내어 읽어내는 정도이다. 이처럼 刑 沖 破 害 怨嗔은 음(音)의 강약(强弱)을 나타내는 것이다. 즉 높은음은 형(刑)이라고 하며, 중간보다 약간높은 음을 충(沖)이라고 한다. 그리고 중간정도 음은 파(破)라고 하며, 중간보다 낮은 음을 해(害)로 표현 하였으며, 저음은 원진(怨嗔)으로 이야기를 하였다. 이를 알고 사주의 강약을 조절하여 이야기를 할 줄 알아야 할 것이다.

1) 형(刑) : 가장 강력한 표현
　刑이라고 하는 것은 가장 강력한 표현을 하는 것으로 가지고 있는 최대한의 힘으로 모양을 바꾸려고 하는 것을 刑이라고 하며 刑에는 세 가지 방법으로 일어나는데 이를 삼형(三刑)이라고 한다. 삼형 속에는 처음부터 강력한 표현을 하는 삼형이 있으며, 중간에 스스로 문제를 일으킬 수가 있는 자형(自刑)이 있고 마지막에 어떠한 문제가 발생하여 일어나는 三刑이 있다. 이들을 이용하여 때와 공간을 알고 표현하여야 한다. 노래하는 사람이 악보를 보고 노래하듯이 사주이야기도 刑 沖 破 害 怨瞋을 이용하여 이야기를 풀어야 한다는 것이다. 이를 자연이나 일상에서 일어나는 일과에 비교하여 이해하여 보자.

삼형(三刑)

3자가 한곳에 모이면서 일어나는 刑이다. 세력이 강하고 장기적이라 강력한 표현을 하여야 할 것이며 모양을 갖추고 있다면 과감하게 포기하여야 할 것이다. 그러하지 못한다면 큰 피해를 볼 수가 있으며 극심할 경우 전체가 힘들어지는 경우도 발생할 수가 있다.

寅巳申 : 시작할 때 강력한 표현

처음 시작하면서부터 부분적으로 정리하고 결과가 일어날 때에 다시 한 번 정리 하여야 한다는 것이다. 그러하지 못한다면 문제가 발생하여 진행이 더디고 좋은 결과를 기대할 수 없다는 것이다. 이를 자연으로 이해하여 보자. 봄에 싹이 트는 것을 부분적으로 정리하여야 꽃이 화려하게 피어날 것이며, 수정(受精)된 꽃도 부분적으로 정리를 하여야 좋은 열매를 맺을 것이다. 열매도 부분적으로 정리를 하여야 최상의 열매를 수확할 수가 있다는 것이다.

싹이 틀 때와 꽃이 수정할 때 그리고 열매가 맺을 때에는 어떠한 경우라고 하여도 정리해주어야 좋다는 것이다. 寅木은 싹이 트는 과정에서이고 巳火는 꽃이 피고 수정하는 과정에서이며, 申金은 열매를 맺으면서 부분적으로 정리를 하여야 한다는 것이다. 부여된 십신에 따라서 시작할 때 미련을 두지 말고 강하게 표현하여야 할 것이다. 이를 인간사로 이야기를 한다면 많은 사람들이 어떠한 과제를 진행하려고 할 때 전체가 동원되는 것이 아니고 대표로 일부분을 차출하여 과제를 의논하고 진행하는 것으로 이해하기 바란다. 그래야 과제를 풀어내는데 빠르고 시간과 결론이 확실하게 나타난다는 것이다.

예문)
시 일 월 년
戊 庚 丙 乙
寅 申 戌 巳

50대 초반의 남자이다.

丙戌月 庚申이 戊寅時에 태어나서 乙巳와 寅巳申 三刑을 일으키고 있다. 다시 이야기를 한다면 일주 庚申비견(比肩)이 시지 寅木편재(偏財)의 재물로 인하여 년지 巳火편관(偏官)의 고통을 받으므로 申金비견(比肩)은 주변사람들에게 외면을 당하고 있다는 것이다. 그로인하여 寅木편재(偏財)의 배우자와 53세에 인연을 정리하여야 할 것이며, 타향에서 巳火편관(偏官)으로 새로운 삶을 일으켜 보려고 할 것이다. 이를 풀어보자.

일주 申金비견(比肩)의 성향이 편관(偏官)+비견(比肩)이므로 "본인과 배우자 그리고 지인들이 힘들어한다."고 할 수가 있다.

시주 寅木편재(偏財)의 성향은 비견(比肩)+편인(偏印)으로서 "동료들과 자주 유흥을 즐기면서 과소비로 인하여…"라고 할 수가 있다.

년주 巳火편관(偏官)의 성향은 식신(食神)+편관(偏官)으로서 "새로운 것을 힘들게 시작한다."고 할 수가 있다.

부정적(否定的)인 이야기로 풀어본다면 "사업을 시작하여 잘된다고 접대비와 유흥비를 과하게 지출하여 힘들게 되었다는 것이다." 다시 이야기를 한다면 "처음 많은 재물이 들어오니 지속적으로 잘될 것이라고 생각하였으나 오래가지 못했고 열심히 일은 하는데 수금(收金)이 원만하게 이루어지지 않았다. 매일 매일 나가야 할 경비는 인연들과 금융권에서 차용(借用) 또는 대출(貸出)을 받아서 감당하여 보지만 결국 庚申은 폐업(閉業)하고 말았을 것이다."

긍정적(肯定的)으로 이야기를 한다면 "사업실패로 인하여 주변의 지인들로부터 신용이 떨어져 고향에서 살지 못하고 멀리 타향에서 새로운 시작을 하려고 한다."고 할 수가 있다.

子卯 : 가장자리에서 강력한 표현

이는 어떠한 과제를 두고 한참 진행하여 중간을 지나면서 문제가 발생하여 시비가 발생하는 것이라고 할 것이다. 다시 이야기를 한다면 水生木의 기운이 한쪽으로 너무 강하게 치우쳐서 오히려 내실은 약하고 외형만 비대한 꼴이 된 것이라 어떠한 결론을 보기가 어려워 강력한 구조조정이 시급하게 이루어져야 한다는 것이다. 이를 자연으로 이야기를 한다면 강력하게 흐르는 물살에 그동안 자란 수초(水草)들이 견디지 못하고 떠내려간다고 할 수가 있을 것이다. 또한 수초로 인하여 물이 볕을 받지 못하고 썩어간다고 이해하여도 무관할 것이다.

오행의 가장 강력한 글 중에 유독 子水와 卯木이 刑을 일으키는 것인가에 대하여 생각을 하여야 할 것이다. 물론 刑을 일으키는 글자외의 글은 자형(自刑)으로 진행한다고 하지만 子水와 卯木의 관계는 과유 불급이고 많은 것이 오히려 부족함만 못하다는 단어가 적절하게 맞아드는 곳이라고 할 수가 있다. 나무가 물에 잠기어도 불편하고 물을 너무 많이 흡수하여도 문제가 심각하다는 것이다. 그리고 水에 의하여 木이 刑을 당하고 木에 의하여 水가 刑을 당한다고 생각하여야 할 것이다.

예문)
시 일 월 년
庚 丁 癸 癸
子 卯 亥 卯

50대 중반의 여자이다.

丁卯는 시주의 庚金정재(正財)가 子水편관(偏官)의 사지위에 있으면서 일지 卯木편인(偏印)과 형(刑)을 하고 있다. 여기서 卯木편인(偏印)은 겁재(劫財)가 정인(正印)을 요구한다는 것이다. 이를 이야기로 꾸며본다면 "가르침을 전해주는 선생으로"서 월지 정관(正官)과 合하고 있으니 직업이 선생이라고 할 수가 있을 것이다. 시지의 子水편관(偏官)을 이야기하는 방법이다. 본성이 정인(正印)으로 상관(傷官)을 요구하기 때문에 이렇게 이야기할 수가 있다. "가르치는 것을 그만두고 싶다"는 것으로 이를 종합하여 이야기를 한다면 퇴근하여 귀가하면 직장을 그만두고 싶다는 것이다. 즉 선생이라는 직업을 그만두고 싶다는 생각이 강하게 일어난다고 할 것이다.

丑未戌 : 마무리할 때 강력한 표현

이는 마무리하는 과정에서 부분적인 정리를 필요로 하는 것이다. 어떠한 공간에서 일어날 수 있는 것을 강력하게 주의하라고 하는 주문이다. 다시 이야기를 한다면 차고 어두운 곳에서 주의하라는 것이며, 뜨거운 열기와 따가운 볕이 강한 곳에서 주의하라는 것이며, 건조한 곳을 주의하라는 것이다. 이를 자연으로 이해하려고 한다면 너무 추워도 안 되고 너무 더워도 안 되며 너무 건조하여도 안 된다는 이야기이다. 丑土 未土 戌土에 부여된 십신의 뜻을 알고 과감하게 표현하여야 할 것이다.

인간사에 비교하여 이야기를 하여본다면 이러할 것이다. 수많은 사람들이 어떠한 과제를 완수하는 과정에 다수의 의견을 통일하기 어렵기 때문에 대표 일부분만 선출하여 마무리하는데 참여한다면 쉽게 의견이 통일되고 시간도 단축될 것이다. 만약 이러하지 못하고 전체가 참여한다면 우왕좌왕 하면서 아무런 결론도 내기 어려울 것이며 괜한 시간만 소비하는 꼴이 될 것이다. 즉 어떠한 목적을 관철하려고 많은 궁중이 모여서 데모하는 꼴이라고 할 수가 있을 것이다.

예문)
시 일 월 년
甲 己 乙 辛
戌 未 未 丑

50대중반의 여자이다.

무더운 여름날 밤이다. 열대야로 잠을 이루기 어려울 것 것이다. 그래도 바람이 일고 있으니 다행스럽다. 사주 전국에 土가 파(破)와 충(沖) 그리고 강력한 삼형(三刑)을 이루고 있다. 다시 이야기를 한다면 비견(比肩)과 겁재(劫財)가 破하고 沖을 한 뒤에 刑으로 마무리를 하고자 한다. 인간사로 이야기를 한다면 천간의 己土본인이 가까이 甲木정관(正官)과 合을 하여 처음은 破로 시작하여 刑으로 이어지고 년간의 辛金식신(食神)과도 沖하여 刑으로 이루어지고 있다는 것이다. 이는 가장(甲木)의 실수로 己未(본인)와 辛丑(자녀)을 이산가족으로 살아가게 되었다는 것이다. 여기서 土의 본성이 재성(財星)이므로 甲木정관(正官)남편이 己土(본인)와 合을 하여 戌土편재(偏財)로 "고급스러운" 것을 가지고 未土정재(正財)와 "여기 저기" 광고하면서 辛金식신(食神)이 "사실 그대로" 이야기를 하여 보았지만 새로운 신제품이라서 丑土정재(正財)는 "잘 알려지지 않으니" 재물이 보이지 않는다. 그래서 丑戌未三刑하여 과감하게 정리하였다고 할 것이다.

자형(自刑)

한자만 있어도 형(刑)을 일으키므로 스스로자(自)라는 글로 표현한 것이다. 시작할 때의 自刑과 진행하는 과정에서 또는 마무리를 하려고 할 때의 自刑도 있다. 自刑은 세력이 강하다고 할 수는 없지만 스스로 판단하여 자신의 모습을 바꾸려고 일으키는 것이기 때문에 심각하게 생각을 하여야 할 것이다.

辰 : 나눌 때 주의

자연에서 辰土는 3월이다. 이때가 바로 분가(分家)하는 때이다. 동안 좁은 곳에서 서로 의지하며 때를 기다리고 있었는데 辰土가 오면 분가하는 것이다. 자연에서는 춘삼월이 복잡하고 분주하다. 인간사로 이야기를 한다면 성장한 자식들이 결혼하여 집을 떠나는 것으로 생각하면 이해가 빠를 것이다. 辰土의 自刑은 수평적인 自刑으로서 먼 곳까지 그 영향을 미친다고 할 수가 있다. 辰土의 십신은 스스로 아쉬움을 버리고 진행하여야 할 것이다.

예문)

시 일 월 년
庚 庚 乙 辛
辰 午 未 卯

시주 庚金비견(比肩)이 辰土편인(偏印)으로 자형(自刑)을 하고 있다는 것이다. 辰土의 본성이 편재(偏財)이므로 편인(偏印)을 편재(偏財)형식으로 해석하라고 하는 것이다. 辰土의 성향은 스스로 흩어지지 않으면 살아남을 수가 없다는 것이며 이를 自刑으로 이야기한다면 이러할 것이다. 평소에 좁은 공간에서 자연스럽게 혼자 지내는 것을 즐긴다는 것이다. 즉 대인기피증이 있을 수도 있다는 것이니 인연 있는 사람이외 모르는 사람과 같이 좁은 공간에 있는 것이 두렵다고 할 수가 있다.

午 : 흩어질 때 주의

자연에서 午火는 5월이다. 이때는 태양이 지구와 가장 가까워서 열기와 볕이 살인적이다. 그래서 한곳에 모여 있지 못하고 각각 흩어져서 더위를 피하려고 할 것이다. 자연에서 삼복(三伏)더위 때이다. 인간사로 이야기를 한다면 더위로 정신이 산만(散漫)하여 사고가 많이 일어날 것이다. 午火의 自刑은 다방면으로 그 영향을 미칠 수가 있다는 것이다. 午火는 평소에는 안으로 잠재하고 있으나 조건이 만들어지면 만용(蠻勇)을 부린다. 부여된 십신 따라 안전한 곳으로 피하는 것이 좋을 것이다.

예문)

시 일 월 년
庚 庚 乙 辛
辰 午 未 卯

일주 午火정관(正官)이 자형(自刑)으로 목욕(沐浴)지에 있다는 것이다. 午火의 본성은 상관(傷官)이 정관(正官)을 요구한다는 것이다. 이야기를 한다면 일정하게 마련된 곳에서 자신의 끼를 스스로 발산한다는 것이다. 만약 예능을 익힌다면 무대에서 자신의 모습을 정확하게 표현한다는 것이다. 이를 주변사람들(土)이 인정해 주길 바라는 것이다. 하여 같이 연습한 또래들과의 차이를 보여주고 싶어 하는 것이라고 할 것이다.

酉 : 떨어질 때 주의

자연에서 酉金은 8월이다. 이때에는 자신의 존재를 오랫동안 전하려고 자신의 유전적인 정보를 가진 것을 떨어트린다. 떨어지는 곳의 환경에 따라서 길흉(吉凶)과 생사(生死)의 갈림길이다. 자연에서 이야기한다면 열매가 떨어지는 것이고 인간사로 이야기를 한다면 인연과 환경을 스스로 만들어간다는 것이다. 酉金의 자형은 대부분이 아래도 떨어진다는 것이다. 물론 미세한 것은 하염없이 위로 올라가서 사라질 수도 있지만 언젠가는 알 수 없는 곳에서 자신의 모습을 드러낸다는 것이다. 酉金은 미련 없이 스스로 떨어져야 뜻을 이룰 수가 있을 것이다.

예문)

시 일 월 년
丙 庚 丁 辛
戌 戌 酉 酉

팔월 저녁이다. 년지 酉金겁재(劫財)와 월지의 酉金겁재(劫財)가 자형(自刑)으로 자리하고 있다. 년주는 어린 시절이므로 학창 시절에 학문에는 관심이 그렇게 많이 없었으며 오로지 친구들과 어울려서 약간의 문제를 일으키고 돌아다녔다고 할 것이다. 더욱 제왕(帝王)지에 겁재(劫財)가 있으니 부모 형제의 덕이 부족하였을 것이며 고집이 대단하였을 것이다.

월지는 청년시기이며 사회활동으로 볼 수가 있다. 酉金겁재(劫財)의 성향이 정관(正官)의 본성을 발동하여 스스로 위법적인 것을 많이 행하고 있다고 할 수도 있지만 겁재(劫財)를 요구하기 때문에 본인이 억제하려고 하는 힘도 강하다고 할 것이다. 그리고 사회생활을 하고자 하는데 위에서 아래로 행하는 自刑이라서 아랫사람들의 바르지 못한 생각이나 행동에 강한 의사를 표현할 것이다.

亥 : 제자리에 멈추고 있을 때 주의

자연에서 亥水는 10월이다. 이때에는 겨울을 대비하여 스스로 몸을 감추어야 할 때이다. 만약 이때를 놓치고 멈출 곳을 찾지 못하였다면 앞을 예측하기 어려울 것이다. 자연에서 바라보면 월동준비이다. 인간사 이야기를 한다면 스스로 휴식을 취하지 못한다면 쓰러진다는 것이다. 亥水自刑은 밖에서 안으로 스스로 찾아들어 충분한 기다림으로 기회를 살펴야 할 것이다. 이를 지키지 않는다면 재생(再生)의 기회가 미약할 것이며 어쩌면 영원히 오지 않을 수도 있다. 亥水는 존재하기 위하여 모든 것을 스스로 버릴 줄 알아야 할 것이다.

예문)
시 일 월 년
庚 丁 癸 戊
戌 亥 亥 午

월과 일에 亥水정관(正官)이 자형(自刑)을 하고 있다. 월지는 부모형제 자리이며 사회활동이나 직업관을 알아보는 곳이다. 여기에 亥水정관(正官)이 自刑으로 있으면 어떻게 이야기를 풀어야 할 것인가를 생각하여 보자. 亥水는 역마(役馬)로서 움직임이 둔(鈍)하고 때로는 폐쇄적이라고 할 수가 있다. 이는 亥水라는 것이 창고에 무엇인가를 저장하는 의미를 가지고 있으므로 그렇게 이야기하는 것이다. 학창시절 학문에 관심이 없으니 직업에서 亥水의 본성인 편인(偏印)으로 전문이라고 할 수가 있지만 근본적인 것은 정인(正印)으로서 상관(傷官)을 강하게 드러내고 있다는 것이다. 이는 전문적인 교육이나 인성(人性)이 떨어진다는 것이며 일지 정관(正官)이 자형으로 있으니 스스로 자신감을 찾지 못하고 있다는 것이다.

육형(六刑)

六刑이라고 하는 것은 강력한 三刑이 일어나기 전의 부분적인 刑이라고 할 수도 있으며 刑이 발생하기 전에 어떠한 조짐이 있다고 한다. 때로는 전조(前兆) 없이 일어나는 경우도 있다. 때문에 사전에 충분히 막을 수가 있다는 것이다. 부분적인 모습을 바꾸려고 하는 것으로 부여된 십신으로 이를 다양한 방향으로 해석하여야 할 것이다.

寅巳 : 시작하면서 진행과정과 초기에서 주의

寅木과 巳火의 관계는 六刑이전에 해(害)로 시작하여 刑으로 전이(轉移)되는 것이다. 자연으로 이야기를 한다면 무차별로 생겨나는 새싹을 그대로 두면 꽃이 곱지 못하니 일부분을 刑으로 정리하면 좋다는 것이다. 다시 이야기를 한다면 가능한 몇 가지를 선택하여 진행하는 것이 최선의 방법이다.

예문)
시 일 월 년
丁 戊 庚 壬
巳 戌 戌 寅

년주 壬寅과 시주 丁巳가 천간은 合을 하면서 지지는 寅木편관(偏官)과 시지 巳火편인(偏印)이 육형(六刑)을 하고 있다. 흔히 하는 이야기로 거리가 너무 멀기 때문에 刑을 할 수가 없다는 생각은 하지 않은 것이 좋을 듯하다. 다시 이야기를 한다면 대륙간 미사일을 발사할 수도 있다는 것이다. 즉 자주 발생하는 것은 아니라는 이야기이다.

寅木편관(偏官)이 월주의 庚戌을 가까이 두고 合을 하고 있었는데 戊戌이 생각나서 庚戌내연녀를 건너 출근 전에 부인과 한번 부부생활을 하고 싶은데 戊戌은 巳戌원진(怨瞋)으로 이를 거부하니 寅木편관(偏官)은 성급하게 寅巳刑을 일으키고 말았다고 할 수도 있을 것이다. 만약 이렇게 된다면 戊戌은 간여지동으로 이혼을 요구할 것이며 壬寅은 이를 거부하여 寅巳刑을 근거로 하여 송사(訟事)를 일으킨다고 할 수가 있다.

여기서 寅木편관(偏官)은 이렇게 해석하여 보자. 본성이 비견(比肩)으로서 편인(偏印)을 요구하기 때문에 이를 이야기로 한다면 "평소에 생각이 자기 위주이다."고 할 것이다. 巳火정인(正印)은 이렇게 해석하여야 할 것이다. 본성이 식신(食神)으로서 편관(偏官)을 요구한다는 것이다. 즉 "왕성한 성욕으로 자신을 확인 시킨다."고 할 것이다. 이를 종합하여 이야기를 풀어낸다면 "강력한 성욕으로 자신의 위상을 보여주고 확실한 남자라고 인정받고 싶어 한다."고 할 수 있다. 이를 거부하면 "강력한 刑으로 다스린다."고 할 것이다.

寅申 : 처음 시작하는 과정에 중간 후반에 주의

寅木과 申金의 관계는 沖이라는 것으로 시작하여 刑으로 전이(轉移)되는 것이다. 때문에 강력한 소용돌이가 발생할 수가 있다는 것이다. 이를 자연으로 이야기를 풀어본다면 이미 일부분이 정리되어진 상태에서 가장 우수한 것을 선택하고 나머지는 완전하게 제거한다는 것이다.

예문)
시 일 월 년
戊 庚 丙 乙
寅 申 戌 巳

일주 庚申비견(比肩)이 시주 戊寅편재(偏財)와 沖을 하고 이후 刑으로 마감하려고 한다는 것이다. 인간사로 이야기를 한다면 집안일로 배우자와 관계가 원만하지 못하여 53세를 전후하여 이별할 수가 있을 것이다. 또한 사회활동으로 이야기를 한다면 사업상 경쟁자들보다 앞서가고 싶어서 밀실 접대가 이루어지고 있다고 볼 수 있다. 결과는 좌충우돌 하여보지만 刑이라고 하니 처음은 좋으나 오래가지 못한다고 할 수가 있다. 이를 해석하여 보자.

庚金비견(比肩)의 성향은 편관(偏官)+비견(比肩)으로서 "목적이 확실하면 어떠한 경우라고 하여도 실력을 발휘한다."고 할 수가 있다.

寅木편재(偏財)의 성향은 비견(比肩)+편인(偏印)으로서 "평소에 재물 욕심이 많으며 수단과 방법을 가리지 않고 밀어 붙이려고 한다."고 할 수가 있다.

이들 역마(役馬)가 沖하고 刑으로 마감하는 것을 이야기로 꾸며 보자. "평소에 庚金의 뜻을 이루기 위하여 어떠한 경우라고 하여도 앞뒤 가리지 않고 최선을 다하여 자신의 것으로 몰아가지만 결과는 乙巳편관(偏官)과 合水식신(食神)으로 새로운 일감은 잠시 뿐이고 항상 앞으로 남고 뒤로 밑지니 오래가지 못할 것이다."라고 할 수가 있다.

巳申 : 필요에 의하여 조건적 진행

巳火와 申金은 처음에는 조건적인 合으로 맺어져서 조건이 이루어지면 合을 파괴(破壞)하고 刑으로 진행한다는 것이다. 이를 자연으로 이해를 하여 보자. 꽃이 피면 벌과 나비 등의 곤충들에 의해 수정하여 열매를 맺으므로 부분적으로 맺어진 열매를 제거하여야 품질 좋은 열매를 수확할 수가 있다는 것이다.

예문)
시 일 월 년
乙 丁 庚 癸
巳 卯 申 未

월주 庚申정재(正財)가 시주 乙巳겁재(劫財)와 合 破 刑으로 이어지고 있다. 이를 일주 丁卯에서 어떻게 해석을 하여야 하는지 알아보자. 일주 丁火는 월지 申金정재(正財)로 가사에 도움이 되고 싶어 하지만 시지 巳火겁재(劫財)로 인하여 合水정관(正官)에서 破 刑으로 이어지는 것이다. 다시 이야기한다면 배우자와 자녀들을 위하여 순식간에 사라지고 없다는 것이다.

申金정재(正財)의 성향은 편관(偏官)+비견(比肩)으로서 "어렵고 힘들게 매일같이 일을 하여 받은 월급"이라고 할 수 있다.

巳火겁재(劫財)의 성향은 식신(食神)+편관(偏官)으로 "자식과 불편한 남편 그리고 식생활에 보탬이 되고자 하지만 흔적도 없이"이라고 할 수가 있을 것이다.

이렇게 合水하고 破 刑으로 이어지는 것을 종합하여 이야기로 풀어보자. "丁卯는 정말로 묘(妙)하게 살아간다. 알 수 없는 희망을 가지고 열심히 일하여 받은 작은 월급으로 가족들의 생계를 유지하는 것이 고달프다 못해 죽을 지경"이라고 할 수가 있을 것이다.

丑戌 : 마무리를 하는 동안 주의

丑土와 戌土의 관계는 사전(事前)에 어떠한 조짐도 발생하지 못하고 즉시에 刑으로 진행하는 것이다. 이를 자연으로 풀이한다면 이러할 것이다. 언어구성에서 丑이 우선이지만 계절적으로 이야기를 한다면 가을에 수확(收穫)을 하여 무조건 저장한다는 것이다. 만약 그리하지 못한다면 한해의 겨울을 넘기는 것이 고통스럽다고 할 수가 있을 것이다.

예문)

시 일 월 년
癸 辛 壬 癸
巳 丑 戌 丑

월주 壬戌정인(正印)이 년주 癸丑편인(偏印)과 일주 辛丑편인(偏印)하고 조건 없이 六刑을 하고 있다. 이를 인간사로 이야기를 한다면 어릴 때 壬戌정인(正印)은 혼자 살아가는 어머니가 辛丑을 낳고 아무런 이유도 없이 갑자기 보이지 않는다고 할 수가 있다. 다시 이야기를 한다면 얼굴도 모르는 어머니가 어느 날 나를 두고 갑자기 사라지고 말았다고 할 수가 있을 것이다. 사회적으로 이야기를 한다면 혼자 살아가는 연습을 한다고 할 수가 있으며 이는 인성(印星)이 刑을 하고 있기 때문이다. 즉 무엇인가를 무조건 배워두었다가 힘들 때 응용하면서 살아간다는 것이다. 丑戌刑을 풀어보자.

일주 辛丑편인(偏印)의 성향은 오로지 정재(正財)로서 "항상 이런 것 저런 것 따지지 말고 무조건 많은 지식과 전문적인 기술을 배워두라고 한다."고 할 수가 있다.

월주 壬戌정인(正印)의 성향도 오로지 편재(偏財)로서 "다음을 위하여 많은 것을 최대한 오래갈 수 있게 학문을 배워서 기억하라는 것이다."라고 할 수가 있다.

년주 癸丑편인(偏印)의 성향도 오로지 정재(正財)로서 "무조건 밖으로 나가서 노후를 위하여 전문적인 것을 배워두라고 할 것이며 특히 복지나 전문 언어를 사용하는 것이면 더 좋다."고 할 수가 있다.

이를 종합하여 보면 丑戌 刑은 정편인(正偏印)이 사전에 어떠한 전조가 보이지 않는 상태에서 일어나는 刑으로 이야기를 풀어보자. "辛丑은 스스로 자신을 찾아가기 위하여 동분서주하면서 따지지 않고 배워두고자 할 것이며 혼자서도 잘 살아갈 수 있는 준비를 하기 위함이다."라고 할 수가 있다.

丑未 : 마무리 하는 과정에서 중간 이전 주의
丑土와 未土는 刑을 일으키기 전에 沖으로 강하게 조짐을 드러내고 난 뒤에 刑으로 마무리를 하려고 한다는 것이다. 이를 자연으로 바라본다면 한겨울과 한여름의 이야기이다. 다시 이야기를 한다면 한겨울에 불을 지피는 것과 한여름의 석빙고 이야기이다. 沖하여 이롭게 될 것인지 아니면 刑으로 변화하던가 아니면 폐기시켜버릴 것을 요구한다.

예문)
시 일 월 년
庚 丁 乙 戊
子 未 丑 申

일주는 강력한 월지와 丑未沖으로 대항하고 이것도 부족하여 육형(六刑)으로 정리하려고 한다. 월주 乙木편인(偏印)이 丑土식신(食神)쇠(衰)지에서 일지 未土식신(食神)을 자꾸 건드리고 있다. 하지만 丁火는 未土의 관대(冠帶)지에서 연약한 丑土를 沖하고 刑으로 다스리려고 하는 것이다. 다시 이야기를 한다면 그렇게 뛰어나고 강하신 어머니는 아니지만 어른으로서 丁火를 타이른다. 그러나 관대(冠帶)지의 丁火는 강력한 반항으로 어머니의 이야기를 듣지 않고 아예 무시해버리고 있다는 것이다. 어머니께서 어떠한 말씀을 하시기에 丁火가 거부하는 것인지 알아보자.

乙木편인(偏印)의 본성은 겁재(劫財)이며 인성(印星)을 요구하고 있다. 즉 "18세를 지나면서 학업을 중단할 것을 요구하다."고 할 것이다. 원인은 丑土식신(食神)으로서 이렇게 해석을 한다. 丑土의 본성은 정재(正財)로서 정재(正財)를 요구한다고 할 것이다. 이를 이야기로 꾸며보면 이러할 것이다. "집안 형편이 어렵고 먹고 살기 힘들기 때문에 학업(學業)을 중단하고 생업(生業)에 종사하여 가사에 도움이 되고자 한다."고 할 것이다.

이것이 불만스러워 丁未는 沖을 하고 刑으로 돌아서서 자신의 모습을 감추어 버렸다. 未土의 본성도 丑土와 같은 정재(正財)이지만 丑土는 응축(凝縮)되고 쇠(衰)지에 있으니 어렵다는 것이 되고 未土는 관대(冠帶)지에 있으니 자신의 뜻을 펼쳐 보겠다고 년주 戊申으로 떠나고 말았을 것이다.

未戌 : 마무리 하는 동안 중간 이후 주의

未土와 戌土는 적당한 힘으로 破를 일으켜서 刑으로 진행하는 것이다. 破할 때의 조건이 이루어지지 않으면 刑으로 진행하는 것이기 때문에 문제가 발생할 때에는 해결할 수 있는 여건이 있다는 것을 잊어서는 안 된다. 자연으로 이해하려고 한다면 이러할 것이다. 未月에 결과를 보려고 하는 것이 아니고 부분적으로 정리를 하여야 한다는 것이다. 그래야 戌月에 결과를 충족할 수가 있다는 이야기이다.

예문)
시 일 월 년
壬 癸 己 癸
戌 酉 未 卯

월주 己未편관(偏官)이 시주 壬戌과 未戌破하고 六刑으로 진행하고 있다. 인간관계로 이야기를 한다면 월주는 부모 자리이며 시주는 자식 자리이다. 즉 어머니가 자식과의 관계가 원활하지 못하다는 이야기이다. 그리고 밖에서 자신의 일에는 적극적인 배우자가 퇴근 후 방안에서 사소한 불만이 폭력으로 이어질 확률도 있다는 것이다. 원인은 대부분 午火편재(偏財)가 원인이라고 할 수가 있는데 여기서 편재(偏財)는 이렇게 해석하여야 한다. 즉 본성이 상관(傷官)과 정관(正官) 때문이라고 할 수가 있다.

충(沖) : 강한 표현

沖이라고 하는 것은 내적(內的)인 작용은 25%정로 약하지만 외적(外的)으로 75%이상의 강력한 힘을 가지고 沖을 일으키는 것이다. 누가 강하다고 할 수가 없으며 어떠한 이론에서 오행의 균형이 무너지는 것이다. 장기적이지 못하고 순간적으로 발생하는 것이라고 생각한다. 어떠한 십신을 가지고 沖을 하는가에 따라서 수없이 많은 이야기를 할 수가 있으며 순간적으로 일정한 부분을 바꾸기 위하여 沖을 일으키는 경우도 있다. 水火의 沖은 변화(變化)를 요구한다고 할 수가 있으며 木金의 沖은 진화(進化)하기 위함이라고 할 수가 있다. 土가 沖을 하는 것은 개발(開發)이라고 할 수가 있다.

子午 : 沖에서 午火自刑으로 진행

子水가 午火에 의하여 증발하면서 午火는 子水를 변화시켜 스스로 사라질 것이다. 가장 강한 제왕의 자리가 沖을 하는데 이를 자연으로 이야기를 한다면 子水는 午火에 의하여 증발하여 자신을 75%이상 바꾸어서 내릴 것이고 午火는 子水에 의하여 스스로 자신을 변화할 것이다.

예문)
시 일 월 년
壬 戊 己 丙
子 午 亥 子

일주 戊午정인(正印)이 년주 丙子정재(正財)와 시주 壬子정재(正財)하고 沖을 하고 있다. 戊午양인(陽刃)이라고 하지만 10월 야밤에 자신을 드러내고자 사력(死力)을 다하고 있다. 여기서 午火를 불이라고 하면 안 되고 칠흑 같은 밤이라고 하여야 한다. 이렇게 어두운 밤에는 참고 기다리면 戊土의 드넓은 공간즉 희망을 볼 수가 있지만 참지 못하고 설친다면 다치고 깨어질 수도 있다는 것이다.

　　일주 戊午정인(正印)은 년주 丙子정재(正財)와 沖을 하여 학창시절 부유하지는 못하였지만 학문에 뜻은 많이 가지고 있었을 것이다. 여기서 午火정인(正印)은 상관(傷官)+정관(正官)으로 해석하여야 하기 때문에 "건강이 그렇게 좋은 편이 아니라고" 할 것이다. 그리고 子水정재(正財)는 정인(正印)+상관(傷官)으로 해석을 하라고 하였으니 "일찍부터 어머니의 근심거리가 되어"라고 할 것이다. 이럴 때의 子午沖은 "어린 시절과 학창 시절에 가정 형편이 어려워 자주 이사를 하거나 건강이 좋지 못하여 상당히 힘겨웠다."고 할 수가 있다.

　　시주 壬子정재(正財)양인(陽刃)은 일주 戊午와 정면충돌을 피할 수가 없을 것이다. 하여 재복(財福)이 약하거나 재(財)에 이끌러갈 수가 있으며, 이를 정인(正印)으로 이야기를 한다면 깊은 밤에도 자신의 변화(變化) 즉 성공을 위하여 최고의 학문을 탐독하고 있다고 할 것이다. 水기운이 강하기 때문에 법(法)으로 가면 좋으며 특히 검찰(檢察) 쪽으로 선택한다면 뛰어난 실력을 발휘할 수도 있다. 하지만 재(財)와 인연을 만들면 상당히 어려워질 수도 있다. 子水정재(正財)는 이렇게 해석이 가능하다.

정인(正印)+상관(傷官)으로서 "밖으로 나가나 안으로 들어오나 오로지 공부밖에 없다."고 할 수가 있으며, 午火편인(偏印)은 상관(傷官)+정관(正官)으로서 "여하한 경우라고 하여도 인정받고자 한다."는 것이다. 이러한 경우 子午沖은 이렇게 이야기할 수가 있다. "최고가 되기 위하여 오로지 공부에 매진하여 지금의 어려운 환경에서 벗어나 안정된 직업군으로 변화하고 싶은 욕망"이라고 할 수 있다.

丑未 : 沖하여 六刑으로 진행

丑土는 未土와 沖을 하고 다시 六刑으로 진행하여 부분적으로 모습을 바꾸려고 할 것이다. 어떠한 것을 진행하는 과정에 마무리에 해당한다는 것을 잊어서는 안 된다. 자연에서 이야기를 한다면 未土에서 모습을 드러내어 최대한 확장하려고 할 것이며 丑土에서 최대한 응축하려고 할 것이다.

예문)
시 일 월 년
己 辛 甲 庚
丑 未 申 戌

일주 辛未편인(偏印)은 시주 己丑편인(偏印)과 沖으로 시작하여 六刑으로 마무리한다. 하지만 辛未편인(偏印)은 월주 甲申겁재

(劫財)를 위하여 그렇게 沖 刑을 한다고 할 수가 있다. 다시 이야기를 한다면 "자신의 능력을 보여주고 남보다 앞서가려고 부단하게 전문 지식을 익힌다."는 것이며 여기서 丑未의 관계를 알아보자.

일주 辛未편인(偏印)의 성향은 오로지 정재(正財)이며 未土의 표현은 풍선처럼 부풀어 나는 것처럼 이야기를 하여야 할 것이다. 즉 "다양한 전문지식을 폭넓게 공부한다."고 할 수가 있다.

시주 己丑편인(偏印)의 성향도 정재(正財)만 요구하며 丑土의 표현은 아래로 깊이 파여진 모습을 연상하며 이야기를 하여야 한다. 때문에 "깊이 있게 파고들어 월주 甲木정재(正財)와 合을 하려고" 하는 것이다.

丑未沖의 관계를 해석하여 보면 "未土편인(偏印)은 월지 甲申겁재(劫財)를 잡으려고 다양한 전문 서적을 파고 든다."고 할 수가 있다. 여기서 甲申은 사회에서 경쟁의 관계를 이야기하는 것으로 未土가 申金을 가장 추종한다고 할 수가 있다.

寅申 : 沖하여 六刑으로 진행

寅木과 申金은 역마(役馬)로서 처음으로 이루어지는 과정에서 沖을 하여 六刑으로 정리하고자 하는 것이다. 이를 인간사로 이야기를 한다면 태어나서 잘못된 습관을 고치치 못한다면 성장하여 성인이 되었을 때는 바꾸지 못하므로 사회성이 결여되어 외면 받는다고 할 수가 있다. 자연으로 이야기를 한다면 나무는 가지치기를 해주어야 바른 열매를 맺는다고 할 것이다.

예문)
시 일 월 년
庚 丙 丙 癸
寅 申 辰 丑

일주 丙火가 申金편재(偏財)병(病)지위에서 자리하고 시주 庚金편재(偏財)가 寅木편인(偏印)절(絶)지에서 발버둥을 치고 있지만 寅申沖으로 시작은 좋으나 결과는 실패라고 할 수가 있다. 다시 이야기를 한다면 辰月에 파종한 씨앗寅木편인(偏印)이 申金편재(偏財)의 급류에 견지지 못하니 떠내려가는 형상이다. 여기서 寅申沖에 대하여 풀어보자.

일지 申金역마(役馬)의 성향이 편관(偏官)+비견(比肩)으로서 "목적이 확실하다면 강하게 밀어 붙이지만 목적이 확실하지 못하면 나약하고 느리다."고 할 것이다.

시지 寅木편인(偏印)역마(役馬)의 성향은 비견(比肩)+편인(偏印)으로 "전문적인공부를 느긋하게 시작은 잘하지만 자연스럽게 중도 하차하는 경우가 많다."고 할 것이다.

이럴 경우 두 개의 寅申역마(役馬)가 沖을 하는데 이렇게 해석하여 보자. "목적을 위하여 나름대로 열심히 참고 밀어 붙이려고 하지만 이상하게 중도에 그만두게 된다."는 것이다. 그것도 申金편재(偏財)과 辰土식신(食神)이 合水편관(偏官)이라고 하니 "재물 개념이 약한 철부지 남편으로 인하여 자연스럽게 하던 공부를 그만 두게 된다."고 할 수 있다.

卯酉 : 沖하여 酉金自刑으로 마감

卯木과 酉金이 가장 왕성한 시기에 沖을 하여 酉金이 自刑으로 변화하는 이야기이다. 이를 자연으로 이야기를 한다면 卯木은 沖을 하여 정리하여주면 酉月에 건실한 열매가 맺는다고 할 것이며 이들은 스스로 떨어져서 또 다른 卯木이 생겨나는 것이다. 자연으로 이야기를 한다면 나무를 너무 복잡하게 가꾸면 사용할 수 있는 것이 없다는 것이다.

예문)
시 일 월 년
甲 丁 己 壬
辰 卯 酉 寅

일지 卯木편인(偏印)이 월지 酉金편재(偏財)와 沖을 하였다. 인간사로 이야기를 한다면 丁卯편인(偏印)이 월지 酉金편재(偏財)와 정면충돌을 하고 있으니 이를 부정적으로 이야기한다면 본인과 어머니와의 관계가 불편하다는 것이며, 긍정적으로 표현한다면 장모(丈母)가 사위를 위하여 물신양면으로 지원하는 것이다. 다시 이야기를 한다면 卯木편인(偏印)은 배우자궁이고 酉金편재

(偏財)는 어머니 궁이다. 장모는 사위가 불만족스럽지만 어쩔 수 없이 合을 하여 최선을 다하여 도와 줄 수밖에 없다는 것이다. 이유는 卯木편인(偏印)은 겁재(劫財)가 정인(正印)을 원하고 있으니 "부족한 학업"이라고 할 것이며, 酉金편재(偏財)는 정관(正官)이 겁재(劫財)를 원하고 있기 때문에 "보다 좋은 직업을 선택"하기 위하여 많은 재물이 깨졌다고 할 것이다. 결과는 자녀를 낳으면서 희망은 사라진다는 것이다.

辰戌 : 辰土 自刑으로 붕(朋) 沖

辰土는 戌土와의 관계를 부정적으로 생각하지 않고 沖을 하지 않는다고 할 수가 있다. 辰土에서 비록 작고 연약하지만 스스로 刑을 일으켜서 戌土에서 크고 단단하게 바꾸어진다는 이야기이다. 자연에서 바라보면 辰月의 꽃가루가 바람타고 흩어져 열매를 맺으면 戌月의 햇볕에 적당하게 말리므로 오랫동안 보전하려고 沖을 하는 것이다. 자연으로 이야기를 한다면 작은 것으로 많은 것을 수확할 수가 있다는 것이다.

예문)
시 일 월 년
丙 庚 戊 己
戌 申 辰 亥

庚申일주가 사주의 중심인 월주 戊辰편인(偏印)관대(冠帶)지에서 갓을 쓰고 일어나려고 노력하고 있으며 시주의 丙戌편인(偏

印)이 묘(墓)지에서 홀로 고통을 참으면서 일반적인 것을 고급화 하려고 한다. 다시 이야기를 한다면 "辰土편인(偏印)이 戌土편인(偏印)과 沖을 하는데 일반적인 학문을 상당히 높은 수준으로 올리려고 沖을 한다."는 것이다. 사주의 흐름이 年에서 時로 흐르는 것이 원칙이며, 만약 월지 戌土가 시지 辰土를 沖한다면 이야기는 달라질 것이다. 辰戌沖을 풀어보자.

 월지 辰土편인(偏印)의 성향이 오로지 편재(偏財)이며 辰土의 성품은 지극히 일반적이면서 스스로 좌우로 확장하는 성질이 강하다. 때문에 "많이 알려진 전문적인 학문을 널리 새롭게 확장하여 알리고자 한다."라고 할 것이다.

 시지 戌土편인(偏印)의 성향도 오로지 편재(偏財)인데 戌土의 성품은 辰土와 전혀 다르다는 것이다. 戌土는 차곡차곡 위로 쌓아두는 것처럼 높고 까다롭다고 할 수가 있다. 또한 위험하다고 할 수도 있다는 것이며 "처음은 일반적인 학문을 새롭게 개발하지만 시간이 지나면서 상당히 난해(難解)한 학문을 연구하여 책이나 기록문에 남겨둔다."고 할 것이다.

 이를 엮어서 꾸며보면 "지극히 일반적이지만 전문적인 학문을 쉽게 접근할 수 있게 대중화하고 이후에 상당히 어려운 학문까지 펼쳐낸다."는 것이다.

巳亥 : 沖하여 亥水自刑으로 마감

巳火는 亥水와 沖을 하고나면 亥水는 自刑으로 진행하는 것이다. 이는 가장 활동적인 것과 가장 비 활동적인 것의 관계를 이야기하는 것이다. 이를 인간사에 비교하여 이해하여 보자. 巳月에 가장 왕성한 움직임이 亥月에는 활동력을 멈추고 스스로 다음을 위하여 충분한 휴식을 취한다는 것이다. 다시 이야기를 한다면 巳火는 亥水를 만나면서 활동성을 멈추고 더 이상의 진행을 원하지 않는다.

예문)
시 일 월 년
癸 辛 辛 庚
巳 亥 巳 子

일주 辛亥상관(傷官)은 월주 辛巳정관(正官)과 역마(役馬)가 沖을 하고 다시 시주 癸巳정관(正官)이 役馬와도 沖을 하고 있다. 때는 巳月이라서 일주 辛亥는 고통스러울 것이다. 인간사로 이야기를 한다면 "배우자와 자녀로 인하여 상당히 고통스럽다고 할 수가 있으며," 일상적인 활동으로 이야기를 한다면 "밖으로 나가도 고생하고 집으로 들어와도 힘이 든다."고 할 수가 있다. 이를 십신에 맞게 풀어보자.

월지 巳火정관(正官)의 성향이 식신(食神)+편관(偏官)으로 이야기를 하므로 "오라버니 같은 개구쟁이며 상당히 활동적이라서 다스리기 난감하다."고 할 수가 있다.

　일지 亥水상관(傷官)의 성향은 편인(偏印)+식신(食神)으로서 "나는 그냥 있고 싶은데 주변이 움직일 수밖에 없도록 한다."는 것이다.

　시지 巳火정관(正官)의 성향은 식신(食神)+편관(偏官)으로서 "자녀들이 성향이 순하지 못하고 유별나게 활동한다."고 할 것이다.

　이를 종합하여 이야기를 하여본다면 "철없는 남편은 한탕주의로 돌아만 다니니 집으로 들어오면 시비가 주먹다짐이 될 수도 있어 힘이 드는데 자녀들까지 말을 듣지 않아 괴롭고 힘이 든다."고 할 수가 있다.

파(破) : 중간정도의 표현

　파(破)라고 하는 것은 50%이상의 세력을 가지고 부분적인 변화를 요구한다고 할 수가 있다. 자연으로 이야기를 한다면 月에 해당하는 이야기이므로 강력한 힘이 발휘되는 것은 아니지만 그냥 무시할 수는 없다. 물론 파(破)를 일으키기 전에 합(合)이나 원진(怨嗔) 또는 해(害)로 시작하는 경우도 있으며 破 이후 沖이나 刑으로 진행하는 경우도 많이 있다. 破를 일으키는 경우 상대성에서 무엇인가를 알아야 할 것이다. 또한 刑으로 진행하는 과정에서 절대적인 것도 있을 수 있겠지만 대부분이 상대적이다. 이러한 조건을 이해하고 부여된 십신에 의하여 다양한 이야기로 풀어내야 할 것이다.

子酉 : 破에서 酉金自刑으로 변화

子水와 酉金은 破를 일으키고 난 뒤에 酉金이 自刑으로 변화하려고 한다. 이러한 상황에서 子水와 酉金의 상대성이 무엇인지 알아야 하며 이를 자연으로 이해하고자 한다면 子水의 흐르는 물이 酉金처럼 단단한 돌에 부딪치고 돌은 서로가 부딪쳐서 그 모양이 변화한다는 것이다.

예문)
시 일 월 년
癸 戊 乙 庚
亥 申 酉 子

년지의 子水정재(正財)와 월지 酉金상관(傷官)이 破를 하였다. 인간관계로 이야기를 한다면 어린 시절에 子水정재(正財)의 아버지와 인연이 약하다고 할 것이다. 또한 사주 전국에 金식상(食傷)이 강한데 특히 월지 酉金상관(傷官)이 강하기 때문에 배우자 정관(正官)을 위협하여 배우자 인연이 약하다고 할 수 있다. 하지만 일지 申金식신(食神)을 기준으로 하여 월간 乙木정관(正官)이 년간 庚金식신(食神)으로 잡고 있으며 일주 申金식신(食神) 또한 월지 酉金상관(傷官)과 합하여 잡고 있다. 일주 戊土는 자식자리의

癸水정재(正財)와 合하고 있으니 자식과 남편을 교묘하게 잡고 있는 형국이다.

사회성으로 이야기를 한다면 乙木정관(正官)은 직업으로서 庚金식신(食神)에 관련된 것을 새롭게 생산하는 것을 좋아하지만 오랫동안 하지는 못한다고 할 것이다. 다시 이야기를 한다면 매일 같이 출퇴근을 하면서 종일 근무하는 곳이라고 할 수가 없으며 시간 근무제라고 할 수가 있다.

丑辰 : 破에서 辰土自刑으로 변화

丑土와 辰土는 어떠한 조건에 의하여 깨어진다고 하는데 이는 뒤집는다는 의미이다. 단단한 丑土를 辰月이 되면 뒤집어야 된다고 하여 破라고 하는 것이다. 인간사에 비교하여 보면 丑月에 깊은 동면(冬眠)에서 辰月까지 깨어나지 못한다면 어렵다고 할 수가 있을 것이다. 다시 이야기를 한다면 丑辰을 破하여 辰土가 自刑으로 진행한다는 것이다.

예문)
시 일 월 년
庚 丙 丙 癸
寅 申 辰 丑

강한 월주 辰土식신(食神)이 년주 丑土상관(傷官)과 破를 일으키고 辰土식신(食神)이 自刑으로 물러난다고 할 것인지 아니면 自

刑인 辰土식신이 조용하게 있는 丑土상관(傷官)을 破하는 것인지부터 알아야 할 것이다. 이러할 경우에는 辰土의 지장간에 癸水편관(偏官)이 있으므로 辰土가 丑土상관(傷官)을 시비한다고 할 것이다. 즉 "남편의 비 활동성을 주변 사람들 잔소리 때문에 그래도 많이 움직이게 한다."고 할 수가 있다.

월지 辰土식신(食神)의 성향은 오로지 편재(偏財)이므로 "평소에 하던 버릇대로 잔소리를 늘어놓는다."고 할 수가 있다.

년지 丑土상관(傷官)의 성향도 오로지 정재(正財) 해석하라고 하므로 "밖에서 활동하려고 하지 않고 요령만 피우려고 한다."

여기서 丑辰土식상(食傷)이 破를 하는데 이를 종합하여 이야기한다면 "丙火의 남편(癸水)이 밖에서 활동하는 것이 지극히 소극적이라서 주변의 지인들이 스스로 한마디 한다."고 할 수가 있다.

寅亥 : 合에서 破로 진행하여 亥水自刑으로 변화

寅과 亥의 관계는 처음에는 合으로 이루어져서 조건이 이루어지면 破하여 亥水가 自刑으로 들어간다는 이야기이다. 이를 자연으로 이야기를 한다면 이러할 것이다. 寅月에 새로운 활동을 시작하여 亥月이 오면 스스로 활동을 멈추고 동면(冬眠)에 들어간다는 것이다. 그러하지 못한다면 木의 여부는 알 수가 없다는 것이다.

예문)

시 일 월 년
甲 癸 辛 辛
寅 亥 丑 亥

일주 癸亥겁재(劫財)가 시주 甲寅상관(傷官)과 合 破하고 亥水가 自刑을 하고 있다. 또한 년주 辛亥겁재(劫財)도 시지 寅木과 合 破 自刑을 하고 있는데 이는 "癸水가 집안에서 寅木상관(傷官)을 가지고 년지 亥水겁재(劫財)를 만나서 목적을 어느 정도 이루면 스스로 집으로 돌아온다."는 것이다. 이를 십신에 맞게 이야기를 풀어 보자.

일지 亥水겁재(劫財)역마(役馬) 自刑의 성향은 편인(偏印)+식신(食神)으로 "혼자 어떠한 기술을 익혀서 무엇인가를 가지고 하나하나 이어간다."는 것이다.

시지 寅木상관(傷官)의 성향은 비견(比肩)+편인(偏印)으로서 "일반인들이 관심을 가지고 있는 것을 전문적으로 보기 좋게 만들다."고 할 것이다.

년지 亥水겁재(劫財)역마(役馬) 自刑은 편인(偏印)이 식신(食神)을 요구하기 때문에 "밖으로 나가서 새로운 사람들을 만나서 협상을 한다."고 할 수가 있다.

이를 종합하여 엮어본다면 "癸水는 집안에서 일반인들이 좋아하는 악세사리를 전문적으로 만들어서 직접 들고 밖으로 나가서 판매하여 작은 이익금을 가지고 본래의 자리로 돌아간다."고 할 수가 있다.

卯午 : 破에서 午火 自刑으로 변화

卯木와 午火는 破를 일으키고 난 뒤에 午火가 自刑으로 사라진다는 것이다. 이를 계절적으로 이야기를 하여보자. 卯月에 푸름이 午月까지 왕성하게 자라고 이후 결실을 위하여 스스로 성장을 멈추는 것이다. 인간사에 비교하여 이야기를 한다면 화려한 청춘은 지나가고 자식을 키우기 위하여 스스로 희생한다는 것이다. 다시 이야기를 한다면 卯月의 왕성함이 午月이 지나면서 그 기운이 절반이하로 꺾어질 수가 있다. 이는 午火가 스스로 그렇게 하는 것이라고 할 것이다.

예문)
시 일 월 년
庚 庚 乙 辛
辰 午 未 卯

庚午는 년주 辛卯와 파(破)를 하고 있다. 다시 이야기를 한다면 년주 辛金겁재(劫財)는 卯木정재(正財) 절지(絕地)위에서 맥없이 깨어지고 말았다. 즉 태어나서 3개월 정도 지나서 아버지가 깨어졌다고 하니 아마도 부모가 별거나 이혼하였다고 할 수가 있으며

午火는 未土와 合을 하여 어머니와 어린 시절을 지내고 있다는 것이다. 여기서 午卯가 破를 이루고 있는데 이를 다양한 이야기로 할 수가 있을 것이다. 인간관계가 아닌 자신의 이야기를 한다면 庚午는 밖으로 나가는 것을 싫어하며 어린 시절 피해의식이나 혼자서 멀리 가는 것을 두려워한다고 할 수가 있다.

巳申 : 合에서 破하여 六刑으로 진행

巳火와 申金은 合하여 뜻을 이루고 바로 破하여 六刑으로 돌아서는 것이다. 때문에 짧은 시간에 이러한 것들이 진행하고 있다는 것이다. 巳火의 성급한 진행이 申金의 결과적인 조짐을 보면서 문제가 일어나는 것이다. 이를 시간적으로 이야기를 하여 보자. 巳月에 왕성한 활동력으로 수정하여 申月에 열매를 맺음으로 수정은 더 이상 없다는 것이다. 하여 목적이 달성되면 즉시 활동을 멈추고 일과를 정리한다는 것이다.

예문)
시 일 월 년
戊 丙 辛 戊
戌 午 巳 戌

丙申년에 申金편재(偏財)가 월주 辛巳비견(比肩)과 순간적으로 合破刑을 하려고 하는데 이럴 경우 어떻게 해석을 하여야 할 것인지를 알아보자. 일주 丙火는 월주 辛金과 合水정관(正官)으로 임(臨)하고 있는데 흐르는 세운(世運)에 또 다른 丙火비견(比肩)

이 申金편재(偏財)병(丙)지 위에서 살아남으려고 辛金정재(正財)에게 순간적으로 合하여 자신이 水정관(正官)이라고 하면서 치고 들어 破하고 六刑으로 문제가 발생할 것이다.

일주 丙午겁재(劫財)는 새로운 丙申년에 丙火비견(比肩)과 辛金정재(正財)가 合水하여 정관(正官)으로 들어오게 된다면 남편과의 사이에 문제가 발생할 것이고 그로인하여 申金편재(偏財)와 巳火비견(比肩)이 재물관계로 시비가 발생하여 인연관계는 깨어지고 刑으로 이어질 것이다. 순식간에 벌어질 것이고 이럴 경우 최대한 빠른 시간에 타협을 하지 못한다면 丙午겁재(劫財)가 戊土식신(食神)과 음신(陰神) 寅木편인(偏印)이 合火비견(比肩)으로 강하게 작용하기 때문에 재물이 파산(破散)날수가 있다. 인간사로 이야기를 한다면 새로운 인연의 관계도 순간적으로 맺어지지만 오래가지 못한다고 할 수가 있다. 이를 십신의 성향으로 풀어보자.

寅木편인(偏印)역마(役馬)의 성향은 비견(比肩)이 편인(偏印)을 원하고 있으므로 "불확실한 문서나 전문가 또는 대리인을 믿고 천천히 강하게 밀어 붙이려고 계획한다."고 할 수가 있다.

午火겁재(劫財)의 성향은 상관(傷官)이 정관(正官)을 요구하기 때문에 "속으로 고민하는 문제점을 현실적으로 바르게 정정하여 자신의 것으로 하겠다."고 할 수가 있다.

戊土식신(食神)의 성향은 오로지 편재(偏財)로서 "확실하게 자기 생각이 옳다고 주장하며 절대로 양보할 수가 없다."고 할 수가 있다.

이를 종합하여 이야기를 하여본다면 "일주 丙午는 丙申년에 재물관계로 이를 전문적인 지식을 가진 사람을 믿고 법(法)으로 확정하려고 할 것이다. 하지만 자기 생각을 전문가에게 아무런 확증도 없이 전해주어 오히려 오판하고 법으로 진행하게 된다면 원하는 것을 전부 취하기 힘들 것이며 오히려 재물(財物) 손해가 나는 경우가 있을 수도 있다." 라고 할 수가 있다.

해결책으로는 巳申合水정관(正官)으로 임(臨)하지만 곧 이어 破 六刑으로 진행하게 되면 어떻게 할 수가 없다. 하여 巳申合의 성질이 속전속결이므로 빠른 시간에 합의하는 것이 최고의 해결책이라고 할 수가 있다.

丙辛合水의 깊은 의미는 무늬만 水이지 사실은 水의 기질(器質)을 발휘하는데 부족하다고 할 수가 있다.

未戌 : 破에서 六刑으로 진행

未土와 戌土의 관계는 破로 조짐을 보여주고 난 후에 六刑으로 정리하려고 하는 것이다. 다시 이야기를 한다면 未土의 분주함도 시간적으로 계절적으로 자연적으로 때를 넘기면서 깨어지고 戌土의 刑으로 변화한다는 것이다. 土의 특성상 다양한 이야기를 할 수가 있으므로 부여된 십신에 따라서 강약을 조절하여 이야기로 풀어야 할 것이다.

예문)
시 일 월 년
己 辛 甲 庚
丑 未 申 戌

일주 辛未편인(偏印)이 년주 庚戌정인(正印)과 破를 하면서 六刑으로 진행한다. 다시 이야기를 한다면 辛未가 밖으로 나가서 庚戌을 破 刑으로 진행하는데 이는 "辛未는 밖으로 직업상 출장을 나가는데 상당히 꼼꼼하게 확인하고 또 확인한다고" 할 수가 있다. 이를 상세하게 풀어 보자.

일주 辛未편인(偏印)의 성향은 오로지 정재(正財)이며 이는 "전문적인 기술을 가지고 다방면으로 살펴본다."고 할 수가 있으며 월지 申金겁재(劫財)를 좋아하기 때문에 불러만 준다면 어제이든 찾아갈 것이라고 표현한다.

년주 庚戌정인(正印)의 성향은 편재(偏財)로서 "나름대로 인정받고 있기 때문에 상당히 까다롭다"고 할 수가 있다.

이를 破 刑으로 해석한다면 "辛金은 교육으로 익힌 자신의 능력을 발휘하고자 하며 밖으로 나가서 다양한 방향으로 살펴보고 문서로 대조하면서 평소대로 자기 소신껏 처리 하려고 한다."는 것이다.

해(害) : 중간보다 낮은 표현

그렇게 중요하게 생각하지 않은 경우가 있다. 다시 이야기를 한다면 설마하고 의심 없이 넘기려고 하였는데 장애를 일으켜서 진행하는데 사소한 문제가 발생하는 경우이다. 그 위력은 25%이상으로 비록 약하다고 하지만 안일한 생각으로 넘기다보면 큰 문제꺼리로 진행하는 경우가 많이 있다.

子未 : 害가 원진(怨嗔)으로 이어진다.

子水와 未土의 사이는 참으로 불편한 것 같다. 다시 이야기를 한다면 사소한 것 때문에 지속적으로 생각을 가지게 하기 때문이다. 子月부터 서서히 증발하여 未月에 가장 습도(濕度)가 높다는 것이다. 하여 水火의 관계가 원만하지 못하여 해롭고 원망스럽다는 것이다.

예문)
시 일 월 년
庚 丁 乙 戊
子 未 丑 申

일주 丁丑은 시주의 庚子와 害로 이루어지면서 원진(怨嗔)으로 속앓이를 하고 있을 것이다. 丑未土식신(食神)의 강한 세력에 子水편관(偏官)은 미움을 받으며 의아하게 생각할 것이다. 다시 이야기를 한다면 未土식신(食神)의 본성은 오로지 정재(正財)를 요구하는데 이를 해석한다면 "다양한 이야기를 하면서 丁火로 집중을 하라는 것이다." 그리고 子水의 성향은 정인(正印)이 상관(傷官)을 요구하기 때문에 이는 "듣고자 한다면 집중하라고 하는 것이다." 이를 종합하여 이야기로 엮어보면 "무엇인가를 배우고자 안으로 들어와 다과(茶菓)를 하면서 집중해야지 왜 잡담으로 시끄럽게 하는가."라고 해석이 가능하다.

여기서 丑未土 식신(食神)이 沖刑 하는 것은 신도(信徒)들이 와글와글 시끄럽게 떠들고 있다고 표현하여야 한다.

丑午 : 害에서 自刑으로 이어지는 원진(怨瞋)

丑土와 午火의 관계에서 시작은 害에서 원진(怨瞋)으로 진행하여 午火가 自刑으로 사라지는 것이다. 자연으로 이야기를 한다면 丑月의 맑고 차가운 물이 午月까지 아래로 흘러가는 동안에 혼탁(混濁)하여진다는 것이다. 하여 午月이 지나면서 내려간 물은 스스로 돌아서서 올라오는 것으로 표면은 맑은 것 같지만 안으로는 혼탁하다고 하여 원진으로 표현하는 것이다. 인간사로 이야기를 한다면 예전에 묻어두었든 문제가 어느 날 서서히 드러나는 것이 싫다고 할 것이다.

예문)

시 일 월 년
甲 乙 戊 戊
申 丑 午 午

일주 乙木이 丑土편재(偏財)쇠(衰)지 위에서 생각뿐이지 권한도 없으면서 년월 지의 午火식신(食神)과 害의 관계로 이어지고 있다. 여기서 害의 관계를 이렇게 이야기하여야할 것이다. "어미가 자식을 많이 돌보지 못하여 죄스럽다."는 것이다. 이유는 丑土편재(偏財)가 寅木겁재(劫財)와의 관계가 성립되기 때문이다. 즉 "乙丑은 자식과 合을 하여 많은 시간을 같이 놀아주지도 못하고 돌봐주지도 못하여 죄스럽다."는 것이다. 이를 십신에 맞게 이야기로 풀어보자.

일주 乙丑의 성향은 오로지 정재(正財)로서 丑土의 성품은 그렇게 활동적이지 못하다. 하여 "위축되어 최대한 웅크리고 있다고 할 수가 있다. 하지만 살아가야만 하기 때문에 아주 천천히 미약하게 움직인다."고 볼 수가 있다.

午火식신(食神)의 성향은 상관(傷官)이 정관(正官)을 원하고 있으니 월지 午火의 표현은 "강하게 불만을 드려내며 울고 있는 어린 자식을 돌봐야 하는데..."라고 하며, 년지 午火의 표현은 "큰 자식도 나름대로 불만과 원하는 것을 들어주고 싶은데..."라고 할 수가 있다.

이를 종합하여 이야기로 꾸며본다면 "乙木은 어릴 때 아버지의 고통을 보고 어렵게 자랐다. 하지만 자신의 자식에는 무엇이든 해주고 싶은데 그렇게 하지 못하여 죄스럽고 또한 자신이 밖으로 나아갈 자신감이 부족하여 공격적이지 못하고 피하기만 하는 것이 원망스럽다."고 한다.

寅巳 : 害로 시작한 것이 六刑으로 진행

寅木과 巳火의 관계는 장생(長生)지로서 시작부터 문제점을 가지고 있었다고 할 것이며 이로 인하여 큰 장애가 발생하여 진행이 불가하다는 것이다. 자연으로 이야기를 한다면 이러할 것이다. 寅月에 무작위로 싹이 트는 것이 巳月에 수정하는데 오히려 이롭지 못하다는 것이다. 하여 刑으로 정리하여야 한다는 것이다. 인간사로 이야기를 한다면 어릴 때부터 바른 교육을 시켜야 하는데 그러하지 못하다면 순간순간 刑으로 살아간다는 것이다.

예문)
시 일 월 년
丁 戊 癸 戊
巳 寅 亥 辰

일주 戊寅편관(偏官)이 시주 丁巳편인(偏印)과 害를 하고 있다. 특히 두 역마(役馬)가 어떠한 이유로 시작부터 害를 하는지 십신으로 풀어 보자. 먼저 자리부터 이야기해보면 "자신의 공부방이나 거실에서 그냥 있지 못하고 오락이나 영화를 보고 이를 과격한 행동으로 실천을 하려고 한다."는 것이다.

일지 寅木편관(偏官) 해석은 본성이 비견(比肩)으로서 편인(偏印)을 원하고 있으니 "평소에 자신이 즐겨하는 것만 하려고 한다."라고 할 수가 있을 것이다.

시지 巳火편인(偏印) 해석은 본성이 식신(食神)과 편관(偏官)을 요구하기 때문에 "빠르게 움직이면서 위험한 게임 같은 것을 컴퓨터로 보고 있다."고 할 수가 있다.

이를 종합하여 이야기로 한다면 "戊土는 가끔은 밖으로 나가지만 대부분이 집안 공부방에서 게임에 빠져 빠르게 대항하며 장시간 이를 즐긴다."고 할 수가 있다.

卯辰 : 害로 시작하여 自刑으로 진행

卯木과 辰土의 사이는 방위합(方位合)에서 寅木이 빠지므로 생겨나서 自刑으로 이어지는 것이다. 같은 뜻을 가지고 같은 방향으로 진행하는 과정에서 寅木의 기초가 중요한데 이렇게 중요한 寅木이 없으니 卯木과 辰土의 관계는 기초가 부실한 관계로 이어지는 것이다. 이를 자연으로 정리한다면 이러할 것이다. 寅月에 싹이 트지 못하고 卯月에 싹이 트니 辰月에 自刑으로 모습을 바꾸는 것이다. 인간사로 이야기한다면 세 사람이 뜻을 같이하여 진행도중 진행을 주도한 사람이 빠져서 문제가 발생한 상태라고 할 것이다.

예문)

시 일 월 년
甲 丁 己 壬
辰 卯 酉 寅

丁卯편인(偏印)이 시주 辰土상관(傷官)과 해(害)를 이루고 있다는 것이다. 년주 寅木정인(正印)이 酉金편재(偏財)로 인하여 원활하게 습을 이루지 못하고 卯辰害로 작용한다는 것을 풀어보자. 시주는 자식 궁이며 노후의 이야기이다. 먼저 자식은 학업에 관심을 두지 못하고 辰土상관(傷官)으로 자유분방하니 卯木편인(偏印)은 불편하다고 할 것이다. 이를 노후의 이야기로 구성하여 보면 辰土상관(傷官)은 오로지 편재(偏財)를 원하고 있으니 취미생활이라고 할 수가 있을 것이다. 다시 이야기를 한다면 취미가 그렇게 알려진 것이 아니라고 할 것이며 害를 수치(數値)로 나타낸다고 한다면 많으면 25%정도 이며 작으면 2.5%정도만이 관심을 가지는 취미생활이라고 할 것이다. 또한 인간관계에서 寅卯辰 방위습으로 가고자 하면서 卯辰 害로 이어지니 한 지붕 다른 가족이라고 할 수도 있을 것이다.

申亥 : 害로 시작하여 自刑으로 진행

申金에서 결과를 구하려고 하는데 亥水가 방해를 준다고 하니 害로 표현하는 것이다. 이는 亥水가 스스로 일으키는 것으로 이해한다. 다시 이야기를 한다면 열매가 익어가는 申月에 열매를 亥月이 오기 전에 종자로 저장한다는 것은 이롭지 못하다는 것이다.

성숙되지 못한 열매를 종자로 저장한다면 쓸 수가 없다는 것이다. 부족한 사람을 앞에 세우는 것이 실수라고 하는 것이다.

예문)
시 일 월 년
癸 戊 乙 庚
亥 申 酉 子

월주 申金식신(食神)이 시주 癸亥편재(偏財)와 해(害)를 이루고 있다. 인간사로 이야기를 한다면 자식과의 관계가 원활하지 못하고 申金식신(食神)의 의사소통에 장애가 있다는 것이다. 천간은 戊癸合火하여 정인(正印)으로 자식에게 무엇인가를 "전하고 싶은데" 자식이 이를 거부한다고 할 수가 있다. 전하고 싶은 것이 무엇일까? 하면 戊土편재(偏財)는 "자유롭게" 癸水의 본성인 정인(正印)으로서 "뜻을 같이하여" 상관(傷官)을 요구하니 "구경"이다. 이를 合하여 火인성(印星)이 되므로 火의 본성은 식상(食傷)과 관성(官星)이다. 이를 이야기로 꾸며본다면 "tv시청을 하는데 戊土와 癸水의 의견차"가 난다(害)고 할 수가 있다.

酉戌 : 害로 인하여 구함이 적다.

申酉戌의 방위(方位) 合에서 申金이 보이지 않으니 酉金과 戌土에서 이로움이 없을 것이다. 자연으로 이야기를 한다면 가을 수확을 걷어두려고 하는데 申月에 열매를 정리하지 못하여 酉月에 결실이 원만하지 못하니 戌月에 수확할 것이 없다는 것이다. 하여

申金을 아쉬워하는 것이다. 인간사에 마무리가 중요하다고 할 수가 있다.

예문)
시 일 월 년
壬 癸 己 癸
戌 酉 未 卯

일지 酉金편인(偏印)이 자형(自刑)으로 시지 戌土정관(正官)과 害의 관계로 이어지고 있다. 다시 이야기를 한다면 배우자 자리에 편인(偏印)병(病)지가 연약하게 자리하고, 시지 자식자리에 정관(正官)관대(冠帶)지가 강력한 힘자랑을 하고 있다. 인간관계는 장모님과 사위간의 갈등이 강하다고 할 것이며, 일반적으로 이야기를 한다면 癸水가 酉金편인(偏印) 自刑이라서 무엇인가를 스스로 배우고자 하는데 집에서 남편이 이를 불만스럽다고 하는 것이다.

일지 酉金편인(偏印)의 성향이 정관(正官)과 겁재(劫財)로 이루어져 있으니 이는 "전문기술을 이용하여 직업적으로 사용하고 있다."라고 표현하면 좋다.

시지 戌土의 성향은 오로지 편재(偏財)로서 "많은 재물을 가지고 들어가지만 남편으로부터 좋은 이야기를 듣지 못한다."

이를 종합하여 이야기로 꾸며본다면 "일찍 배워둔 기술을 평생 직업으로 삼아 많은 재물을 가지고 들어가지만 남편은 불만스럽다."고 한다.

원진(怨嗔) : 아주 낮은 표현

원진이라고 하는 것은 외적(外的)인 작용이 아닌 내적(內的)으로 일어나는 것으로 외적인 작용은 25%이하라고 할 수가 있지만 내적인 작용은 75%의 강력한 작용이 발생한다. 때문에 장기적일 수가 있기 때문에 오히려 외적으로 잠시 沖을 하는 것보다 더 고통을 받는 경우가 있다고 생각하여야 할 것이다. 미약하다고 무시하면 害나 破 또는 沖 刑으로 진행하기 때문에 신중할 필요가 있다.

子未 : 怨嗔에서 害로 "원망"

子水와 未土의 관계는 원진과 害로 이어지는 것이다. 다시 이야기를 한다면 서로 마주할 수가 없다는 것이다. 즉 함께하면 서로 피해를 보게 되는 관계라고 할 것이다. 子月에 맑게 여과하였는데 未月까지 희생하고 혼탁하게 돌아오나 원망하고 서로에게 이익이 없으니 시비한다는 것이다.

예문)
시 일 월 년
丁 壬 辛 辛
未 子 丑 卯

일주 壬子겁재(劫財)와 시주 丁未정관(正官)이 원진관계를 이루고 있으면서 불만을 토로하고 있다. 하지만 이를 어찌할 건가 인륜의 이야기라서 정리할 수가 없다는 것을 알고 가슴에 울화통이 터질 지경이다. 다시 이야기를 한다면 "퇴근 후 집에 들어가면 부인과 자식들하고 이런 저런 이야기도 나누고 싶은데 어찌하여 안 되는가..."하고 있다. 이를 십신으로 분석하여 풀어보자.

壬水는 子水겁재(劫財)위에 제왕(帝王)지에 자리하고 있는데 성향이 정인(正印)과 상관(傷官)으로서 이를 분석하여보면 "하고 있는 업무나 관련된 여러 가지 여담이나 근무지 흉도 좀 하고 싶다."는 것이다.

未土정관(正官)은 오로지 정재(正財)를 원하고 있다. 그리고 未土의 성품이 가만히 있지 못하는 것이라서 이렇게 "안에서 있는 것은 싫고 근무지내에 충실 한다."고 할 수가 있다.

이를 종합하여 이야기를 하여보면 "근무할 때는 충실하고 퇴근 후에는 가족과 어울려서 하루 일과를 이야기하고 싶은데 생각처럼 안 된다."고 풀어야 할 것이다.

丑午 : 怨嗔에서 害로 변하여 自刑으로 "불신"

丑土와 午火의 관계를 자연으로 해석하여 보자. 丑土가 품고 있는 辛金 종자가 午火 속의 丙火의 열(熱)에 의하여 본래의 목적을 달성할 수가 없으니 丑土의 원망에 午火는 스스로 사라져버리는 것이다. 午火는 丑土의 단단한 것을 녹여주고자 하는데 丑土는 이를 해롭게 생각하는 것이다.

 예문)
 시 일 월 년
 甲 乙 戊 戊
 申 丑 午 午

 일주 乙木이 丑土편재(偏財) 쇠(衰)지에서 年과 月의 午火식신(食神)과 원진을 이루고 있으면서 불안한 마음을 감추지 못하고 있다는 것이다. 이야기로 풀어본다면 "안으로 정(情)을 붙이지 못하고 밖으로 돌고 있는 자식들이 불안하다."는 것이다. 이를 십신의 성향에 맞게 풀어서 해석하여 보자.

 丑土의 성향은 오로지 정재(正財)이므로 "항상 긴장하고 숨 한 번 크게 쉬지 못하고 무엇을 믿어야 할지 모르다"는 것이다.

 午火의 성향은 상관(傷官)과 정관(正官)으로 이루어진 것이므로 "내 자식의 환경이 이렇게 불편한데 언제쯤에 가서 편안하게 뛰어놀 수가 있을까?"하는 것이다.

 이를 종합하여 이야기를 한다면 "집에 들어가면 정신없이 자식들을 위하여 최선을 다하고 있지만 항상 불안하고 내 마음이 편하지 않다."고 할 수가 있다.

寅酉 : 怨嗔에서 自刑으로 "불안감"

寅木과 酉金은 오행으로 木과 金이 沖하는 관계이면서 원진으로 이루어지고 있다. 이는 상호간 불안한 감정을 노출한다고 할 수가 있을 것이다. 다시 이야기를 한다면 寅木과 酉金은 상대적으로 바라보는 입장이 다르다는 것이다. 자연으로 해석한다면 寅木의 입장에서는 맺어야할 것이고 酉金의 입장에서 보면 얼마만큼 살아날 것인가이다.

예문)
시 일 월 년
壬 壬 辛 癸
寅 申 酉 丑

壬申편인(偏印) 일주는 월주 辛酉정인(正印)과 시주 壬寅식신(食神) 사이에 원진으로 무엇 때문인지 모르지만 불안감을 느끼고 있다는 것이다. 이를 사주구성으로 이야기를 한다면 "우리 어머니께서 내가 살아가는 것이 항상 불안하다고 생각을 하고 계신다."고 할 수가 있다. 일상적인 壬申의 생각은 이러할 것이다. "밖으로 다니는 남편이 행여 사고라도 일어나지 않을까 하고 불안한 느낌을 떨치지 못하고 있다."는 것이다. 이를 십신의 성향에 알맞게 풀어 보자.

월주 辛金정인(正印)이 酉金정인(正印)제왕(帝王)지에서 있으면서 정관(正官)과 겁재(劫財)의 성향으로 표현하는데 이는 "여하한 경우라고 하여도 원칙을 벗어나지 말아야 하는데..."라고 할 수가 있다.

시주 壬水가 寅木식신(食神)의 병(病)지위에 앉아서 하지 말아야 할 근심을 풀고 있다. 이렇게 "들어오나 밖으로 나가나 자식과 남편 걱정으로 안절부절 한다."고 할 수가 있다.

이를 종합하여 원진(怨瞋)을 설명하려고 한다면 "멀리 장거리 운행을 하시는 남편의 안전을 바라며 항상 노심초사(勞心焦思) 안절부절 한다."고 표현할 수가 있을 것이다.

卯申 : 원진으로 불신과 "집착"

卯木과 申金은 오로지 강력한 집착(執着)으로 인하여 발생하는 불편함이라고 할 것이다. 오행으로 木金의 관계는 상호 沖하는 관계이며 卯木의 강인한 삶에 집착하는데 申金은 결과를 요구하니 서로 뜻이 다르므로 원망하는 것이라고 이야기 할 수 있다. 申金의 욕심에 卯木은 오히려 해(害)를 당하는 것이다. 자연으로 이야기를 한다면 申金은 자신의 이익을 위하여 卯木의 부분을 자르려 하는 것이다.

예문)
시 일 월 년
辛 辛 丙 辛
卯 巳 申 丑

일주 辛巳정관(正官)는 월지 丙申겁재(劫財)와 시지 辛卯정재(正財)를 원진으로 집착하는데 가장 괴로운 것은 자신이겠지만 상대방도 힘이 드는 것은 같다고 할 수가 있다. 다시 이야기를 한다면 겁재(劫財)와 정재(正財)가 원진이라는 것을 사회생활에 적용하여 이야기를 한다면 "직장에서 새롭게 발생되는 문제에 대하여 집요하게 파고들어 해결하려고 하는 것이다."라고 할 수가 있으며, 이를 일상으로 적용하여 이야기를 한다면 "자신의 부인을 알게 모르게 감시를 한다고 할 수가 있으며, 이야기를 집요하게 하면서 시비하는 경우도 있다."고 할 것이다.

　월지 申金겁재(劫財)의 성향은 편관(偏官)과 비견(比肩)으로 합쳐진 상태이므로 이를 "힘들어도 누구나 겪는 일상이라고 생각한다."하고 표현을 하여할 것이다.

　시지 卯木정재(正財)의 성향은 겁재(劫財)와 정인(正印)으로 이루어져 있으므로 이는 "항상 부족한 것을 찾고 싶어 한다."라고 표현할 수가 있다.

　이를 종합하여 이야기를 한다면 "무엇인가에 한번 빠지면 정신을 못 차리고 자신의 생각이 이루어질 때까지 집착한다."고 할 수가 있다.

巳戌 : 원진으로 상호 "무관심"
　巳火와 戌土의 관계는 원진으로 진행되고 있다. 다시 이야기를 한다면 巳月의 열기가 戌月에 사라지는 것이 불만이라는 것이다. 자연으로 이야기를 한다면 巳火의 부지런한 근성이 戌土가 거두어 드리는 것이 원망스러운데 戌土는 조금도 관심이 없다는 것이다. 다시 이야기를 한다면 巳火의 활동력을 戌土가 억제하는 것에 대한 불만이라고 할 수가 있다.

예문)
시 일 월 년
戊 丙 辛 庚
戌 午 巳 戌

월주 辛巳비견(比肩)이 년주 庚戌식신(食神)과 원진을 이루고 있으면서 시주의 戊戌식신(食神)과도 원진관계를 이루고 있다. 이는 일주 丙午겁재가 巳火비견(比肩)과 合을 하고 또한 戌土식신(食神)과도 合을 한다는 것인데 "일주가 평소 외출을 할 때 지인들의 이야기를 관심 있게 듣지 않는다고 할 것이며, 안으로 들어오면 충고(忠告)하는 이야기를 대수롭지 않게 듣고는 웃어 넘겨 버린다."고 할 수가 있다. 이를 십신의 성향에 맞게 이야기를 풀어 보자.

월지 巳火비견(比肩)의 성향은 식신(食神)이 편관(偏官)을 원하기 때문에 "평소 충고하는 이야기를 그냥 듣고 넘긴다."고 할 것이다.

戌土식신(食神)의 성향은 오로지 편재(偏財)이며 戌土의 성품이 위로만 쌓여가는 것이라서 年에서 바라보면 "밖에서 여러 번 같은 이야기를 듣고도 그냥 웃어 넘겨버리고 무시해 버린다."고 할 것이다.

이를 時지에서 바라보고 이야기를 한다면 "집이나 밖에서도 여러 차례 같은 이야기를 하여보지만 고집스럽게도 충고(忠告)는 무시한다."고 할 것이다.

이를 종합하여 본다면 "丙火는 평소에 지인들이 좋은 이야기로 잘잘못을 이야기하여도 들은 척만 할 뿐이지 무시해버린다."고 할 수가 있다.

辰亥 : 自刑이 원진이고 다른 생각으로 "시비와 논쟁"
辰土와 亥水의 만남은 비참할 뿐이다. 생각과 행위가 서로 다른 自刑이라서 같은 곳에서 함께 할 수 없다. 辰月의 활기찬 생명력을 亥月이 가로막아선 것이다. 자연으로 이야기를 한다면 辰土의 끝없이 확장하려는 욕심에 亥水가 월동(越冬)이라는 무기로 제동을 걸고 있으니 결론은 없고 원망을 한다.

예문)
시 일 월 년
丙 庚 戊 己
戌 申 辰 亥

월주 戊辰편인(偏印)이 년 주의 己亥식신(食神)과 서로 自刑으로서 원진관계를 유지하고 있다. 다시 이야기를 한다면 庚金의 어린 시절을 이야기하거나 밖으로 원행할 때 일어나는 이야기일 것이다. 인간사로 이야기를 한다면 "어릴 때 어머니로부터 수유(授乳)를 받지 못하였다."고 할 수가 있다. 일반적으로 이야기를 한다면 "모든 것을 스스로 해결하려고 하니 타인을 믿지 못한다."고 할 수가 있다. 이를 십신에 맞게 풀어 보자.

　월지 辰土편인(偏印)의 성향이 오로지 편재(偏財)이므로 "어머니가 누구의 구속도 싫어한다."고 할 수가 있다.

　년지 亥水식신(食神)의 성향은 편인(偏印)+식신(食神)으로서 "먹거리에 관심이 없어 건강에 문제가 있다."고 할 수가 있다.

　이를 종합하여 이야기를 하면 "어릴 때 건강이 좋지 못하여 젖을 잘 먹지 않으니 어머니로부터 외면을 받았다."고 할 것이다.

12

지장간(地藏干)

12.
지장간(地藏干)

　지장간이라고 하는 것은 천간의 깊은 뜻을 지지에 감추고 있다고 하는 것이다. 인생사를 이야기 하려고 한다면 지장간을 알아야 한다. 지지의 모든 것을 이야기하여야 할 것이며 문제와 답은 지장간에 감추어져 있다는 것이다. 지장간을 이해하면 지지를 이해할 것이며 지지를 이해하면 천간도 알 수가 있다는 것이다. 지장간이 전하고자 하는 다양하고 깊은 의미를 알아야 할 것이다. 지장간은 3가지로 구분되어 있는데 지장간은 전월(前月)에서 넘어오는 여기(餘氣)와 처음으로 생겨나는 중기(中氣) 그리고 본래 가지고 있는 정기(正氣)로 나누어져 있다.

　첫째는 장생(長生)이라고 하여 무엇이든 시작하는 것으로 이야기를 하여야 할 것이며 土가 가장 먼저 자리하고 있다는 것이다. 다시 이야기를 한다면 무엇이든 土에서 시작한다는 것이다. 寅木이나 巳火 그리고 申金과 亥水가 장생인데 여기(餘氣)에 戊土가 자리하고 있다는 것은 무엇이든 土에 의하여 생겨나는 것이다. 다시 이야기를 한다면 土라는 공간이 없으면 존재할 수가 없다는 것을 알 수가 있다.

두 번째는 제왕(帝王)이라고 하여 가장 강하다는 표현을 하며 중앙이라고 할 수가 있으며 土가 보이지 않은데 이는 다양한 이유가 있다는 것이다. 子水에서 보이지 않는 土는 그릇이기 때문에 보이지 않은 것이며, 卯木에서 보이지 않은 土는 푸름에 가리어 보이지 않는 것이다. 하지만 午火는 중간에 己土를 두고 있는데 이는 火가 무형이라서 己土의 몸으로 이야기하는 것이며 피부로 느낌을 알 수가 있다는 것이다. 그리고 酉金에서 보이지 않는 土는 酉金이 또 다른 土가 생겨나기 때문에 土가 보이지 않는 것이지 없는 것이 아니다.

셋째는 묘지(墓地)라고 하여 모든 것을 마무리한다고 표현하는 것이다. 이는 土가 가장 아래에 자리하고 있는데 土에서 시작하여 土에서 마무리된다는 것이다. 다시 이야기를 한다면 어떠한 본성이 水에서 생겨나서 土에 의하여 이루어지며 목적을 다하면 외형은 土에 흡수되고 본성은 水로가는데 가는 그곳을 알지 못한다는 것이다. 이를 다양하게 응용하여야 가장 가깝게 접근하여 이야기를 풀어낼 수가 있다는 것이다. 辰土 속에서 정기인 戊土는 중기의 癸水와 合을 이루고 있으며 戌土 속의 戊土 역시 정기에 자리하고 있다. 丑土나 未土는 정기에 土를 두고 있다. 다시 이야기를 한다면 무엇이든 土에서 마무리 하는 것이다.

1) 장생지(長生地)

장생이라고 하는 것은 무엇인가가 새롭게 시작된다는 의미이다. 과연 무엇이 어떻게 시작되는가를 다양한 방향으로 이야기를 할 수가 있다는 것이다. 최소의 글에 최대의 의미를 가지고 있다는 것을 알고 십신에 따라서 다양한 이야기를 할 수가 있을 것이다.

寅 : 가장 근본적인 시작

寅木이라고 하는 것을 자연으로 이야기를 한다면 때는 만물이 시작되는 초봄이다. 상황을 이야기한다면 무조건 밖으로 나가자는 것이다. 이렇게 무조건 틈이 나면 모습을 드러내고자 하는 것이다. 寅木의 지장간에는 戊土와 丙火 그리고 甲木으로 이루어져 있다. 부여된 십신으로 어떠한 상황이라고 하여도 다양한 이야기를 구사할 수가 있어야 한다.

戊 : 무조건으로...

여기서 戊土는 공간으로 모든 것은 어떠한 공간 아래나 속에서 처음으로 시작된다는 것이다. 예를 들어 편재(偏財)라고 한다면 수단방법 가리지 않고...

丙 : 싹이트는...

여기서 丙火는 새로운 것이 모습을 드러낸다는 것이다. 火라고 하는 것은 보여주는 것으로 해석하여야 한다. 예를 들어 식신(食神)이라고 한다면 새로운 모습으로...

甲 : 살아있다.

여기서 甲木은 쉬지 않고 움직이는 것이다. 다시 이야기를 한다면 멈추지 않고 죽지 말아야 한다는 것이다. 예를 들어 비견(比肩)이라고 한다면 힘차게...

巳 : 새로운 것으로 전환하는 시점

巳火라고 하는 것을 자연으로 이야기를 한다면 가장 활동하기 좋은 환경이라고 할 수가 있을 것이다. 때문에 어떠한 조건이 있어서 활동하거나 움직이는 것이 아니고 그냥 환경 탓으로 움직이는 경우가 많다고 할 수가 있다. 이렇게 무한한 공간속에 하염없이 떠나고 싶은 환경이라서 지장간에 戊土와 庚金 그리고 丙火를 십신에 맞추어 주어진 상황에 맞도록 이야기를 풀어야 할 것이다.

戊 : 광범위 하게...

여기서 戊土는 적당한 기온과 화려한 환경이 주어져 있는 공간이라서 완전히 개방적이다. 때문에 戊土에 부여된 십신을 비밀스럽게 하면 안 된다. 다시 이야기를 한다면 하염없는 공간속에...

庚 : 무엇인가 이루기 위하여...

여기서 庚金은 수정(授精)체라고 할 수가 있다. 때문에 庚金을 해석하고자 한다면 어떠한 것이 맺어지려고 하는데 결과는 명확하지 못하다는 것이다. 즉 자연적 이끌림에 의하여...

丙 : 열성적이다.

여기서 丙火는 열성적인 의욕(意慾)이라고 할 수가 있다. 때문에 丙火를 이야기하고자 한다면 부여된 십신에 따라서 목적이 이루어지길 바라면서 맹목적으로 최선을 다한다는 의미이다. 다시 이야기를 한다면 사방으로 최선을 다하여...

申 : 결과를 이루기 위한 결정

申金이라고 하는 것은 어떠한 결과를 이루기 위하여 최선을 다하는 것이다. 자연으로 이야기를 한다면 초가을은 열매가 영글어 가는 때라고 할 것이며 이때를 놓치면 결과물을 취하기 어렵다고 할 수가 있을 것이다. 申金의 지장간속에 감추어둔 천간은 戊土와 壬水 그리고 庚金으로 이루어져 있다. 申金에 부여된 십신과 근본적으로 가지고 있는 성향으로 이야기를 구사하는데 지장간을 이해하고 이에 적합한 이야기를 하여 보자.

戊 : 공간속에...

여기서 戊土는 하나의 개체이다. 때문에 알알이 라고 표현하는 것이 적합할 것이다. 즉 자연에서 이야기를 한다면 열매는 하나하나 개체로 이루어져 있는데 작지만 무한한 공간이라고 할 수가 있다. 공간속에 채워지는 내용물을 십신에 따라서 표현을 다르게 하여야 할 것이다.

壬 : 알 수 없는 것이...

여기서 壬水는 과즙이다. 다시 이야기를 한다면 申金 속에 과

즙이 차면서 부피가 확장한다는 것이다. 壬水라고 하는 것은 액체이므로 시각적으로 확인이 가능하지만 그 부피는 알 수가 없다는 것이다. 새롭게 생겨나는 과즙을 십신으로 표현하면 되는 것이다.

庚 : 맺어진다.

여기서 庚金은 자연스럽게 모습을 갖추어지고 있다는 것이다. 자연으로 이야기를 한다면 외적인 바람결에 목적이 저절로 이루어진다고 할 수가 있다. 하지만 결정하기는 이르다고 할 것이다. 자연스럽게 맺어진 庚金에 부여된 십신으로 이야기하면 좋다.

亥 : 다시 시작하기 위한 반환점

亥水라고 하는 것은 하나의 시작을 마무리하는 것이다. 지지를 관찰하여보면 子水에서 시작하여 亥水에서 마무리되는 것을 알 수가 있다. 때문에 어떠한 상황을 마무리하고 덮어두고자 하는 것이다. 자연으로 이해를 하고자 한다면 살아있는 것은 차가운 겨울을 얼어 죽지 않고 넘기려고 겨울잠에 들어가는 시기라고 할 수가 있다. 사람도 亥時에 이부자리를 덮고 수면을 취하는 것과 같은 것이다.

戊 : 덮으려고...

여기서 戊土는 공간을 덮어두는 것으로 이야기를 풀어야 한다. 그러하지 못하고 개방을 한다면 분명히 얼어 죽을 수가 있을 것이다. 다음을 위하여 덮어 두는 것이고 그렇게 하면 후에 더 강력한 모습으로 재생할 수가 있다. 부여된 십신의 해석을 덮어두는 의미로 하면 좋다.

甲 : 새로운 것을 위하여...

동안의 에너지를 모아서 새롭게 재생하는 것으로 甲木을 이야기하여야 할 것이다. 여기서 甲木이라고 하는 것은 여전히 존재(생존)하고 있다는 것으로 풀어야 한다. 하지만 존재를 표면적으로 드러내지 않아야 할 것이며 그래야 에너지를 모을 수가 있을 것이다. 역시 부여된 십신은 아직 존재한다는 것으로 풀어야 한다.

壬 : 감춘다.

여기서 壬水는 존재하는 것을 드러내지(움직임) 않고 몰래 에너지를 배양한다는 것이다. 십신에 따라서 상황에 적당한 언어를 구사하여야 하는 것이다. 부여된 십신을 감추지 못할 경우 상당히 힘들어할 것이다. 심할 경우 동사(凍死)할 수도 있다.

2) 제왕지(帝王地)

제왕이라고 하는 것은 어떠한 상황이 전계되는 과정에서 수평적(水平的)으로 이야기를 한다면 가장 중심적(中心的)이라고 할 것이고 수직적(垂直的)으로 이야기를 한다면 가장 높은 지점이라고 할 수가 있을 것이다. 자연으로 이야기를 한다면 가장 왕성할 때라고 할 것이며 이를 십신으로 이야기를 한다면 수없이 많은 이야기를 할 수가 있을 것이다. 오행과 십신에 따라서 다양한 이야기를 풀어야 한다. 어떠한 상황이라고 하여도 가능한 이야기가 있다는 것이다. 제왕이라는 의미를 가지고 부여된 십신을 해석하여야 가능할 것이며 지식이 아닌 자연에 비교하여 이야기를 하여야 할 것이다.

子 : 새로운 것을 위한 가장 강력한 집중

子水라고 하는 것은 드러내지 않고 가장 깊이 감추는 것이라 할 것이며 오행으로 이야기를 한다면 가장 맑은 물이라고 할 수가 있다. 때는 가장 춥다고 할 수가 있는 겨울의 중심으로 인간사에 적응한다면 깊은 야밤이다. 이러한 상황을 생각하여 부여된 십신을 풀어내면 되는 것이다. 지장간의 壬水는 액체(液體)이며 癸水는 기체(氣體)라고 할 것이니 여기에 맞는 이야기를 하면 되는 것이다.

壬 : 액체가...

여기서 壬水는 액체라고 할 것이니 그 본성은 분명 드러낼 것이고 확인이 가능하다는 것이다. 하지만 이것을 맑고 투명하게 하려면 어떻게 상황이 이루어져야 하는지를 알고 이야기 하여야 할 것이다. 맑은 액체는 빛이 통과는 하지만 굴절(屈折)된다는 사실을 알고 부여된 십신으로 이야기가 가능할 것이다.

癸 : 기체로 변화하여...

여기서 癸水는 액체가 기체로 변화하여 모습을 볼 수가 없다는 것이니 느낌이나 때로는 모르는 사이에 라고 할 것이다. 그리고 빛의 통과를 방해하기 때문에 흐리게 보일 수도 있다는 것이다. 이를 부여된 십신에 적용하여 이야기하면 좋다.

子水의 지장간에 己土는 壬水가 혼탁하거나 빛이 통과하지 못하고 굴절되어 물밑을 볼 수가 없다는 것이지 없다는 것은 아니다. 다시 이야기를 한다면 己土에 해당하는 십신은 드러내지 않을 뿐이지 없는 것은 아니라는 이야기이다. 하지만 水가 사라지면 보일수도 있다.

卯 : 왕성한 성장

卯木라고 하는 것은 木으로서 가장 왕성하고 강할 때를 이야기하는 것으로 자신의 모습을 빠르게 변화하려고 하는 것이다. 때는 포근한 봄의 중심으로 인간사로 이야기를 한다면 주변이 푸른 환경으로 변화하는 때인 것이다. 이를 부여된 십신으로 이야기를 전환하면 좋다. 지장간에는 甲木은 무실(無實)이라 수컷이라고 할 수가 있으며 乙木은 유실(有實)로 암컷의 구실을 한다고 생각하자.

甲 : 힘차게...

여기서 甲木은 자신의 영역을 확장하기 위하여 빠르게 진행하고자 한다는 것이다. 다시 이야기를 한다면 오로지 자신의 이익에 몰두한다는 것으로 환경의 지배를 받지 않고 진행하고자 할 것이다. 부여된 십신을 굽히지 않고 진행하려고 하는 성향으로 해석하여야 할 것이다.

乙 : 부드럽고 강하게...

여기서 乙木은 자신의 목적이나 다음을 위하여 주변 환경을 적극적으로 이용하여 뜻을 이루고자 할 것이다. 때로는 화합이 경쟁으로 진화할 수도 있으며 심하면 생사를 걸고 진행하려고 한다. 부여된 십신을 자신의 목적을 위하여 부드럽게 휘감는 것처럼 이야기하면 좋다.

卯木의 지장간에 己土는 甲木과 合을 하여 土로 변화한 것이다. 이를 다시 이야기를 한다면 木이 왕성하여 己土를 덮어버려서 보이지 않는 것이지 없는 것은 아니다. 즉 土가 없는 것이 아니고 무성한 甲과 乙로 인하여 보이지 않을 뿐이다. 부여된 십신은 甲木의 본성에 己土에 해당하는 십신으로 해석하면 좋다.

午 : 폭발적인 확장력
午火라고 하는 것은 火의 기운을 밖으로 드러내는 것이 아니고 안으로 가지고 있다는 것이다. 이를 자형(自刑)이라서 서서히 밖으로 드러낸다고 하는 것이다. 어떠한 조건에 의하여 가장 강력한 기운을 가지고 있으며 최대한의 확장력을 가지고 있다는 것이다.

무형으로 이야기를 한다면 알 수 없는 무엇인가의 폭발적인 파장(波長)이라고 할 수가 있으며 인간사로 이야기를 한다면 정신이 극(極)에 달하여 자성(自性)을 상실하기 직전이라고 할 수가 있다. 이를 부여된 십신으로 이야기를 전환하면 좋다. 지장간의 丙火는 강력한 열(熱) 기운이라고 할 것이며 己土는 느낌으로 이를 알아차리고 흡수한다고 할 것이며 丁火는 빛이라고 할 것이다.

丙 : 뜨거운 것이...

여기서 丙火는 어마어마하게 뜨거운 열 기운이 사방으로 흩어지지만 보이지는 않는다. 모든 것을 팽창하게 하려고 하는 것이며 어떠한 목적이 있는 것은 아니지만 일방적으로 진행을 한다고 할 수가 있다. 부여된 십신을 계절적인 丙火의 힘으로 이야기하면 좋다.

己 : 느끼면서...

여기서 己土는 무엇인가를 느끼고 이를 받아드린다는 것이다. 다시 이야기를 한다면 실체가 없다고 하여도 그 존재를 인정한다는 것이다. 그리고 이를 보관하여 두었다가 때가 되면 밖으로 표출(表出)한다고 할 것이다. 己土에 부여된 십신으로 己土의 성향을 이야기하면 좋다.

丁 : 안으로 스며든다.

여기서 丁火는 형체는 없다고 하지만 볼 수가 있다는 것이다. 즉 그림자 같은 것이라 알 수가 있다는 것이며 상당히 먼 거리까지 전한다고 할 수가 있다. 水를 만나면 굴절(屈折)하여 부셔지면서 스며든다고 생각하여야 한다. 부여된 십신으로 이야기를 하여야 할 것이다.

酉 : 지속하기 위한 강함

酉金라고 하는 것이다. 金이라고 하는 것은 자연에서 존재하지 않으며 타에 의하여 생겨나고 사라지는 것이라고 할 수가 있다. 목적은 무엇이든 보전(保全)하고 보존(保存)하려고 하기 때문이다. 최대한 자신의 목적을 위하여 환경에 적합하게 모습을 가질 것이며 이후 어떠한 환경의 변화에도 감당할 수 있게 스스로 자신의 외형을 형성하려고 한다. 이를 부여된 십신으로 이야기를 전환하면 좋다.

지장간에는 庚金의 자연적인 모습을 가질 것이며 辛金의 환경적인 변화로 모습을 바꾸는 것이다. 역시 土가 없는데 이는 酉金이 자형(自刑)으로 하나하나의 개체가 土라는 것이기 때문이다. 자연으로 이야기를 한다면 열매 하나하나가 작은 공간을 이루고 있다는 것이며 이를 土라고 하는 것이다.

庚 : 자연스럽게 이루어진...

여기서 庚金은 자연스럽게 생겨난 것으로 환경적인 영향을 받는 것이다. 하지만 시간이 지나면서 자신의 목적에 따라 강하거나 부드러울 것이며 주변의 환경을 최대한 이용한다고 할 것이다. 어떠한 십신이 부여된다 하여도 자연스럽게 이루어지는 것이라고 하여야 할 것이다.

辛 : 변화되어...

여기서 辛金은 자연스럽지 못하고 어떠한 환경에 의하여 본래의 모습에서 벗어났다고 할 수가 있다. 이는 목적을 이루기 위한 위장(僞裝)이라고 할 수가 있으며 내성(耐性)이 강하기 때문에 한 번 변화하면 주변의 환경적 영향에 자신의 모습을 바꾸려고 하지 않은 것이 특징이다. 부여된 십신으로 무엇에 의하여 변화되었다는 생각을 가지고 이야기하면 될 것이다.

3) 묘지(墓地)

묘지라고 하며 때로는 고장(庫藏)이라고 표현하기도 한다. 다시 이를 해석한다면 모든 것의 마지막이라고 할 수가 있으며 어떠한 것이 시작을 하였다면 土에서 한마디가 마무리 된다는 의미이다. 묘지(墓地)를 응용하려고 한다면 다양한 土의 의미를 알고 있어야 할 것이며 무엇이 마무리하는 것인지 또는 하나가 단락(段落)되고 다음으로 이어지는 것인가를 알아야 할 것이다. 土라고 하는 것은 다변(多變)하기 때문에 이해한다는 것이 난해(難解)할 뿐만 아니라 이를 실전에 응용하는 것도 어렵다.

자연으로 이야기를 한다면 때를 마무리하는 것으로 다음으로 이어지는 과정이라고 할 수가 있다. 다시 이야기를 한다면 사계절이 끝나면서 다음 계절로 이어진다는 것이다. 이를 십신으로 이야기를 한다면 수없이 많은 이야기를 할 수가 있을 것이다. 하지만 오행과 십신에 따라서 다양한 이야기를 풀어야 한다. 어떠한 상황이라고 하여도 가능한 이야기가 있다는 것이다. 묘지라는 의미를 가진 것으로 부여된 십신을 해석하여야 가능할 것이며 지식(知識)이 아닌 자연(自然)에 비교하여 이야기를 하여야 할 것이다.

辰 : 분열(分列)하기 위함

辰土이라고 하는 것은 水의기운을 머금은 土인 것이다. 土라고 하는 것은 자연에서 공간이라고 하며 흙으로 표현한다. 다시 이야기를 한다면 辰土의 공간은 적당한 水火가 어우러져 있는 공간이라고 할 수가 있으며 흙으로 이야기를 한다면 생명체가 존재하는데 가장 적합한 곳으로 그 모양이 고르므로 편안함을 느끼게 한다는 것이다. 인간사로 이야기를 한다면 평야(平野)같은 곳으로 이해하면 적합하다.

辰土의 목적은 여린 것을 성장하기 좋은 환경으로 이어주는 것이다. 무엇이든 분리하고 공간을 보다 넓게 활용할 수 있게 하여 목적을 이루도록 이어주는 것이다. 지장간에서는 乙木의 목적을 위하여 癸水와 戊土 그리고 火의 희생을 요구하는 것이다.

乙 : 복잡하여 소통을...

여기서 乙木은 바람처럼 부드럽고 유연하여 쉽게 무너지지 않는 것이다. 자신의 뜻을 이루기 위하여 주변의 환경을 순간적으로 최대한 이용하려고 할 것이며 절대적 표기를 하지 않는다는 것이 특징이다. 부여된 십신도 이렇게 해석하여야 할 것이다.

癸 : 바닥이 보이지 않으니...

여기서 癸水는 기체(氣體)로서 아주 연약(軟弱)한 단계이다. 하지만 무리를 이루고 있어서 시야를 흐리게 하며 바람이 잘 통하지 못하므로 장시간 이어지면 심각한 우려가 발생할 수가 있다는 것이다. 이러한 경우에 부여된 십신도 환경에 어울리게 이야기를 하면 좋을 것이다.

戊 : 새로운 공간으로...

여기서 戊土는 공간적인 표현을 하는데 무엇을 위하여 항상 기다려주는 것이 아니며 때를 놓치면 사라지는 것으로 이해하면 좋다. 가장 낮은 곳에서 수평적으로 확장하여가는 것이다. 土가 가장 낮은 곳에 있다는 의미가 부여된 것이다. 역시 십신도 상황에 맞게 풀어야 할 것이다.

戊癸合火 : 빠르게 나눈다.

여기서 戊癸合火는 잠깐 동안 조건 없이 희생하겠다는 의미이며 여기서 火는 분리(分離)이다. 때를 모르면 사라진다고 할 수가 있다. 어떠한 상황에서 부여된 십신으로 이야기를 풀어낼 경우 비밀을 알 수가 있을 것이다.

未 : 변화하기 위함

未土라고 하는 것은 水의 기운이 전혀 없는 아주 메마른 공간이다. 다시 이야기를 한다면 未土의 공간은 火의 열 기운을 받아드려 가벼워져 있으며 위로 상승(上昇)하는 작용을 한다는 것이다. 즉 아래에 숨겨져 있는 기운이 어느 때에는 위로 올라온다는 것이다. 인간사로 이야기를 한다면 외모와는 다르게 언행이 가벼운 사람이라고 할 수가 있다.

未土의 목적은 보다 부풀린 모습을 보여주고자 하는 것이다. 즉 내실보다는 외적으로 중요하게 생각한다는 것이다. 하여서 최대한 자신의 모습을 과대하게 하여 자신의 목적을 이루고자 하지만 아주 일부분에 불과하다는 것을 잊어서는 아니 된다. 자연으로 이야기하여 보자.

丁 : 꽃과...

여기서 丁火는 현실적으로 드러내고 있다는 것으로 본래의 모습을 버리고 다른 것으로 변화한다는 것이다. 다시 이야기를 한다면 결과를 향하여 탈바꿈하는 것이라고 생각하자. 부여된 십신은 丁火가 가지고 있는 본성을 이해하고 이야기하여야 할 것이다.

乙 : 열매가...

여기서 乙木은 이전의 모습이 아닌 전혀 새로운 것으로 이루어지고 있다는 것이다. 보일 듯 말듯하면서 서서히 모양을 드러내기 시작한다. 다시 이야기를 한다면 乙木에서 자연스럽게 庚金으로 변화한다는 것이다. 이를 부여된 십신으로 이야기를 하여야 할 것이다.

己 : 작지만...

여기서 己土는 작고 좁은 공간이 확장되어 간다는 의미로서 얼마만큼 확장될 것인가는 알 수가 없다. 이는 환경의 영향을 지배받는다고 할 수가 있으며 지독하지 못하면 희생당할 수도 있다. 부여된 십신을 해석하여 己土의 과정을 이야기하면 만족할 것이다.

戊 : 다음을 위함

戊土라고 하는 것은 金의 기운이 강(強)하게 작용하도록 하려고

火의 기운을 이용(利用)하는 공간이다. 다시 이야기를 한다면 자연에서 바라보는 戌土의 공간은 이러할 것이다. 처음에는 水의 기운이 자리하고 있으면서 서서히 사라지고 단단하게 변하여 겹겹이 쌓여 있는 곳이라고 할 수가 있다. 인간사로 이야기를 한다면 안과 밖이 같은 사람 즉 외형도 강하게 보이지만 성격도 강인하여 오랫동안 변함없이 오로지 한길만을 고집하는 사람이라고 할 수가 있다.

지장간을 자연으로 이야기를 한다면 더 이상의 변화하지 않을 辛金을 丁火의 볕으로 적당하게 가공하여 戌土의 공간을 더욱 단단하고 알차게 만들어 다음을 위하여 썩지 않도록 만드는 것이다. 이러한 것을 아래로부터 차곡차곡 위로 높이 쌓아올리는 공간이라고 할 수가 있다. 술토에 부여된 십신에 의하여 다양한 이야기를 지장간의 원리에 알맞게 구성하는 것이 중요할 것이다.

辛 : 단단하게...
여기서 辛金은 외적인 영향으로 변화하였다는 것이다. 때문에 자연적이지 못하고 타에 의하여 변형되어야 목적을 이룰 수가 있다. 그래야 영구적이라고 할 수가 있으며 때로는 조건에 의하여 변화도 하는 것이다. 어떠한 십신이 부여되어도 辛金의 이유를 알면 쉽게 이야기할 수가 있다.

丁 : 볕에 건조하여...
여기서 丁火는 직선적(直線的)이며 상당히 중요한 역할을 한다고 할 수가 있다. 열(熱)의 기운이 아닌 볕의 기운이 강하므로 丙

火를 초월한다고 할 수가 있다. 일시적이지 못하고 중장기적으로 희생하는 것이다. 원하는 만큼 필요한 만큼 알아서 사용하면 되는 것이다. 丁火에 알맞은 이야기를 십신으로 풀어내면 된다.

戊 : 저장한다.

여기서 戊土의 공간은 최소한으로 응축하려고 하는 것이며 최대한 높이 쌓기 위한 초석(礎石)이 되는 것이다. 하여 가장 낮은 곳에서 위로 출발한다고 할 수가 있을 것이다. 하지만 여기서 戊土의 이야기는 癸水를 적절하게 조정한다는 것이다. 부여된 십신으로 이야기를 풀어야 한다.

丑 : 시작하기 위함

丑土라고 하는 것은 水의 기운이 강하게 작용하는 것으로 水의 특성을 많이 가지고 있는 공간이라고 할 수가 있다. 자연에서 보면 水의 기운이 무거우면 아래로 흐르고 가벼우면 위로 흐른다. 때로는 주변의 환경적인 영향으로 어중간한 상태일 때도 있지만 결과적으로 차가운 공기가 아래로 흐르듯이 水의 기운이 아래로 하염없이 흐른다고 할 수가 있다. 때문에 丑土의 공간 역시 어둡고 차가우며 밑으로 꺼져있다고 할 수가 있다. 또한 차가운 기운으로 최대한 응축할 것이며 자신의 본성을 보여주는 것을 꺼려할 것이다.

인간사로 이야기를 한다면 자신의 진실을 감추고 최소의 것으로 최대의 효과를 원하는 분류라고 생각 하자. 지장간에는 알 수 없다는 의미의 癸水와 내성을 감추고 본성을 바꾸어버린 辛金 그리고 낮고 작은 것이라고 전하는 己土의 공간이 있다. 丑土에 부여된 십신에 의하여 다양한 이야기를 지장간의 원리에 알맞게 구성하는 것이 중요할 것이다.

癸 : 모르게...

여기서 癸水는 감춘다는 의미이다. 무엇이 어떻게 자리하고 있는가를 알 수가 없다는 것이다. 어떠한 십신이 부여 되었다면 그것이 알기 어렵다고 할 것이다. 그리고 속으로 깊이 火의 기운을 품고 있다는 것이다. 기체를 이해하여야 할 것이다.

辛 : 핵심적인 것...

여기서 辛金은 본래의 모습에서 외형을 탈바꿈하고 내적인 본성은 그대로 유지하면서 외형을 변화시키고 외부의 충격을 어느 정도까지 견딜 수 있게 바꾸어지는 것이다. 이는 분명한 이유가 있을 것이며 다음을 위하여 보존하거나 보전하기 위한 방편일 수도 있다. 辛金에 부여된 십신을 이러한 사유(事由)로 이야기를 한다면 접근성이 뛰어날 것이다.

己 : 최소한으로...

여기서 己土는 좁고 낮으며 가장 낮은 곳이라고 할 수가 있다. 흔히 하는 이야기로 비밀스러운 곳이라고 생각하여 보자. 또는 모르게 감추어진다는 의미도 있을 것이다. 그야말로 1급 비밀이며 일체 알 수가 없는 공간이라고 할 것이다. 어떠한 십신이라 하여도 己土의 뜻에 알맞게 이야기를 하여야 할 것이다.

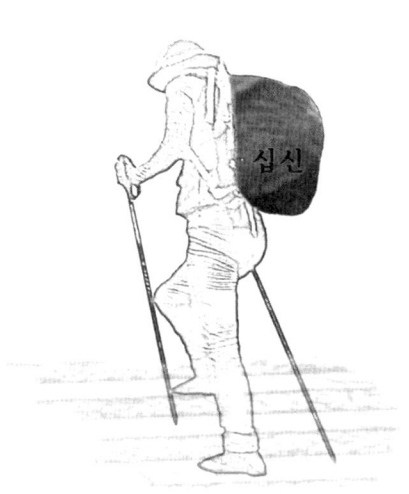

12운성(運星)

13.
12운성(運星)

 운성이라고 하는 것은 천간이 진행하고자 하는 세력을 알기 위한 것이라고 할 것이다. 지지는 어떻게 알 수가 있는가 하고 묻는다면 계절과 시간으로 그 세력을 알아야 한다. 사주풀이에서 힘을 알지 못한다면 승패를 가늠하기 어려울 것이다. 지지도 계절과 시간을 이해하지 못한다면 부여된 십신의 세력을 이야기로 풀어내는데 어려움이 많을 것이다.
 다시 이야기를 한다면 운성이라는 것은 인간사의 저울과도 같은 것으로 다양하게 응용하여야 할 것이다. 이를 모르고 또는 지식으로 암기만 하였다고 한다면 곤란할 것이다. 12운성이 전하는 다양한 이론을 가지고 풍부하게 응용하여야 참으로 좋은 이야기들을 구사할 수가 있다는 것이다.

1) 장생(長生)
 장생이라고 하는 것은 처음으로 시작을 한다거나 태어난다는 뜻이다. 무엇이 처음으로 태어나는지는 알 수가 없지만 처음으로 시작되는 것은 그렇게 힘이 강하지는 못하다. 하지만 주변에서 보호해주려고 호위하는 인연이 많다. 그러하기 때문에 자력이 아닌 타력에 의하여 힘이 강해지는 것이고 보호도 받는 것이라고 할 수가 있을 것이다. 그래서 내가 큰소리쳐도 아이니까 하고 듣지 않으려고 할 것이며 그냥 봐주는 것이다. 하여 부여된 십신이 가진 뜻으로 이야기를 풀어내면 좋을 것이다.

2) 목욕(沐浴)

　목욕이라고 하는 것은 몸을 깨끗하게 씻거나 정리하는 것이라고 할 수가 있으며 신생아(新生兒)일 경우에는 태어나면 붙어있는 이물질을 씻어낸다는 뜻이다. 그래서 물을 담아두는 그릇속이라 답답할 수도 있으며 그릇이 깨어질 수도 있다는 것이다. 하지만 깨끗하게 씻어내면 고운 기운이 감돌고 이것이 외부에 붉은 빛으로 드러나기 때문에 도화(桃花)라고 한다. 깨끗하여 타인이 나를 바라보며 나보다 인생선배가 많을 것이고 나 역시 이들을 바라보며 배워갈 수밖에 없다는 것이다. 이러한 사연을 이해하고 부여된 십신으로 이야기를 풀어낸다면 적중률이 상당히 높다고 할 수가 있을 것이다.

3) 관대(冠帶)

　관대라고 하는 것은 갓을 쓰고 허리에 띠를 두른다고 하여 성인(成人)으로 대접을 받는다는 것이다. 하지만 성인으로 허리에 띠를 두른다고 어른이라고 할 수는 없으며 다만 어떠한 결정권에 참여는 가능하지만 결정권은 없다는 것이다. 다시 이야기를 한다면 집안의 대소사에 참석은 당연히 하여야 하지만 의사결정에 영향력을 행사할 수는 없으며 어떠한 결정에 오히려 따르는 것이 옳다고 할 수가 있다. 하지만 경험부족에서 오는 실수나 모르기 때문에 밀어붙이는 경우가 많이 있을 것이다. 이를 부여된 십신이 전하는 뜻에 따라 이야기를 꾸며야 할 것이다.

4) 건록(建祿)

건록 이라고 하는 것은 결혼(結婚)하여 하나의 집단을 만드는 것으로 주도권을 가지고 결정하고 집행하는데 지혜와 강력한 힘을 가지고 있다. 결과를 보고하는 것으로 행여 실수가 있다고 하여도 제재를 당하는 입장은 아니라고 할 것이다. 하지만 거듭되는 실수는 참수 당할 우려가 있을 것이다. 가장 부강한 공간을 만들려고 부단한 노력을 할 것이며 독단적인 결정을 하거나 주장하는 경우가 많이 있다. 하여 주변으로부터 외면을 당하거나 무시당할 수도 있다는 것이다. 이러한 노력에 부여된 십신은 성공을 약속하고 추진한다고 할 것이다.

5) 제왕(帝王)

제왕이라고 하는 것은 어느 한집단의 최고의 권력자(權力者)이다. 때문에 강력한 힘과 경험에 의하여 통력을 발휘하면 좋은 결과를 가져올 수도 있지만 그러하지 못하고 오로지 자신의 주장으로 모든 것을 지배하려하기 때문에 항상 하극상(下剋上)의 문제를 가지고 있을 것이다. 무엇도 제왕의 앞에 장애가 된다고 판단되면 순간적으로 처리하기 때문에 즉흥적이고 과격하여 위험을 항상 가지고 있다고 할 것이다. 하지만 꼭지에 올라서서 아래를 바라보면 오금이 저리듯이 내심 불안하고 편하지 못할 것이다. 부여된 십신을 잘 다스리면 좋은 결과를 낳는다고 할 것이다.

6) 쇠(衰)

　쇠라고 하는 것은 활동력이 약하다고 할 것이다. 다시 이야기를 한다면 힘은 비록 쇠약하다고 하겠지만 풍부한 경험과 지혜로 어려움을 해결하면서 고비를 순간순간 넘어갈 것이다. 많은 것이 힘만으로 이루어지는 것이 아니고 경험으로 이루어지는 것이 더 많다고 할 수가 있을 것이다. 생각처럼 수행할 수가 없으니 답답할 것이다. 경험은 충분한데 힘이 없다는 것이 더욱 답답할 것이다. 주변의 인맥들이 무시할 것이고 자신의 이야기를 들어보려고 하지 않을 것이다. 부여된 십신을 힘으로 하는 것이 아니고 경험으로 이루고자 한다면 충분히 가능할 것이다.

7) 병(病)

　병이라고 하는 것은 외부 또는 자체에서 병이 침노하여 움직임이 둔하고 심할 경우에는 거동(擧動)을 할 수가 없다고 할 것이다. 하여 힘은 전혀 없을 것이고 지혜도 가물거릴 것이다. 하지만 느낌은 살아있으므로 수많은 경험과 지혜를 바탕으로 자문 역할을 할 수가 있을 것이다. 병이 깊어지면 자문도 어려워지니 조용하게 때를 기다는 것이 최선의 방법일 수도 있다. 그런데 사람은 병이 들면 살아보려고 발악을 하듯이 삶에 애착을 가지고 부단한 노력을 할 것이다. 즉 병지에 있는 십신은 그 활용성이 많이 떨어지기 때문에 눈치가 빠르다고 할 것이다.

8) 사(死)

사라고 하는 것은 생(生)을 마감하였다는 것으로 실행성이 약하다. 하지만 육신이 움직이지 못하는 것이지 영혼까지 죽었다고 할 수는 없다는 것이다. 때문에 타인의 도움으로 부여된 십신을 활용하여야 한다는 것이다. 그러하지 못하고 욕심을 부린다고 한다면 죽은 사람이 움직이는 꼴이라 되는 것이 없을 것이다. 다시 이야기를 한다면 죽은 이가 무엇을 할 수가 있겠는가 하지만 죽으면 자신이 스스로 움직이는 것이 아니고 타에 의하여 옮겨진다는 것이다. 부여된 십신에 관련된 느낌은 대단할 것이다.

9) 묘(墓)

묘라고 하는 것은 구속(拘束)되어 있다는 것이다. 지금 이야기로 한다면 숨기거나 자유권이 완전히 없다는 것으로 흔적 없이 묻어버린 것이다. 이렇게 어떠한 표적만 있고 자신의 정체성이 완전히 사라진 상태라고 할 수가 있겠지만 특유의 감각(感却)이 살아 있을 것이며 연관된 십신 분야에 상당히 발달되어 있을 것이다. 이를 행위로 옮기는 것보다는 무형적으로 응용하는 것이 더욱 아름다울 것이다. 그리고 묘지는 혼자 사용하는 공간이다. 하여 고요하고 깨끗하며 찾는 이가 그리 많지 않다는 것이다.

10) 절(絕)

절이라고 하는 것은 무엇과도 연결되어있지 못하고 완전하게 고립된 상태라고 할 것이다. 때문에 누구도 기억하지 못할 것이며 누구의 도움을 받을 수가 없다는 것이다. 하여 스스로 때를 기다려야 할 것이며 또한 타고난 목적을 위하여 스스로 부단한 노력을 하여야 한다는 것이다. 끊어지면 다음을 위하여 새로운 시작을 하여야 할 것이다. 때문에 무엇이든 잡으려고 할 것이다. 그러하지 못한다면 부여된 십신은 완전하게 이룰 수가 없을 것이며 지속적으로 고립될 수밖에 없을 것이다.

11) 태(胎)

태라고 하는 것은 어떠한 곳에 처음으로 인연을 맺어진다고 할 것이며 이렇게 맺어져서 무엇인가로부터 보호를 받으며 아주 천천히 자신의 목적을 위하여 앞으로 나아갈 것이다. 하지만 좋은 환경과 인연이라면 쉽게 뜻을 이룰 수가 있을 것이지만 그러하지 못하고 환경과 인연이 나쁘면 엄청난 고통 속으로 빠져들 것이다. 무엇이든 환경과 인연을 가장 중요하게 생각하는 것이 태라고 할 수가 있다. 하여 외부에 관심이 많고 원하지 않아도 엿듣게 된다는 것이다.

12) 양(養)

양이라고 하는 것은 스스로가 아닌 타의 도움이 절실하게 필요로 한다는 것이다. 여기에 부여된 십신은 지극한 정성을 들이지 않으면 분명히 이루어지지 못할 것이다. 하여 주변의 인연들과 화합을 가장 중요시 하여야 할 것이며 화합을 하지 못한다면 타의 먹이 감으로 충분할 것이다. 먹이 사슬에서 가장 아래 단계에 있다는 것을 알고 뭉쳐야 살 수가 있다는 것을 잊어서는 아니 된다. 천천히 길들여지는 과정이라고 할 것이며 미세한 자극에도 예민한 반응을 보일 것이다.

십신(十神)

14.
십신(十神)

　십신이라고 하는 것은 열가지 단어(神)를 가지고 세상사의 모든 것을 표현하는 대표적인 단어이다. 비견(比肩) 겁재(劫財) 식신(食神) 상관(傷官) 편재(偏財) 정재(正財) 편관(偏官) 정관(正官) 편인(偏印) 정인(正印)으로 구성되어 있다. 때문에 십신을 6하 원칙에 따라서 다양한 표현을 하여야 하는데 가장 우선적인 것은 천간과 지지가 무엇인가? 그리고 천간과 지지가 전하는 수많은 뜻 속에서 원하는 이야기를 부여된 십신으로 풀어내는 것이다.

　천간은 지지로부터 얼마만큼의 힘을 받는가를 생각하여야 할 것이다. 다시 이야기를 한다면 생각을 얼만큼 실행할 수 있는가이다. 주변의 환경과 이어지는 인연과의 관계까지 고려하여야 할 것이다. 여기서 환경이나 인연 그리고 관계는 합이나 형(刑) 충(沖) 파(破) 해(害) 그리고 원진(怨嗔)을 응용하여야 할 것이며 필요에 의하여 신살(神煞)이나 귀인(貴人) 공망(空亡)과 삼재(三災)를 고려하여야 할 것이다.

지지는 천간에 어느 글이 있는가에 따라서 다양한 해석을 하여야 할 것이며 무형적인 것을 드러내고 있으며 인간으로는 생각이라고 할 수 있다. 그리고 지지는 유형적인 것을 표현하는데 현실적으로 가능한 것이며 육신의 행위라고 할 것이다. 물론 인간관계나 사회활동 다양한 언어구사도 나타내고 있다. 십신이 조화(調和)를 이루고 있다면 좋은 이야기로 풀어갈 수가 있겠지만 천간과 지지의 오행이 극하는 관계로 조화를 이루지 못하고 있다면 지극히 부정적인 이야기로 해석할 수밖에 없다. 하지만 어떠한 상황에 따라서 다양한 해석으로 풀어야 하므로 좋고 나쁨이 없다.

예를 들어 인성(印星)이 사주에 많이 드러나 있다고 한다면 많은 문서를 가지고 있는데 부동산 문서면 좋은데 벌과금 문서라면 상당히 불편할 것이다. 이를 어머니라고 한다면 어머니가 많다고 하는 것은 아버지가 여러 번 장가를 간다는 이야기인 것이다. 또한 편재(偏財)라는 것을 예를 들어보면 재물을 이야기하는데 많으면 좋다. 하지만 여자라고 한다면 문제가 많이 발생할 수가 있을 것이다. 아버지가 많다는 것은 어머니가 여러 번 시집을 간다는 이야기가 되는 것이니 좋다 나쁘다는 판단을 함부로 하지 않는 것이 올바른 풀이라고 할 수가 있다.

십신으로 사회의 기준을 정하고 긍정과 부정으로 나누어 이야기할 수가 있으며 예를 들어 비견(比肩)이라고 한다면 인간사의 기준이라고 할 것이다. 또한 식신(食神) 이라고 한다면 의식주의 기준이라고 할 수가 있으며, 정재(正財)라고 하는 것은 빈(貧) 부

(富)의 기준이라고 할 것이다. 정관(正官)은 직업선택의 기준이라고 하는 것이며 정인(正印)은 학문의 기준이라고 할 것이다. 이처럼 어떠한 기준을 두고 상대적인 것을 평가 가능하다는 것이다.

평가의 대상은 겁재(劫財) 상관(傷官) 편재(偏財) 편관(偏官) 편인(偏印)으로 하는데 이들의 편차가 심하기 때문에 긍정과 부정을 동시에 드러낸다. 다시 이야기를 한다면 겁재(劫財)는 인간성이 좋고 나쁨을 평가할 것이고 상관(傷官)이란 넉넉함이나 부족함을 평가할 수가 있으며, 편재(偏財)는 재물이 어느 정도인가를 알고 능력을 평가하는 것이다. 편관(偏官)은 높낮이를 가늠하는 것이며 편인(偏印)은 지식과 상식을 평가하기 위함이라고 할 것이다.

1) 음(陰)과 양(陽)

십신 속에는 음과 양으로 나누어져 있다. 다시 이야기를 한다면 음양은 크게 무극에서 나온 것이며 작게 이야기를 한다면 오행 속에도 음과 양이 있다는 것이다. 그래서 木에서는 암 수로 표현하며 火는 열과 빛으로 음양을 나누어표현 한다. 土는 공간이 넓고 높은 것과 낮고 좁은 것으로 구분하며 金은 단단함과 부드러움으로 이야기할 것이며 水는 액체와 기체로 구분하여 이야기한다.

여기서 음과 양은 오행속의 음양을 이야기하는 것으로 십신도 확대하여 이야기 할 필요가 있으며 때로는 줄여서 이야기 할 필요도 있다는 것이다. 음이라고 하는 것은 암컷의 성향을 강하게 가지고 있으며 방어적이며 감추고자 하면서 타협적이지 못하고 부정적 이라고 할 수가 있다. 반대로 양이라고 하는 것은 수컷의 성향이 강하여 공격적이고 개방적이면서 필요에 의하여 타협도 하려고 하는 긍정적인 성향이 강하다는 것이다. 다른 오행도 이와 같이 나름대로 장단점을 가지고 있다는 것이다.

근본(根本)이 부정적이다 긍정적이다 라고 할 수는 없지만 기준이 긍정적이며 이를 벗어나면 부정적 이라고 하며 이러한 성향을 가진 십신은 겁재(劫財)상관(傷官) 편재(偏財) 편관(偏官) 편인(偏印)이라고 할 수가 있다. 나머지는 근본이 긍정적으로 해석한다는 것으로 비견(比肩) 식신(食神) 정재(正財) 정관(正官) 정인(正印)으로 이야기할 수가 있다. 하지만 십신에도 구속성을 싫어하고 타고난 능력을 자유롭게 펼치고자 하는 것이 있다.

이를 프로적인 근성이라고 할 수가 있는데 가장 강한 프로 근성은 편인(偏印)과 편재(偏財)이며 다음은 상관(傷官)이나 겁재(劫財) 편관(偏官) 순이라고 할 것이다. 하지만 독성(毒性)으로 이야기를 한다면 편관(偏官)이 가장 강할 것이며 다음은 겁재(劫財)와 상관(傷官) 순이라고 할 것이다. 반대로 가장 순진한 것은 식신(食神)이며 다음은 정인(正印)으로 이어질 것이다. 이처럼 다양한 의미를 가지고 있는 십신을 어떻게 활용하는가는 각자의 능력에 따라서 많은 차이가 있을 것이다. 다시 이야기를 한다면 달변가라고 하는 사람과 있는 그대로 이야기하는 사람의 차이일 것이다. 때로는 있는 그대로도 이야기를 하지 못하는 숙맥 같은 이도 있을 것이다.

2) 오행과 십신

십신에는 오행이 가지고 있는 근본적인 성향(性向)이 있다. 이를 알지 못하면 십신을 이해하지 못할 것이며 또한 해석도 완전하지 못할 것이다. 오행별로 알아보고 이해하여 보자. 그리하여야 다양한 언어를 구사할 수 있을 것이다.

목(木)

木은 비겁(比劫)이라는 기본적인 본성을 가지고 있으며 비겁(比劫)이란 변화가 느리고 항상 같거나 비슷하다는 뜻으로 변화를 두려워하는 것으로 이야기할 수가 있다. 木이라는 것은 살아있는 것이다. 살아있는 것으로는 나무가 가장 생명력이 강하고 길다. 그래서 비겁(比劫)의 성향을 가장 많이 가지고 있고 때문에 본성이 비겁(比劫)이라고 하는 것이다. 그리고 비겁(比劫)이 강한 木은 열매를 가지려고 한다. 인성(印星)을 간절하게 바라는 것은 어쩔 수가 없는 것이다. 다시 이야기를 한다면 비겁(比劫)은 모성애(母性愛)를 그리워하는 것이다.

화(火)

火는 식상(食傷)이라는 기본적인 본성을 가지고 있으며 식상(食傷)이란 항상 새로운 것으로 변화를 즐거워하기 때문에 강력한 활동성을 가지고 있다. 火라고 하는 것은 불이라고 하며 불은 잠시도 그대로 있지 못하고 끊임없이 변화한다는 것이다. 식상(食傷)의 성향을 가장 많이 가지고 있기 때문에 본성이 식상(食傷)이라고 하는 것이다. 그런데 불처럼 불확실한 식상(食傷)은 항상 확실하고 정확하게 표현하는 관성(官星)을 원하는 것이다. 이는 자신의 모습을 인정받고자 하는 성향 때문이다.

토(土)

土에는 재성(財星)이라는 성향이 가장 기본적이라고 할 수가 있다. 재성(財星)이란 무엇으로부터 구속되기 싫어한다. 그렇다고 강력한 힘을 가지고 있는 것도 아니다. 재성(財星)은 무엇이든 받아주는 흙이라는 것과 흡사하기 때문에 土라고 하는 것이다. 그리고 흙이라는 것은 또 하나의 공간(空間)이라고 할 수가 있다. 다시 이야기를 한다면 공간을 지배할 수 있는 것은 아무것도 없다는 것이다. 때문에 土의 본성을 재성(財星)이라고 하는 것이며, 또한 土라고 하는 것이며 여하한 경우라고 하여도 외부로 부터 지배당하는 것을 원하지 않기 때문에 오로지 재성(財星)으로 가려고 할 뿐이다.

금(金)

金에는 관성(官星)이라는 성향이 가장 기본적인 본성이라고 할 것이다. 관성(官星)이란 스스로 이루어지는 것이 아니고 타(他)에 의하여 만들어지는 것이기 때문이다. 金이라고 하는 쇠는 자연에 없다. 오로지 타에 의하여 만들어지며 이는 절대적인 목적을 위하여 강력한 힘을 부여받은 것이다. 그래서 관성(官星)의 성향을 가장 강하게 가지고 있다고 할 수가 있으므로 본성을 관성(官星)이라고 하는 것이다. 하지만 金이라는 것은 변화를 싫어하기 때문에 비겁(比劫)을 강하게 요구하며 이는 변함없이 영원하길 바라기 때문이라고 할 것이다.

수(水)

水에는 인성(印星)이라는 성향이 가장 기본적인 본성으로 자리하고 있다. 인성(印星)이란 알 수가 없다는 뜻으로 어디에 사용되는지 아무도 모른다는 의미이다. 水라고 하는 것은 물을 이야기하는데 물의 흐름을 알 수가 없다는 것이다. 주변보다 낮은 곳으로 스며들어 걸림이 없고 환경에 따라 다양한 모습으로 변화하기 때문에 인성의 성향을 가장 많이 가지고 있다는 것이다. 이렇게 흐르면서 언제나 자신의 모습은 변화되고 새로운 환경에 잘 적응한다. 때문에 水라는 것은 식상을 강하게 바란다고 할 수가 있을 것이다.

3) 천간(天干)

천간을 어떻게 이해하고 응용할 것인가가 중요하다. 천간에 부여된 십신을 풀어내고자 한다면 기본적으로 천간이 가지고 있는 성품을 알아야 할 것이다. 천간에 함축(含蓄)하여 감추어둔 수많은 뜻을 완전하게 알 수는 없지만 어느 정도까지는 이해하여야 십신으로 이야기를 할 수가 있으며 오행과 음양에 따라서 다양하게 응용하여야 할 것이다.

갑(甲) : (비견+편인)

甲이라고 하는 것은 木오행으로 양이다. 물상으로 우레라고 하는 것으로 급하고 수직적(垂直的)이라고 할 수가 있으며 본성은 비견(比肩)이 강하지만 속성으로 편인(偏印)의 성향을 강하게 드러낸다고 할 수가 있다. 때문에 甲이라고 하는 것은 가장 우선적이며 나무로 이야기를 한다면 꽃은 피지만 열매는 맺지 못한다고 할 것이다. 그리고 무엇인가를 주도하려고 하며 큰 나무는 큰 꽃이 피어야 어울릴 것이며 주변보다 크기 때문에 돋보이는 것을 원한다.

을(乙) : (겁재+정인)

乙이라고 하는 것은 木오행으로 음이다. 물상으로 바람이라고 하여 부드럽고 유연하여 주변의 환경을 잘 이용한다. 그래서 본성은 겁재(劫財)의 성향이 강하게 작용하며 속성으로는 정인(正印)을 원하는 것이다. 乙木이라는 것은 열매를 맺는 것이므로 항상 庚金을 생각하고 있을 것이다. 바람은 지나가면 돌아오지 않으니 실로 냉정하다고 할 수가 있다. 항상 주변을 이용하거나 더불어서 자신의 생명(生命)을 이어가는 것이라고 생각하여 보자.

병(丙) : (식신+편관)

丙이라고 하는 것은 火오행에 속하며 양의 성향이 강하다. 물상으로는 태양이라고 한다. 태양은 강력한 열을 가지고 있다. 열이라고 하는 것은 한곳으로 집중하지 못하고 사방으로 흩어지는 것으로 스스로 새로운 에너지를 만들어 끝없이 열을 생산하기 때문에 본성은 식신(食神)으로 본다. 하지만 속성으로 드러내고 싶은 욕망이 강하기 때문에 편관(偏官)의 성향도 강하다. 받을 수는 없으며 오로지 희생으로 보람을 찾는 것이 최고이다.

정(丁) : (상관+정관)

丁火라고 하는 것은 火오행에 속하며 음의 성향이 강하다. 물상으로 별이라고 하며 火에서는 빛으로 표현하는 것이며, 丁火의 빛은 스스로 발광(發光)하는 것이다. 태양의 강력한 열에 의하여 빛이 나는 경우도 있지만 사실 태양도 하나의 별이라고 할 수가 있다. 빛의 화려함과 다양한 변화로 인하여 본성은 상관(傷官)이며 강하고 속성으로 정관(正官)을 지극하여 바란다. 이는 인정을 받고자 하기 위함이다. 빛이 열처럼 사방으로 펼쳐진다면 빛의 구실을 할 수가 없다. 때문에 丁火는 한 방향으로 조명(照明)되어야 좋다.

무(戊) : (편재+편재)

戊土라고 하는 것은 土오행으로 양의 성향이 강하다. 물상으로 노을이라고 하는데 이는 높고 넓은 허공 속에 다양한 먼지들로 가득한 것이 동이 틀 때나 태양이 저무는 시간에 드러나기 때문에 그렇게 표현하는 것이다. 허공(虛空)은 무엇이든 어떠한 간섭도 없이 자유롭기 때문에 본성이 편재(偏財)라고 하는 것이며 여하한 경우라고 하여도 주변의 간섭을 싫어하고 자유로움을 추구하기 때문에 속성으로도 편재(偏財)바라는 것이다.

기(己) : (정재+정재)

己土라고 하는 것은 土오행으로 음의 영향이 강하다. 물상으로 구름이라고 하는데 이는 잠정적으로 물이라는 것으로 변화한다는 것이다. 또한 己土의 공간은 비교적으로 작고 낮으며 일시적으로 주변의 환경에 의하여 발생하는 것이다. 지속적이지 못하고 어떠한 입자(粒子)가 모여서 만들어진 것이기 때문에 본성을 정재(正財)로 이야기한다. 이는 구름이라는 것이 수분(水分)으로 이루어져 있기 때문이며 어떠한 조건이 맞아들면 분명 水로 변화한다.

경(庚) : (편관+비견)

庚金이라고 하는 것은 金오행으로 양의 기운이 강하다. 물상으로 달(月)이라고 하며 달은 스스로 빛을 내지 못하고 타(他)에 의하여 자신의 모습을 드러내는 것이다. 그리고 달의 중력이 지구에 미치는 영향력은 대단하기 때문에 庚金의 중요성을 강조하는 것이다. 이는 乙木과 슴을 하여 종족(種族)번식의 원칙을 지키고 있기 때문이다. 또한 하루4회 정확하게 들고 나면서 물이 썩지 않도록 확실하게 보여주기 때문에 본성은 편관(偏官)이며 속성으로 변함없이 영원히 이어가려고 하기 때문에 비견(比肩)으로 이야기한다.

신(辛) : (정관+겁재)

辛金이라고 하는 것은 金오행으로 음의 기운이 강하게 작용하는데 자연에서 서리라고 한다. 서리라고 하는 것은 기온이 떨어지므로 생겨나는 것인데 위에서 아래로 내려온다. 때가 겨울이 아니면 이슬로 표현 가능한 것이다. 자연속의 생명체는 서리를 맞으면 성장이 멈추기 때문에 때를 안다고 하여 본성은 정관(正官)으로 하며 속성은 숙살지기의 강력한 힘으로 앗아간다고 하여 겁재(劫財)로 보는 것이다.

임(壬) : (편인+식신)

壬水는 水오행으로 양의 기운이 강하게 작용하며 자연으로 표현할 때는 봄비(春雨)라고 한다. 다시 이야기를 한다면 水의 액체(液體)라고 하는 것이며 만물의 에너지라고 할 수가 있다. 한 방향으로 흐르는 성향 때문에 본성을 편인(偏印)으로 이야기하는 것이며 속성은 멈추지 않고 흐르고자 하는 활동성 때문에 식신(食神)으로 이야기한다. 壬水에서 자연속 생명체가 시작된다고 할 수가 있을 것이다.

계(癸) : (정인+상관)

癸水라고 하는 것은 水오행으로 음기가 강하고 기체(氣體)로 표현하기 때문에 자연에서 안개라고 한다. 서리와 안개의 차이는 완전히 다를 것이다. 즉 서리는 위에서 아래로 흐르는 것이고 안개는 아래에서 위로 오르는 것이라고 할 수가 있다. 급하지 못하고 차분하여 본성은 정인(正印)의 성향을 강하게 지니고 있으며 속성은 그 모습이 일정하지 못하고 변화가 심하기 때문에 상관(傷官)의 성향을 강하게 가지고 있을 것이다.

4) 천간(天干) 합(合)

천간이 合을 하는 것은 그다지 강력한 힘을 드러내고자 하는 것은 아니다. 다만 기본에 충실하여 무엇인가를 간절하게 원하는 것을 合으로 표현하는 것일 뿐이다. 천간의 글자가 열두 개가 되지 못하고 열 개로 이루어져 있는 것은 천간이 合을 하여 두 개가 더 발생하는데 이를 甲木이 己土와 合을 하여 土로 변화하는 것과 乙

木이 庚金과 합하여 金으로 변화하는 이유이다. 다시 이야기를 한다면 甲木이 때로는 土의 성향을 가질 수도 있다는 것이며, 乙木이 金의 성향을 가지고 있다는 것이다. 하여 이들의 관계는 형제(兄弟)처럼 모습은 다르지만 비슷하다고 할 수가 있다.

甲己合土

공간을 확보하려는 목적으로 합을 이루고자 것이다. 甲木은 己土와 합을 하여 土로 변화한다. 다시 이야기를 한다면 己土는 그대로인데 甲木이 土로 변화한다는 것이다. 십신으로 이야기를 한다면 정관(正官)과 정재(正財)의 합으로 이상적이라고 하여 중정지합(中正之合)이라고 표현한다. 이를 자연으로 해석한다면 수없이 많은 이야기를 할 수가 있겠지만 우선적 원인을 알아야 할 것이다.

甲木의 살아있는 미세한 바이러스가 己土의 구름 속에 가득하고 구름과 구름이 부딪쳐서 발생하는 것이 우레다. 그래서 甲木을 우레로 표현하는 것이다. 때문에 필요에 따라서 甲木을 土로 볼 수가 있다는 것이다. 다시 이야기를 한다면 木의 목적은 집단적(集團的)이라고 할 수가 있다는 것이다. 己土 구름의 근본이 水라고 하는 것으로 己土는 수분(水分) 덩어리라고 할 것이며 구름 속에 모든 오행이 들어있다는 것이다.

다시 이야기를 한다면 먼지(土)와 수분(水)으로 이루어져있는데 속에 살아있는 미생물(木)이나 꽃가루 그리고 철분(金)등이 많으며 부딪쳐서 발생하는 번개(火)가 있으니 오행 덩어리라고 할 수가 있다. 이러한 사실을 학문으로 알 수가 없지만 자연 속에서 바라보면 확연하게 알 수가 있다는 것이다.

乙庚合金

확실한 구조나 모양을 갖추고자 하는 목적으로 슴을 하는 것이다. 乙木은 庚金과 슴을 하여 金으로 화(化)하는데 이는 목적을 두고 金으로 변화하는 것이지 완전하게 金으로 가는 것은 아니라고 할 수가 있다. 학문적으로 인의지합(仁義之合)이라고 하는데 이는 지극히 당연하다는 의미이다. 자연의 생사여탈(生死與奪)은 乙木의 바람과 庚金의 중력 때문이라고 할 수가 있다.

乙木의 목적은 열매이며 이를 庚金으로 표현하는데 씨앗이란 영원하길 바라며 종족번식의 자연법칙을 충실하게 따르는 것이라고 할 수가 있다. 바람이라는 것은 지나고 나면 다시는 돌아올 수가 없는 것으로 항상 새롭고 신선한 공기순환으로 이해할 수가 있으며 이렇게 합의 조건을 확실한 목적으로 드러내고자 한다는 것이다.

庚金은 달이라고 하는데 이는 거대한 바닷물을 움직이게 하는 것이다. 하여 庚金을 水의 조력자라고 하는 것이며 金生水의 깊은 의미는 바로 달의 중력(重力)으로 물이 움직여서 썩지 않게 하는 것이라고 하는 것이다. 또한 乙木의 바람이 수분을 증발시켜 이물질과 분리하여 맑고 깨끗하게 바꿔 놓는다.

丙辛合水

모습을 드러내지 않고 낮은 곳이나 감추고자 하는 목적으로 合을 한다는 것이다. 하여 학문적으로 점잖고 엄숙하다고 하여 위엄지합(威嚴之合) 이라는 단어를 가지고 있지만 부정적으로 해석한다면 완전히 다를 것이다. 자연에서 이해를 하려고 한다면 丙火의 태양이 열 기운으로 辛金의 서리가 물로 변화한다고 하여 合水로 표현하는 것이다.

丙辛合水는 상시 이루어지는 것이 아니고 어떠한 조건에 의하여 이루어지는 것이다. 다시 이야기를 한다면 丙辛이 합하는 시간(時間)을 이야기하는 것이다. 이를 알지 못하고 전해지는 문자에 따라서 이해하지 말고 자연의 섭리에 따라서 응용한다면 대단한 가치를 알 수가 있을 것이다.

丙辛合水는 액체이다. 때문에 아래로 떨어지며 그렇게 대단한 것은 아니라고 할 것이다. 다시 이야기를 한다면 표면위에 흔적을 남길 정도라고 할 수가 있으며 지속적으로 이어진다는 것은 자연으로 보면 참으로 어려울 것 같다. 이러한 丙辛合水의 깊은 의미를 알고 십신으로 해석하여야 할 것이다.

丁壬合木

새로운 무엇인가를 창출(創出)하려는 목적으로 합을 한다는 것이다. 丁火의 빛은 壬水를 직선(直線)으로 통과하지 못하고 굴절(屈折)되어 통하려고 하는 것이다. 이를 자연으로 이야기를 하고

자 한다면 壬水라는 액체의 물에 丁火의 은은한 빛이 장시간 통(通)하면 무엇인가가 생겨난다는 것이다. 그래서 合木으로 새로운 생명체의 원인이 발생되는 것이다.

학문적으로 인수지합(仁壽之合) 이라고 하는데 이는 긍정적인 표현이며 부정적으로 음란지합(淫亂之合) 이라고 하는 경우도 있다. 이는 자연은 종족번식(種族繁殖)을 비밀스럽게 하는 것을 원칙으로 하기 때문이며 생명을 가진 것은 장수(長壽)를 기원하기 때문에 인수(仁壽)라는 표현을 하는 것으로 이해한다.

丁火가 壬水를 만나서 직선으로 통과를 하지 못하고 굴절되어 통과하지만 결과적으로 이야기를 한다면 丁火는 壬水를 만나서 굴절과 동시에 미약하게 깨지면서 열 기운으로 변화한다고 할 수가 있다. 때문에 깊은 곳에 빛이 들어가지 못하는 원인이 될 것이다. 丁火와 壬水의 관계를 깊이 사유(思惟)하여 보면 무수히 많은 뜻을 전하고 있다.

戊癸合火

어떠한 뜻을 이루기 위하여 순간적으로 合을 하는 것으로 목적을 두고 있는 것은 아닌듯하다. 그래서 학문적으로 무정지합(無情之合)이라는 표현을 쓰는 것 같다. 이를 자연으로 이해를 하고자 한다면 戊土의 허공에 불생불멸(不生不滅)하는 癸水가 가득하다는 것이다. 하지만 이렇게 가득한 癸水도 戊土의 도움을 받지 못하고 항상 허공을 헤매는 상황이라서 火라고 표현한다.

때문에 癸水는 戊土의 공간속에 항상 머물지 못하고 조건에 의하여 다양한 변화를 하면서 잠시 잠깐 戊土와 合을 할 뿐이다. 戊癸合火는 목적이 아닌 조건에 의하여 잠시 合을 하는 것이다. 다시 이야기를 한다면 他에 의하여 이루어졌다가 조건이 흩어지면 사라지는 것이라고 할 것이다.

癸水는 戊土의 공간속에 가득하다. 그리고 내리는 것도 아니고 올라가는 것도 아니다. 또한 戊癸合火를 표현할 때 어떠한 火인가를 알아야 한다. 여기서 火라고 하는 것은 水가 火의 도움으로 가벼워서 대기 중에 떠있다는 것이다. 때문에 본질은 火가 아닌 水라고 하여야 할 것이다.

5) 지지(地支)

지지는 12가지 동물로 표현하고 있다. 이는 그럴만한 사유가 있어서 이러한 동물들로 표현하였구나 하고 의심을 가져보면서 다양한 이야기를 할 수가 있어야 한다. 자연 속에는 수만 가지의 동물들이 살아가는데 어찌하여 이러한 동물이 지지로 선택하였을까 하고 생각을 하여야 할 것이며 장생(長生)과 제왕(帝王) 그리고 묘지(墓地)로 나누어서 이야기를 하여야 할 것이다. 뿐만 아니라 12지지를 3가지로 나누어져 있는데 이렇게 나누어진 것을 또 다시 4가지의 성향으로 분리하였다.

이것도 부족하여 12운성이라는 것으로 나누어서 세상사의 모든 것을 단한자의 글속에 수만 가지의 뜻을 감추어두고 있다는 것이다. 후학들이 부단하게 노력을 하였지만 대자연속에서 알아차리지 못하고 깊이 있게 연구하지 못하여 십신을 이용한 약간의 풀이와 물건도 모르고 오로지 저울질하는 것으로 만족할 뿐이다. 이를 두고 격 국과 용신 그리고 운이라는 것이다.

지지 속에 감추어둔 수많은 비밀을 전부 이해는 할 수가 없지만 어느 정도 까지는 알고 이를 십신으로 풀어야 한다는 것이다. 이를 이해 못하고 십신으로 이야기를 한다는 것은 눈을 가리고 코끼리의 다리를 만져보고 전체를 예측하는 것과 같을 것이다. 지금부터 지지의 글을 어느 정도까지는 이해를 하여보자. 물론 지장간을 이해한다면 이미 수없이 많은 비밀을 알아차릴 수도 있었을 것이다.

자(子)

子水를 자연으로 이야기한다면 오로지 맑은 물이 넘쳐나고 끊임없이 흐르면서 액체(液體)는 차고 맑으며 기체(氣體)는 서리가 되어 내린다. 흐르는 물의 표면이 얼면서 고체(固體)로 변화한다. 계절은 동지(冬至) 달이라서 물이 차고 가장 맑은 음력11월이다. 시간은 야밤으로 아무것도 보이지 않는 칠흑 같이 어두울 때이다. 어두운 밤에 할 수 있는 것은 아무것도 없다. 오로지 몸을 낮추거나 감추고 충분한 휴식을 취하면서 기다림 속에 어둠을 벗어나는 것이 최우선이다.

예문)
시 일 월 년
丙 庚 戊 己
戌 申 辰 亥

일주에서 시작한 申子辰合水에서 子水식신(食神)이 보이지 않는다.

그래서 음신(陰神)으로 작용하여 간절하게 바란다는 것이다.

하여 子水식신(食神)의 성향은 정인(正印)과 상관(傷官)이라고 할 수가 있지만 三合을 이루면서 편인(偏印)과 식신(食神)으로 해석하여야 한다.

"庚金은 새롭고(合水) 전문적인(辰土) 학문을 시작(申金)한다."

축(丑)

丑土를 자연으로 이야기를 한다면 어두운 동굴 같은 곳이라고 할 수가 있으며 이러한 공간에서 할 수 있는 것은 아무것도 없다. 오로지 자신의 몸을 최대한으로 응축(凝縮)하고 깊이 열(熱)을 저장하여야 할 것이다. 계절은 섣달이라고 하여 만물이 얼어붙은 음력12월이다. 시간은 머잖아 여명(黎明)이 찾아드는 가장 깊은 밤이다. 수없이 많은 것을 압축하여 또 다른 무엇으로 변화하기 위해 준비하는 과정이다.

예문)

시 일 월 년
甲 乙 戊 戊
申 丑 午 午

일주 乙丑土편재(偏財)다.
편재(偏財)의 성향은 오로지 정재(正財)이므로 밀도가 가장 좁다.
하여 乙丑은 이러할 것이다.
"외형으로는 자유스럽고 넉넉하게 보이지만 실제 그러하지 못하고 노력은 하지만 자신감이 부족하여 공격적이지 못하고 오히려 참고 기다리는 편이다."

인(寅)

寅木을 자연으로 이야기를 한다면 초봄에 나무에 새싹이 돋아나는 것이다. 앞을 예측할 수는 없지만 천천히 모습을 드러내고자 하는 것이다. 계절은 정월(正月)이라고 하여 만물이 깨어나는 음력1월이다. 시간은 태양이 서서히 모습을 드러내는 때이며 역마(役馬)라고 하지만 이는 아주 천천히 시작하는 과정이라고 할 것이다. 생겨나는 모든 것이 경쟁하듯 할 것이다.

예문)

일 시 월 년
癸 乙 己 甲
未 卯 巳 寅

일주 乙卯비견(比肩)이 년지 寅木겁재(劫財)와 합을 하고 있다.

겁재(劫財)가 역마(驛馬)이며 해석은 비견(比肩)과 편인(偏印)으로 풀어야 한다.

寅木역마(驛馬)의 성향은 느리지만 지속적이다.

하여 乙卯의 학창시절은 이러하였을 것이다.

"또래친구(方合)들 속에 오래 동안 중심(甲木)이 되어 어울리고(合木) 싶다."

묘(卯)

卯木을 자연으로 이야기를 한다면 살아있는 모든 것은 건강하고 부드러워 쉽게 꺾이지 않을 것이다. 계절은 봄기운이 가장 왕성하며 살아있는 모든 것은 싱싱하여 생기가 넘쳐날 때이며 강력한 도전 의식이 살아나는 음력2월이다. 시간은 의식(意識)이 완전하게 회복하여 경쟁할 준비를 하는 때이다. 절대적인 공격성을 가지고 나가야 한다.

예문)

시 일 월 년
辛 辛 丙 辛
卯 巳 申 丑

시주에 申金비견이 卯木편재 절지(絶地)위에 있다.

일주 辛金은 집안에서 배우자와의 관계가 극도로 불안하다.

卯木편재(偏財)를 해석하려면 겁재(劫財)와 정인(正印)으로 구성되어 있다는 것을 알고 있어야 한다.

하여 辛卯를 이렇게 해석할 수 있다.

"때가 되어 집으로 귀가하면 배우자가 불안하여 辛金의 눈치를 살피고 있다."

진(辰)

辰土를 자연으로 이야기 한다면 지금의 공간이 너무나 복잡하여 빠른 시간에 분리하지 못한다면 자멸(自滅)하고 말 것이다. 계절은 봄과 여름을 이어주는 어중간한 상태이며 서로가 다툼이 심하기 때문에 새로운 질서가 필요한 음력3월이다. 시간은 살아남기 위하여 무조건 넓은 곳으로 나아가야 할 때이다. 辰土는 자형(自刑)으로 수평적(水平的)으로 흩어진다. 환경적으로 최고의 공간이라고 할 수가 있다.

예문)
시 일 월 년
己 乙 庚 甲
卯 未 午 辰

년주 甲木겁재(劫財)가 辰土정재(正財)쇠(衰)지에 있다.

정재(正財)가 자형(自刑)으로서 오로지 편재(偏財)를 해석하여야 한다.

辰土의 성향은 저절로 옆으로 폭넓게 확장하려고 한다.

하여 甲辰정재(正財)의 외부 활동성을 이렇게 이야기하여 보자.

"밖(년 주)에서 업무(辰)상 철저하지 못하고 주먹구구식(未)으로 하다가 손실(甲)을 당한다."

사(巳)

巳火를 자연으로 이야기를 한다면 활동하기 좋은 기온이며 범위가 넓고 수없이 많은 경쟁자들로 이루어져 있지만 대부분 빈약하다는 것이다. 계절은 초여름이며 꽃들이 피어나고 곤충들이 왕성하게 수정(授精)하여 주고 꿀을 받아가는 음력4월이다. 시간적으로 이야기를 한다면 오전으로 하루의 70%이상의 생산을 하기 때문에 가장 활동적이고 힘을 많이 쓰는 때라고 할 것이다.

예문)
일 시 월 년
癸 乙 己 甲
未 卯 巳 寅

월주 己土편재(偏財)가 巳火상관(傷官)제왕(帝旺)지에 있다.

巳火상관(傷官)의 역마(役馬)를 해석하려면 식신(食神)과 편관(偏官)을 이용하여야 한다.

巳火역마(役馬)의 성품은 활동력에 비하여 성과가 적은 것이다.

하여 월주 己巳를 직업으로 이야기를 하여보자.

"최대한 과장된 언어(巳)를 구사하여 고객(甲寅)으로부터 목적을 이룬다(刑)."

오(午)

午火를 자연으로 이야기를 한다면 열기(熱氣)가 가장 강하여 지상의 만물은 활동하기 힘들 것이고 대부분 휴식을 취하려고 한다. 이러한 열들은 땅속 깊이 스며들어 간다. 계절은 태양열이 가장 뜨거운 음력5월이다. 또한 비가 가장 많이 내리는 장마철이라서 습도가 높아 쉽게 지쳐 나간다. 정오(正午)라고 하여 태양이 가장 가까워서 하루 중 가장 뜨거운 때이므로 많은 것들이 이 시간을 피하려고 한다.

예문)
시 일 월 년
庚 庚 乙 辛
辰 午 未 卯

일주 庚金이 午火정관(正官)목욕(沐浴)지에 있다.
정관(正官)이 자형(自刑)으로 상관(傷官)과 정관(正官)의 성향으로 해석하여야 한다.
午火는 스스로 火기운을 안으로 저장하여 두고 서서히 밖으로 드러낸다.
하여 경오(庚午)는 이렇게 해석한다.
"스스로 자신의 언행이나 외모에 대하여 칭찬을 받고 싶다."

미(未)

未土를 자연으로 이야기를 한다면 가장 더운 공간이라고 할 수가 있다. 스며들어간 열(熱)이 돌아서 올라오고 햇볕이 강하다. 지금까지 한곳으로 집중하던 것들이 하나 둘 흩어지기 시작하는 음력6월이다. 이 시점에서 자신의 정체성을 잃어버리기 쉬운 때이므로 긴장하여야 할 것이다. 반환점을 돌아 서서히 저물어가기 때문에 무엇인가를 준비하여야 할 것이다.

예문)
일 시 월 년
癸 乙 己 甲
未 卯 巳 寅

일주 乙卯는 시주에 未土편재(偏財)를 두고 있다.
시주 癸水편인(偏印)은 未土편재(偏財)묘(墓)지에 있는데 이를 合하고 있다.
未土의 성품이 아래에서 위로 올라와서 일정한 방향 없이 흩어진다.
하여 未土는 오로지 정재(正財)를 요구하여 아주 미세하게 시작하여 무엇인가를 이루고자 한다는 것이다.
"평소에 조금씩 모아둔 재물이 나가고서 돌아오지 않는다."

신(申)

申金을 자연으로 이야기를 한다면 새로운 공간을 만들고자 하는 때이다. 알알이 영글어가는 열매 속에 과즙이 차고 대지의 열기는 식어가지만 따가운 햇살이 살아나는 음력7월이다. 또 한 번의 고비가 있을 수가 있으며 더욱 단단하게 성숙하여 결과를 보려고 하여야 한다. 새로운 공간을 만들어 영원히 유전자(遺傳子)를 이어가고자 부단한 노력을 하여야 한다.

예문)
시 일 월 년
丙 辛 壬 丁
申 亥 寅 酉

일주 辛亥상관(傷官)이 시주 丙申과 合水식신(食神)으로 대변하고 있다.

申金겁재(劫財)역마(役馬)의 성품은 목적이 확실할 때 전력 질주하는 것이다.

申金겁재(劫財)를 해석하려면 편관(偏官)과 비견(比肩)을 이용하여 겁재(劫財)를 설명하여야 된다.

즉 "어렵지만(편관) 살아남으려고(비견) 열심히 뛰어본다(겁재)."

유(酉)

酉金을 자연으로 이야기를 한다면 가장 단단하게 자신만의 공간을 만들어서 또 다른 무엇인가를 남기고자 할 것이다. 강열한 햇살을 이용하여 새롭게 만들어진 공간을 깨어지지 않도록 하려고 하는 음력 8월이다. 환경적인 조건이 맞으면 저절로 자신의 모든 것을 희생하여 새로운 공간을 만들려고 할 것이다. 酉金의 자형

(自刑)은 위에서 아래로 흩어지는 경우가 많다.

예문)
시 일 월 년
壬 癸 己 癸
戌 酉 未 卯

일지에 酉金편인(偏印)이 자형(自刑)으로 자리 잡고 있다.
酉金편인(偏印)을 해석하려고 한다면 성품과 성향을 알아야 한다.
성품은 저절로 터져서 떨어지고 오래 동안 전하고 싶어 한다.
성향은 본성이 정관(正官)으로서 겁재(劫財)를 두고 있다.
"스스로(자형) 기술을(편인) 익혀서(정관) 살아남으려고(겁재) 한다."

술(戌)

戌土를 자연으로 이야기를 한다면 열기(熱氣)는 미약하지만 볕이 따갑고 다음을 서서히 정리하는 때이다. 이공간은 건조(乾燥)하여 최대한 높이 오르게 하려고 무거운 수분을 건조시키는 음력 9월이다. 이때를 놓치면 다음을 기약할 수가 없으므로 외형을 단단하게 하고 가벼워야 한다. 최대한 몸집을 응축하여야 다음이 편안하다.

예문)

시 일 월 년

壬 癸 己 癸

戌 酉 未 卯

시지에 戌土정관(正官)이 겁재(劫財)를 생각하고 있다.

戌土의 성품은 높이 쌓여가는 것을 원한다.

하여 편재(偏財)를 좋아한다.

戌土편재(偏財)가 壬水겁재(劫財)를 생각하는 것을 이렇게 해석한다.

"제자리(정관)에 있어야 하는데 그러하지 못하고 무질서(겁재)하다."

해(亥)

亥水를 자연으로 이야기를 한다면 스스로 다음을 위하여 쉬어야 하는 때이며 이를 어기고 지속적으로 진행한다면 능력이 떨어지고 지쳐서 뜻을 이루기 어려울 것이다. 어떠한 경우라고 하여도 쉬어갈 준비를 하여야 하는 음력10월이다. 만물이 水에서 시작하여 水에서 마무리하는 것으로 水를 벗어나면 종말(終末)이라고 할 것이다.

예문)

시 일 월 년

癸 壬 己 丙

卯 辰 亥 午

월지에 亥水자형(自刑)이 비견이란 이름으로 괴롭힌다.

亥水역마(役馬)의 성품은 내가 움직이는 것이 아니다.

그리고 성향은 편인(偏印)과 식신(食神)을 이용하여 해석하라고 한다.

己土정관(正官)과 亥水편인(偏印)을 응용하여 월지에 해당하는 물음에 답을 하여야 한다.

"평소 새로운 전문지식에 관심을 두고 깊이 파고든다."

장생

寅 : 천천히 시작하여도 강력한 힘을 가지고 있다.

巳 : 빠르게 활동하지만 힘은 약하다.

申 : 목적이 확실할 때 강력하게 추진하지만 목적이 없으면 미약하다.

亥 : 외형은 움직임이 없고 내용은 움직인다.

제왕

子 : 가장 맑은 때이다.

卯 : 가장 푸르고 건강하다.

午 : 가장 열 기운이 강하다.

酉 : 가장 확실한 결과이다.

묘지

辰 : 수평적으로 나누어야 한다.

未 : 분열하여 사방으로 휘날린다.

戌 : 높이 쌓아두어야 한다.

丑 : 최대한 부피를 줄여서 감춘다.

6) 십신(十神)과 6하 원칙

　십신(十神)이라고 하는 것은 가장 작은 단어를 가지고 가장 많은 이야기를 할 수 있도록 만들어진 것이라고 할 수가 있다. 십신을 이야기 하려고 한다면 우선적으로 6하 원칙에 의하여 1)누가 2)언제 3)어디서 4)무엇을 5)어떻게 6)왜? 라고 하는 틀에 적합하게 이야기를 엮어가야 할 것이다. 그렇게 하고자 한다면 십신이 가지고 있는 의미를 이해하고 이를 응용할 줄 알아야할 것이다.

　십신은 긍정적인 5가지가 있는데 이를 비견(比肩) 식신(食神) 정재(正財) 정관(正官) 정인(正印) 이라고 할 수도 있다. 부정적인 5가지는 겁재(劫財) 상관(傷官) 편재(偏財) 편관(偏官) 편인(偏印)으로 분류하였다. 하지만 경우에 따라서 긍정적인 십신이 오히려 부정적인 표현으로 사용하여야 할 경우도 있으며 상황에 따라서 부정적인 십신이 긍정적인 작용으로 해석되는 경우가 왕왕 있다는 것이다.

　정확하게 이것이다. 라고 할 수가 없다는 이야기이며 표현에 따라서 긍정과 부정이 충분하게 바뀌는 경우가 있으므로 표현의 자유스러움을 강조하는 것이다. 가장 적은 단어를 가지고 가장 많은 이야기를 엮어낸다는 것은 어떠한 방법을 가지고 있어야 하며 십신 이전에 천간과 지지가 전하고자 하는 다양한 의미를 이해하고 合이나 형(刑) 그리고 충(沖)파(破)해(害)와 원진(怨瞋)을 응용하여 적절한 표현을 하여야 할 것이다. 지금의 환경(環境)과 인연(因緣)을 알고자 한다면 부여된 십신으로 이야기를 풀어내면 되는 것이다. 십신으로 표현할 수 없는 것이 없다는 것을 명심하여야 할 것이다.

비견(比肩) : 동일한 조건에서 성향이 같다.

비견이라고 하는 것은 오행과 음양이 같다는 것이다. 다시 이야기를 한다면 모든 것이 같다는 의미이며 이를 6하 원칙에 의하여 이야기하여 보자.

1) 누구

인연 이야기이며 가깝게는 형제(兄弟)이고 멀게는 같은 방향으로 함께 가는 동행자일 것이다.

2) 언제

시간적인 이야기이므로 초각(初刻)에서 지금이라고 할 것이며 일상에서는 상시(常時)라고 할 것이다.

3) 어디서

장소를 이야기 하는 것으로 정적(靜的)으로 내가 멈추고 있는 곳이라고 할 수가 있으며 동적(動的)으로 자주 가는 곳 이라고 할 수가 있다.

4) 무엇이

원인이라고 할 수가 있다. 또는 목적이라고 볼 수가 있는데 원인은 항상 갈망하는 것이며 목적은 내가 항상 원하는 것이라고 할 수가 있다.

5) 어떻게

방법론이라고 할 수가 있다. 이는 평소에 가장 많이 쓰는 것이라고 할 수가 있으며 지금의 버릇처럼 하는 것이라고 할 수도 있으며 과거의 업(業)이라고 하여도 될 것이다.

6) 왜?

답을 구하고자 하는 의문점이다. 다시 이야기를 한다면 비견(比肩)은 왜? 인가라고 한다면 지금의 상황(狀況)에서 영원히 변함없이 그대로 있고 싶어서 라고 할 수가 있다.

겁재(劫財) : 동일한 조건이면서 성향이 다른 것이다.

겁재라고 하는 것은 오행은 같으나 음양이 다른 것으로 외형(外形)은 같으나 내용이 다른 것을 이야기하는 것이다. 이를 6하 원칙에 의하여 이야기를 하여보자.

1) 누가

나 이외의 인연으로 가깝게는 누이이며 멀게는 같이 가는 동행자이면서 서로 다른 목적을 가지고 있다는 것이다. 다시 이야기를 한다면 동상이몽(同床異夢)이라고 할 수가 있다.

2) 언제

시간적 이야기 이므로 지금 이전이나 현재가 아니면 과거나 미래라고 할 수가 있다. 다시 이야기를 한다면 약속된 시간에서 조금 벗어난 때라고 할 수가 있다.

3) 어디서

장소는 지금의 중심점에서 벗어나 있는 곳이라고 할 수가 있다. 즉 목적지에서 벗어난 곳이라고 할 것이다.

4) 무엇을

원인이 불분명하다는 이야기로 목적에서 조금 벗어나서라고 할 수가 있다. 다시 이야기를 한다면 정상적이지 못하고 편법으로 진행하는 것이다.

5) 어떻게

방법은 상식적이지 못하고 자신만의 방법으로 진행하고자 하는 것이다. 의욕이 강하기 때문에 주변의 인연들이 이해하기 어려울 것이다.

6) 왜?

사유를 묻는 것이다. 하지만 이를 피하고 싶은 것이 겁재(劫財)이다. 어떠한 사유를 따지고자 하지 않겠다는 것이다. 때로는 극심한 논쟁으로 시비가 발생할 수도 있다.

식신(食神) : 항상 새로운 것이다.

식신이라고 하는 것은 나를 생하여주는 오행으로 음양이 같은 것이다. 때문에 새로운 것이 시작되는 것이며 때로는 새로운 것을 위하여 끊임없이 연구하는 것이라고 할 수가 있다. 이렇게 무엇인가가 처음으로 드러나는 것으로 일체의 문제가 없는 순수한 그것이다.

1) 누가

누구라고 하는 것은 새로운 인연을 이야기하는 것이다. 가깝게는 나 이외의 인연이나 찾아오는 객(客)이라고 할 수가 있지만 멀게는 완전히 새로운 인연이니 신생아(新生兒)일 수도 있다.

2) 언제

한 번도 경험하여보지 못한 느낌이라고 할 것이다. 언제라는 것은 시간적인 개념이라서 행위적인 표현이 어려울 것이다. 즉 첫 경험을 하는 순간이라고 할 수가 있을 것이다.

3) 어디서

항상 새로운 곳이라고 할 것이며 전혀 가보지 못한 곳이라고 할 수가 있다. 호기심이 많아서 탐험하듯 찾아가는 곳은 식신(食神)이다.

4) 무엇을

호기심을 가지고 있는 것이며 그 어떠한 것도 새롭게 시작되는 것이라고 할 수가 있을 것이다. 그래서 개발되는 것이나 연구에 의하여 만들어지는 것이라고 할 것이다.

5) 어떻게

처음으로 어떠한 방법을 찾아낸다는 것이 그리 쉬운 것은 아니다. 무엇인가를 이루기 위하여 새로운 방법을 찾아내는 것이라고 할 수가 있다.

6) 왜?

호기심을 이야기 하는 것이며 항상 새로운 답을 구하기 위하여 끝임 없이 노력하는 것으로 표현가능 한 것이다. 궁금하면 견디지 못하는 것이다.

상관(傷官) : 새로운 것이지만 흠이 있다.

상관이라고 하는 것은 生하여주는 오행으로 음양이 다른 것이다. 이는 어떠한 상황에서 새롭게 진행되는 것인데 흠이 발생하는 경우라고 할 것이다. 즉 어떠한 문제가 발생하여 정상적이지 못하다는 것이다. 순수하지 못하고 결함이 있다는 것으로 이해하면 좋을 것이다. 결함을 이야기 할 때 긍정적인 표현과 부정적인 표현은 완전히 다를 수가 있다.

1) 누가

인연으로 이야기 한다면 예전부터 알던 관계로서 자신과 동일하지 못하고 본래의 모습이 변화한 것 같다고 할 수가 있을 것이다. 때로는 장애인으로 이야기가 가능할 것이며 여하한 경우라고 하여도 자신과의 비교에서 다른 모습으로 드러내는 것이다.

2) 언제

약속되지 않은 시간이라고 할 수가 있다. 때문에 시간관념이 희박할 수가 있을 것이며 약속에 대한 신뢰가 떨어진다고 할 것이다.

3) 어디서

장소를 이야기한다면 일반적이지 못하고 특정한 곳이라고 할 것이다. 이러한 곳은 특정한 사유로 인하여 남다른 환경을 원하는 경우라고 할 것이다.

4) 무엇을

부정적인 표현이 어울릴 것이다. 어떠한 규정에 의하여 원인을 알고자 하는 것이 아니고 경험이나 특이한 방법을 이용하여 원인을 알고자 하는 것이다.

5) 어떻게

방법론에서 정상적인 방법을 사용하지 않고 어떠한 목적을 이루기 위하여 약간의 편법을 이용하는 것이다. 그래서 지극히 정당하지 못하고 눈속임이라고 할 수도 있다.

6) 왜?

실수(失手)라고 할 것이다. 이는 오로지 자신의 중심에서 바라보고 공공(公共)의 생각은 저버렸기 때문이다. 하여 상당히 부정적이라고 할 수박에 없을 것이다. 가끔은 초과하여 발생되는 문제라고 할 수도 있다.

편재(偏財) : 타(他)를 생각하지 않는 자기 위주다.

편재라고 하는 것은 내가 상대를 극(剋)하는 것으로 음양이 같은 것이다. 이는 모든 것을 일방적으로 자기 위주로 하려고 하는 성향이 강하다. 때문에 타의 간섭을 싫어하고 즉흥적이라고 할 수가 있다.

1) 누가

일방적으로 모든 결정권을 가지고 있는 사람이라고 할 수가 있다. 물론 상대성에 의하여 가지는 결정권이다. 타(他)의 간섭을 싫어하는 인연이라고 할 수가 있다.

2) 언제

시간의 개념을 가지고 있는 물음일 것이다. 이에 자신이 가장 편리한 시간이라고 할 것이다. 항상 자신을 중심으로 하여 만들어진 시간이라고 할 것이다. 좀 더 진화된 이야기는 일방적으로 행하고자 하는 시간이라고 할 수가 있다.

3) 어디서

공간적인 답을 하여야 할 것이다. 이러한 공간이 정하여진 것이 아니고 임의로 정하거나 편리한 곳으로 설정된 공간이라고 할 수가 있을 것이다. 즉 장소를 가리지 않는다는 이야기가 되는 것이다.

4) 무엇을

자신이 가장 잘하는 또는 자기 마음대로 설정 가능한 것이라고 할 수가 있다. 무엇이든 자유롭게 목적을 설정한다는 것은 편재의 특권일 것이다.

5) 어떻게

방법을 제시하라고 한다면 분명 명확한 해답이 없을 것이다. 이는 즉흥적일 수도 있고 타의 지시 하에 방법을 따르는 것이 아니기 때문이다. 오로지 자기 방식대로 진행할 것이다.

6) 왜?

자기 생각대로 진행되는 것이라서 의문을 가지지 말라는 것이다. 다시 이야기를 한다면 묻지도 따지지도 말라는 것이다. 이는 즉흥적이라서 설명하기 어렵고 어쩌다 그럴 수밖에 없을 것이다.

정재(正財) : 나의 생각을 타(他)와 상의는 하지만 자기 위주다.

정재라고 하는 것은 내가 극(剋)하는 오행으로 음양이 다른 것이다. 이는 자기 위주로 일을 처리하지만 일방적이지 못하고 타협적이며 상대의 의사를 최대한 생각하면서 자기 쪽으로 유도(誘導)하는 것이다.

1) 누가

상호 의논하지만 정재(正財)가 우선권을 가지고 있다는 것이다. 때문에 보다 가까운 인연이라고 할 수가 있을 것이다.

2) 언제

가장 타협적이고 합리적으로 결정된 시간이라고 할 수가 있을 것이다. 하지만 자기위주의 시간을 정하고자 할 것이다.

3) 어디서

사전에 약속되어 있을 것이고 최대한으로 정확한 공간이라고 할 수가 있다. 상호간 사전에 조율(調律)되어 있는 공간으로 이해하자.

4) 무엇을

이미 약속되어 있는 것으로 상호 목적이 설정되어 있다는 것이다. 가장 합리적인 방법으로 서로의 긴밀한 협력관계를 유지하려고 할 것이다.

5) 어떻게

모든 면에서 긴밀하게 약속한 방법으로 가장 정확하게 처리하고자 할 것이다. 세밀한 계획으로 정확하게 진행하고자 한다.

6) 왜?

결론은 가장 합리적이고 가장 정확하게 그리고 가장 가까이 접근하여 서로 타협적으로 답을 구하고자 최대한 노력할 것이다. 완벽하게 서로의 목적을 이루었다고 할 수가 있을 것이다.

편관(偏官) : 철저한 지배와 명령적인 권력에 속한다.

편관이라고 하는 것은 다른 오행이 나를 극(剋)하는 것으로 음양이 같다. 때문에 철저한 지배권이라고 할 수가 있다. 체계화되어 있으며 계급적으로 움직이는 조직의 지배구조 속에서 무조건이라고 할 수가 있다.

1) 누가

명령권자라고 할 수가 있을 것이다. 때로는 내가 명령권자가 될 수도 있다. 때문에 극(剋)과 극(剋)으로 이어지는 인연관계를 유지하는 것이다.

2) 언제

때를 알고 싶지만 가장 힘든 시기라고 할 수가 있으며 가장 고통스러운 그때일 것이다. 강제성에 의하여 자율권이 박탈당하고 오로지 강요나 명령에 따르는 시간이라고 할 수가 있을 것이다.

3) 어디서

가장 위험한 곳이나 접근이 어려운 곳이라고 할 수가 있을 것이다. 이를 뒤집어서 이야기를 한다면 가장 안전한 비밀스러운 곳이라고 할 수도 있다.

4) 무엇을

가장 위험한 또는 가장 높은 그 어떠한 한계치라고 할 수가 있을 것이며 때로는 가장 귀중한 것이라고 할 수도 있다. 이를 위하여 어려운 원인을 해결하여야 한다는 것이다.

5) 어떻게

조건 없이 무엇이든 견디어내며 어떠한 수단과 방법이라도 최대한 동원하여 뜻을 이루어야 한다는 것이다.

6) 왜?

최고의 모습을 보여주기 위해서라고 하며 그러다 뜻을 이루지 못하면 최악의 상황으로 갈 수밖에 없으니까? 라고 답을 할 수밖에 없다.

정관(正官) : 지배권에 속하지만 상당히 타협적이다.

정관이라고 하는 것은 다른 오행이 나를 극(剋)하는 것으로 음양이 다르다. 이는 지배권에 속하여 있다고 하지만 피지배권자와 상대적으로 협상을 하여 철저한 지배권이 아니라 일정한 계급적으로 구조가 이루어져 있다.

1) 누가

인연을 이야기한다면 어떠한 구조 속에서 통재를 위한 상급자나 하급자라고 할 수가 있다. 때로는 공인된 자라고 할 수도 있으며 일정한 자격을 갖추고 있는 지도자라고 할 수도 있다.

2) 언제
이미 약속되어 있다는 것이다. 그러하기 때문에 시간의 개념이 정확하여야 할 것이다. 만약 약속된 시간이 없다면 정관(正官)이라고 할 수가 없다.

3) 어디서
합리적으로 지정된 곳이라고 할 수가 있으며 충분하게 보호받을 수가 있는 곳이라고 할 것이다. 만약 지정되지 못하고 보장되지 못한 곳이라고 한다면 문제가 있을 수가 있다.

4) 무엇을
목적으로 이야기를 꾸며보면 인정받기 위한 틀이라고 할 수가 있다. 모든 것은 자율적이지 못하고 어떠한 규정에 알맞게 되어있어야 한다는 것이다.

5) 어떻게
방법이다. 나름대로 정하여진 규정이나 계획에 의하여 진행하여야 할 것이며 이를 벗어나면 잘못된 것이라고 할 것이며 인정받기 어려울 수도 있다.

6) 왜?
약속이라고 할 수밖에 없다. 모든 것이 합의된 상태이기 때문에 어길 수가 없다는 것이다. 서로 약속한 원칙에 의하여 한 치의 오차도 없이 진행하기로 하였기 때문이다.

편인(偏印) : 일체 알 수가 없다.
편인이라고 하는 것은 나를 낳아주는 관계로 음양이 같은 것이다. 이는 그 무엇도 알 수가 없다는 의미이고 불확실한 것이며 한쪽으로 치우쳐있다는 것이다. 하여 타인이 알 수 없는 무엇을 편인은 가장 잘한다는 것이다.

1) 누가
오로지 나만을 위하는 인연이라고 할 것이다. 다시 이야기를 한다면 가족의 최고 어른이시다. 하여서 다양하고 오래된 경험으로 그 경지를 가늠할 수가 없는 상당한 전문가이다.

2) 언제
확정되지 못한 불규칙으로 때를 예측할 수가 없다는 것이다. 다시 이야기를 한다면 지금을 중심으로 하여 과거인지 미래인지 알 수가 없다는 것이다.

3) 어디서
불확실한 곳이라고 할 수밖에 없을 것이다. 약속되지 못한 공간으로 하시(何時)라도 바꾸어질 수가 있다는 것이다. 확인 전까지는 알 수가 없다는 것이다.

4) 무엇을

미확인된 그 무엇인가를 알 수가 없기 때문에 두리 뭉실한 이야기로 상대방이 가늠하기 어려운 이야기를 할 수밖에 없을 것이다. 소설(小說) 같은 내용일 수도 있다는 것이다.

5) 어떻게

참으로 난감할 것이다. 일정한 규칙이나 정해진 방법이 없기 때문이다. 그냥 즉흥적 임시방편적(臨時方便的) 생각에 의하여 이루어지는 것이라고 할 것이다.

6) 왜?

스스로가 알 수가 없기 때문이다. 다만 어떠한 경험에 의하여 또는 경륜에 의하여 절로 이루어지는 것이기 때문일 수도 있지만 너무 완벽할 수도 있다는 것이다.

정인(正印) : 어느 정도까지는 알 수가 있다.

정인이라고 하는 것은 나를 生하여 주는 오행으로 음양이 다른 관계이다. 이는 인간사로 이야기를 한다면 어머니에 해당하는 것으로 흔히 어머니의 마음을 어느 정도까지는 이해할 수가 있다는 것이다.

1) 누가

어머니라고 할 것이다. 이는 불변의 법칙이며 천륜의 관계이다. 그래서 정확한 답을 구할 수가 있다는 것이다. 나에게 이로움을 주는 인연관계일 것이다.

2) 언제

가장 편안한 때라고 할 수가 있을 것이다. 이는 정인(正印)의 포근함을 시간으로 변환한다면 아주 편안한 때라고 할 수가 있을 것이다.

3) 어디서

가정(家庭)일 것이다. 가정으로 돌아가면 그곳에는 정인(正印)이 나를 편안하게 하여줄 것이다. 그래서 가장 편안한 곳이라고 할 수가 있다. 부담 없이 머무를 수 있는 곳은 어머니 품속이 가장 아늑할 것이다.

4) 무엇을

가장 확실하게 나를 위해주는 그 무엇일 것이다. 완전하게 알 수는 없지만 어느 정도 의지하고 믿는 것이다.

5) 어떻게

서로 믿음을 가지고 약정된 상태라고 할 수가 있을 것이다. 이는 믿음이 없으면 불가능할 것이며 서로에게 약속된 관계라고 할 수가 있다.

6) 왜?

상호간 이미 정하여진 약속이 있으므로 그렇게 진행되는 것이라고 할 것이다. 만약 서로가 알지 못하는 관계에서 이루어진 약속이라고 한다면 오로지 답은 부정적일 수밖에 없을 것이다.

15

오행과 십신(十神) 그리고 자연과 인간 관계

15.
오행과 십신(十神)
그리고 자연과 인간 관계

1) 木 : 나무(比劫)=살아있다.

　木이라고 하는 것은 살아있는 것이라고 할 수가 있다. 살아있는 것으로 甲木을 무실(無實)이라 하고 乙木을 유실(有實)이라고 한다. 살아있다는 것은 암컷과 수컷으로 나누어진다. 다시 이야기를 한다면 살아있다는 것은 비견(比肩)과 겁재(劫財)이다. 비겁(比劫)은 항상 살아있다는 것이다. 하여 비견(比肩)은 수컷의 성향을 많이 가지고 있을 것이며 겁재(劫財)는 암컷의 성향을 가지고 있다는 것이다.

　자연에서 나무들이 너무 울창하면 서로 가지가 부딪칠 것이고 이로 인하여 열이 발생하여 화재(火災)가 일어난다. 이렇게 발생한 화재는 우거진 숲을 태우고 더 이상 태울 것이 없으면 저절로 꺼질 것이다. 화마(火魔)가 지나간 그곳에는 또 다른 숲이 생겨나게 될 것이다. 살아있는 것은 힘이다. 그래서 강하면 앞서가고 연약하면 따라가야 할 것이다. 생존경쟁이나 먹이사슬의 위치가 정하여지는 것이다.

　인간사에 비교하여보면 많은 사람과 사람이 경쟁으로 승자와 패자로 나누어지고 그로인하여 고통을 받을 것이다. 이러한 경쟁을 즐기면 운동일 것이고 이것이 경제 원리로 이야기를 한다면 어떠한 먹이 감을 두고 피나는 싸움이 벌어질 것이다. 때로는 두 무리가 전쟁을 치를 것이고 전쟁이 극(尅)에 달하며 고도(高度)의 화약(火藥)으로 만들어진 무기(武器)를 사용하게 될 것이다. 결과는 서로가 망(亡)하는 것으로 끝이 날 것이다. 이처럼 비겁(比劫)이라는 것은 극심한 경쟁으로 자신의 영역을 만들어갈 수밖에 없다는 것이다.

2) 火 : 불(食傷)=형체가 없다.
　火라고 하는 것은 형체(形體)가 없는 것이라고 할 수가 있다. 형체가 없는 것으로 丙火를 열(熱)이라고 하며 丁火를 빛(光)이라고 한다. 형체가 없다는 것은 열(熱)과 빛(光)으로 나누어진다. 이렇게 나누어진 것은 항상 새로운 에너지가 필요하기 때문에 이를 식신(食神)과 상관(傷官)이라고 하는 것이다. 다시 이야기를 한다면 식신(食神)은 열이라고 할 것이며 상관(傷官)은 빛이라고 할 것이다.

　자연에서 열(熱)과 빛(光)은 상당히 중요한 것이다. 대자연은 형체가 완벽하게 이루어진 것은 없다. 항상 변화(變化)하고 진화(進化)하며 때로는 사라질 것이다. 그래서 식상(食傷)의 영향력이 엄청날 것이며 식상(食傷)의 영향으로 다양한 모양으로 진화(進化) 또는 소멸(消滅)되는 것이다. 식신(食神)은 의(衣)식(食)주(住)이며 이것은 항상 새롭게 짓거나 만들거나 수정하여 이용하는 것이다. 다양한 응용을 하지 못하고 수정도 하지 못한다면 엄청난 문제가 발생할 수도 있을 것이다.

인간사에 비교하여 본다면 사람은 태어나면서부터 활동을 하여야 할 것이며 자신을 인정받고 보여주기 위하여 재능(才能)을 발휘하여야 할 것이며 꾸며야한다는 것이다. 그리고 잠시도 멈추지 않고 노력하여 천천히 새로운 것을 위하여 찾아야할 것이며 그러하지 못한다면 타인에게 희생을 당하여야 할 것이다. 이처럼 식상(食傷)이라는 것은 끝없이 노력하여 최고의 모습을 드러내고 인정받아야 할 것이다. 개개인의 장점을 드러내지 못하고 새로운 도전이 없다면 진화할 수가 없을 것이다.

3) 土 : 흙(財星)=받아드리는 공간

土라고 하는 것은 공간(空間)이라고 할 수가 있다. 戊土의 공간은 높고 넓으며 己土의 공간은 낮고 좁다. 다시 이야기를 한다면 무엇이든 받아드릴 수가 있는 공간이라고 하는 것으로 높고 넓은 것을 편재(偏財)라고 하며 좁고 낮은 것을 정재(正財)라고 할 수가 있을 것이다. 즉 공간이 형성되는 것은 무엇에 의존하지 않으며 방해도 받지 않을 것이다. 그래서 크고 넓은 것은 편재(偏財)라고 할 것이며 좁고 낮은 것을 정재(正財)라고 하는 것이다.

자연으로 이야기한다면 다양한 공간이 만들어져 있다는 것이다. 즉 아무것도 없는 무형(無形)의 공간과 많은 것으로 채워진 유형(有形)의 공간으로 이루어져 있는데 무형에는 구름이라는 작은 공간이 있을 것이며 유형에는 생명을 가진 무리와 생명이 없는 무리로 이루어진 공간이 있다는 것이다. 어떠한 능력이라고 할 수가 있을 것이다. 공간을 철저하게 관리한다면 이로움이 많을 것이지만 그러하지 못한다면 오히려 손실을 입게 될 수도 있다.

인간사에 비교하여 이야기를 한다면 형체 없는 것을 관장(管掌)하는 머리와 육신(肉身)으로 이야기할 수 있다. 그리고 육신을 지탱하기 위하여 다양한 장기(臟器)를 감싸고 있는 피부가 있다. 이러한 것들은 자율신경(自律神經)에 의하여 관리되며 피부도 내외의 관섭을 받지 않고 필요에 의하여 스스로 부피를 조율(調律)한다는 것이다. 이처럼 재성(財星)의 성향이 강하기 때문에 土라는 공간을 두고 무엇이든 받아드리는 것이라고 하며 때로는 외형의 변화에 구애받지 않는다는 것이다.

4) 金 : 쇠(官星)=단단하다.

金이라고 하는 것은 단단한 것이라고 할 수가 있다. 단단한 것은 자연스러운 庚金과 가공된 辛金으로 이루어진다. 단단하다는 것은 자연스럽게 이루어진 것과 타(他)에 의하여 단단하게 변화한 것으로 나누어진다. 다시 이야기를 한다면 자연스럽게 단단하여진 것을 편관(偏官)이라고 할 것이며 타에 의하여 단단하게 변화한 것은 정관(正官)이라고 하는 것이다.

자연으로 이야기를 하여보면 특이하게도 자연 속에는 金이라는 것이 없다는 것이다. 다시 이야기를 한다면 단단하게 만들어지는 것은 火의 영향에 의하여 이루어지는 것이기 때문에 이를 두고 옛 선인들께서 금화교역(金火交易)이라고 하신 것이다. 이는 자연의 이치이므로 타 오행에서 볼 수 없는 것이 金오행의 특징이라고 할 수가 있다. 고통 속에 비슷한 성분이 추출되고 이것이 어떠한 틀에 맞도록 가공된다고 할 수가 있다.

인간사에 관성(官星)은 자기가 만드는 것이 아니고 타인(他人)이 인정하여야 하는 것이다. 무리 속에 지도자를 뽑는 것도 관성(官星)이며 사회(社會)를 이끌어가려고 한다면 타인으로부터 능력(能力)과 지지(支持)를 받아야 한다는 것이다. 그래서 관성(官星)은 여하한 경우라고 하여도 스스로 만들어지는 것이 아니고 무엇으로부터 인정을 받아야 한다는 것이다. 다시 이야기를 한다면 어떠한 조건이 갖추어져 있는가를 검증하여 인정받는 것이다.

5) 水 : 물(印星)=흐르는 것

水라고 하는 것은 흐르는 것이라고 할 수가 있다. 흐르는 것은 壬水를 액체(液體)라 하며 癸水를 기체(氣體)라 한다. 어느 오행이든 흐른다고 한다면 水에 해당하는 것이다. 즉 흐르는 것은 지혜롭다고 하여 인성(印星)으로 표현한다. 水는 액체(液體)로 흐르는 것은 편인(偏印)의 성향이 강하고 기체(氣體)로 흐르는 것은 정인(正印)의 성향을 많이 간직하고 있다.

자연에서 물이라고 하는 것은 불어나는 것도 아니고 줄어드는 것도 아니다. 다만 그 모습이 감추어질 뿐이고 액체가 증발(蒸發)하여 기체로 변화할 뿐이다. 다시 이야기를 한다면 바닷물은 증발하고 증발된 물은 비가 되어 내리고 내린 것은 흘러 강(江)을 통하여 다시금 바다로 흘러드는 것이다. 자신의 모습을 드러내려고 하지 않고 많은 것을 위하여 희생한다고 할 수가 있지만 모습만 변화하여 부활(復活)한다는 것이다.

인간사에서 이야기를 한다면 인산인해(人山人海)라고 하는 말이 있다. 다시 이야기를 한다면 수없이 많은 사람들이 한 방향으로 몰려가는 것을 표현하는 단어이다. 그리고 水라는 것은 만물의 근원(根源)이요 근본(根本)이기 때문에 대자연의 젖줄이라고 하는 것이다. 그래서 인성(印星)의 다양한 뜻을 가지고 있다고 할 수가 있을 것이다. 이처럼 인성(印星)이 강하기 때문에 지혜(智慧)의 상징이요. 불생불멸(不生不滅)의 법칙을 가지고 영원하다고 할 수가 있을 것이다. 인간의 불안 죽음 같은 것을 무한절대적인 신(神)으로부터 보호받고 싶어 하는 종교(宗敎)로 이해할 수도 있다.

사주구성(四柱構成)

16.
사주구성(四柱構成)

　사주 구성은 태어난 그때를 년주 월주 일주 시주로 나누어서 사주(四柱)라고 하는 것이며 여기에 위로는 천간 아래로는 지지라고 하여 여덟 글자로 이루어져 있으니 팔자(八字)라고 하는 것이다. 천간은 무형(無形)으로 사람의 두뇌 속에서 일어나는 다양한 생각이라고 할 수가 있으며, 지지는 유형(有形)으로 사람의 육신에 해당하는 것이라서 현실적 이라고 할 수가 있다. 이렇게 이루어져 있는 사주팔자는 월주가 가장 강하다고 할 수가 있으며 다음은 일주이며 시주와 년 주의 세력은 그렇게 강하다고 할 수가 없다. 다시 이야기를 한다면 일주가 어느 계절 어느 시간에 태어났는가에 따라서 강약을 나눌 수가 있다는 것이다.

1) 년(年)
　년 주라고 하는 것은 태어난 해를 이야기하는 것이다. 년 주에서 알 수 있는 것은 인간사에서 조부모(祖父母)와 그이상의 조상(祖上)을 알아볼 수 있으며 본인으로는 유년(幼年)이나 학창시절의 학업 여부를 알 수가 있다. 사회적으로는 외부적인 활동력이나 원(遠)거리의 환경이나 언행을 알아보는 곳이다.

년 주 천간의 글이 어느 십신에 해당하는가에 따라서 해석이 다르며 이는 십신으로 이야기하는 것이 아니고 천간에 부여된 오행이 음인지 양으로 표시된 글인지 알고 일주에서 어느 십신에 해당하는 가를 알고 해당하는 십신으로 해석하는 것이다. 예를 들어서 천간이 木오행의 甲이라고 한다면 甲이 양에 해당한다는 것이며 일주에 의하여 정하여진 십신으로 해석하면 되는 것이다. 이를 조금 더 상세하게 해석을 한다면 甲을 이렇게 이야기하라는 것이다. 甲이 가지고 있는 본성이 비견(比肩)과 甲이 원하는 것은 편인(偏印)으로 부여된 십신을 이야기하라는 것이다.

부여된 십신은 조상을 해석할 때는 조상에 어울리는 이야기로 꾸며야 할 것이며 유년시절에 맞은 이야기와 학업에 관련된 이야기는 다를 것이다. 때문에 어떠한 상황인가를 알고 이를 6하 원칙에 어울리게 해석한다면 상당히 접근할 수가 있다는 것이다.

예문)
시 일 월 년
壬 庚 癸 戊
午 午 亥 寅

조상

戊土편인(偏印)이 지지에 寅木편재(偏財)와 인연이 되므로 인하여 조부님께서는 다양한 학문을 즐기시며 자유분방하신 분이라고 할 수가 있다. 조모님은 무엇이든 많이 만들어 이웃과 나누는 것을 좋아하셨을 것이다.

유년시절

학창시절에 본인이 좋아하는 학문에만 관심이 많으며 학문에 큰 뜻을 두고 있다고 할 수가 없을 것이다. 하여 밖으로 돌아다니고 싶고 학문보다 오락에 관심이 많으며 사춘기가 지나면서 여자와 재물에 일찍 관심을 가질 것이다.

외부활동

밖에서 불확실한 인연들과 관계를 형성하려고 부단한 노력을 할 것이다. 그리고 자신의 꿈과 희망을 이루려고 할 것이며 하나로 만족하지 못하고 나름 새로운 것을 개척하려고 할 것이다.

2) 월(月)

월주(月柱)라고 하는 것은 가장 강한 힘을 가지고 있으며 또한 가장 높고 넓은 다양한 것을 알아볼 수가 있다. 때문에 월주의 해석은 한량없이 넓고 깊다고 할 것이다. 인간사는 부모와 형제를 알아보는 것이며 본인의 직업이나 사회활동을 알 수가 있고 본인의 청년시절을 알아 볼 수가 있으며 주변의 환경이나 능력을 알아 볼 수가 있다는 것이다. 특히 자신의 재물(財物)을 만드는 능력을 알아보는 곳이라고 할 수가 있다. 재물을 많이 벌어들이는 능력은 월주의 힘이다.

　월주 천간의 부여된 글에 따라서 십신(十神)해석이 다를 것이며 지지에 어떠한 글이 받침을 하는가에 따라서 다양한 이야기를 할 수가 있다는 것이다. 예를 들어서 천간에 乙이 자리하고 있는데 乙이란 새乙자로 바람이라는 형상을 깊이 가지고 부여된 십신으로 해석하여야 한다는 것이다. 또한 乙木이 받쳐주는 지지에 무엇인가에 따라서 乙木의 세력을 가늠하여야 한다는 것이다.

　인간관계에서 부여된 십신에 따라서 천간은 아버지의 성향을 알 수가 있을 것이고 지지는 어머니의 성향을 헤아려볼 수가 있다는 것이다. 또한 월주는 본인의 직업(職業)으로 년 일 시와 어떠한 관계를 유지하는가에 따라서 수없이 많은 직업군을 이야기할 수가 있는데 대부분의 사람들은 사주학적으로 살아가지 못하고 지금 사회가 바라는 것을 많이 선택한다는 것이다. 그러하기 때문에 운(運)이라는 것을 필요로 한다는 것이다. 만약 사주에 타고난 직업을 찾아서 그 방향으로 진행한다면 운(運)이라는 것이 필요하지 않다는 것이다.

　대부분의 사람은 운(運)이라는 것에 상당히 많은 비중을 두고 있다는 것이다. 이는 자신의 적성에 맞는 직업이 아니고 지금 시대가 바라는 것을 선택하여 직업으로 살아가기 때문에 운에 기대를 많이 걸어 두고 살아간다는 이야기이다. 자신이 타고난 직업에 능력을 가지고 살아간다면 운이 돌아오는 때에는 그야말로 대박이 날 것이고 운(運)이 끝나고 나면 그냥 현상유지하면서 역시 때를 기다린다고 할 수가 있을 것이다.

지금시대는 일주(一柱)중심의 시대는 지나고 월주(月柱)중심의 시대이다. 다시 이야기를 한다면 일주는 본인을 중심으로 하여 이루어지는 인간관계나 다양한 십신을 원하는 것이지만 월주는 사회가 나를 얼마나 인정하는가이다. 때문에 지금은 사회에서 모든 것이 이루어지는 것이지 개인이 무엇을 이루는 것은 아니다. 이를 일주(一柱)와 월주(月柱)의 십신(十神)으로 비교하여 보자.

일주 비겁(比劫)은 자기 힘 이지만 월주는 경쟁자

일주 식상(食傷)은 예체능 이지만 월주는 생산능력

일주 재성(財星)은 자기 관리이지만 월주는 구성원으로 철저함이다.

일주 관성(官星)은 원하는 명예이고 월주는 사회가 인정하는 명예

일주 인성(印星)은 교육이나 종교이지만 월주는 전문적 사회인이다.

예문)
시 일 월 년
丁 壬 丁 甲
未 寅 丑 戌

여자다.

월주의 丁火정재(正財)가 부친이고 丑土정관(正官)이 모친이라고 할 것이며 부모님들은 알뜰하고 검소한 편이다. 일주 壬水는 丁火정재(正財)와 合하니 아버지는 자상하시며 관계가 원만하고 어머니로부터 알게 모르게 많은 도움을 받을 것이다.

사회관은 合木하여 겁재(劫財)가 정인(正印)을 원하니 선생이라는 직업을 가지면 좋을 것이다. 특히 특수 아동교사로 살아간다면 보람을 가질 것이다.

재물에 관심이 많은 것은 아니지만 나름대로 멋을 내려고 하니 수입이 지출을 초과할 경우가 있을 것이다.

3) 일(日)

일주(一柱)라고 하는 것은 본인이 태어난 날이다. 일주에서 알아볼 수 있는 것은 본인과 배우자이다. 그리고 중년(中年)에 어떠한 결과가 있겠는가를 예측 가능한 것이다. 일주의 지지에 어느 글이 어떠한 십신(十神)으로 자리 잡고 있는가에 따라서 본인의 배우자 성향(性向)을 가늠할 수가 있으며 지금의 상황을 이야기할 수가 있을 것이다.

일주의 천간은 본인을 가리키는 곳으로 어떠한 천간으로 표현하는가에 따라서 해석이 가능할 것이다. 그리고 지지에 받쳐주는 글과 십신에 따라서 사방 팔방으로 알아볼 수가 있다는 것이다.

예를 들어서 丙火가 일간에 자리하고 있다면 丙火의 깊은 의미를 알아야 할 것이고 지지에 어느 글이 받쳐주는가에 따라서 丙火의 힘의 강약(强弱)을 알고 여기에 부여된 십신에 의하여 다양한 이야기를 할 수가 있다는 것이다. 그리고 중년의 결과를 예측 가능하며 지금의 본인 사정도 어느 정도는 알아볼 수가 있다는 것이다.

지지에 부여된 글과 십신에 따라서 배우자의 성향을 알 수가 있으며 일주는 자신이 가질 수 있는 능력을 알아보는 자리이므로 대부분 일주 중심으로 해석하여야 할 것이다. 하지만 재성(財星)은 월주의 능력에 따라서 가져올 수가 있지만 일주에서 재성(財星)이 없다면 가질 수 있는 능력이 부족하다고 할 수가 있다는 것이다. 일간은 팔자 중 가장 핵심적인 곳으로 너무 강하면 힘의 균형을 유지하기 위하여 조금 힘을 빼주는 것이 좋으며 반대로 너무 약하면 주변의 도움을 받아야 할 것이다.

예문)
시 일 월 년
庚 戊 甲 戊
申 辰 子 午

여자이다.
일주는 배우자나 본인의 중년을 알아보는 곳이며 인생을 독립하여 승패를 알아보는 것이다. 戊辰비견(比肩)으로 배우자는 평범할 것이며 그렇게 평안하지는 못할 것이다. 하지만 서로가 이해하고 양보한다면 멋진 친구 같은 배우자가 될 수가 있다.

중년의 삶은 일반적인 서민의 삶을 살 것이며 부업으로 무엇인가를 한다면 좋을 것 같다. 특히 관리대행을 하는 업이면 좋을듯 하다. 강력한 활동성을 가지고 사회생활을 하는 것 같지는 않지만 재물에 아쉬움은 느끼지 않을 것이고 지혜롭게 살아가는 방법을 아는 것 같다. 다만 자식이 늦게 생겨날 것이며 본인의 중년은 그렇게 힘들지 않을 것이다.

4) 시(時)

시주(時柱)는 태어난 시간을 기록한 곳으로 자손(子孫)이나 본인의 노후(老後)를 이야기할 수가 있으며 집안의 안방이나 환경 또는 밀실(密室)로 나타내는 것이다. 시주에서 본인의 노후건강이나 후손의 성공여부 또는 사후세계(死後世界)를 해석하여야 할 것이며 사회적으로 이야기한다면 가장 비밀스러운 곳이라고 할 수가 있다.

시주의 천간이 무엇인가에 따라서 부여된 십신을 해석하여야 할 것이며 지지에 어떠한 것이 받쳐주는가에 따라서 시주의 강약(强弱)을 알 수가 있다. 강약에 따라서 시주에 해당하는 다양한 의미의 진행하는 힘이나 승패를 알 수가 있을 것이다. 이를 사회성으로 이야기를 한다면 드러내지 못하고 비밀리에 이루어지는 이야기이며 행여 드러낸다고 하여도 아주 정밀한 이야기로 표현하여야 할 것이다. 예를 들어서 丁火가 시(時) 천간에 자리하고 있다면 丁火가 가지고 있는 의미를 십신에 따라서 세밀하게 해석하여야 한다는 이야기이다.

부여된 천간지지의 십신에 따라서 해석을 다양하게 하여야 하지만 가장 중요한 것은 알고자 하는 것을 정확하게 분석하여 전하는 것이 우선이다. 그러하지 못하고 십신에 따라서 질문자의 의도와는 관계없이 해석하여 이야기를 한다고 하면 이는 잘못된 것이며 오히려 실수(失手)가 되어 화(禍)를 입을 수도 있다는 것이다. 시주에 관련된 질문은 분명 시주를 중심으로 하여 주변의 다양한 관계를 살펴서 해석하여야 하며 시주를 벗어난 이야기를 하면 아니 될 것이다.

예문)
시 일 월 년
戊 壬 辛 辛
申 子 丑 卯

남자이다.
시주는 자식자리이며 노후와 건강을 알아볼 수가 있다.
戊申편관(偏官)이 편인(偏印)위에 불안하다. 자녀의 성향은 전문인으로 일반적인 기술직이 많을 것이며 노후 건강은 申子辰合水로 水기운이 강하여 혈압이나 뇌질환 또는 이뇨계통으로 조심하여야 할 것이다.

자식은 합을 하여 모양세가 좋으며 효자일 것이다. 지극히 평범할 것이고 자영업 쪽으로 어울릴 것 같다. 물론 자부(子婦)와 관계도 원만하고 좋다. 손자(孫子)를 기다리는 마음이 대단한데 이를 모르는 손자와의 관계는 그렇게 좋다고 할 수가 없을 것이다.

17

음신(陰神)

17.
음신(陰神)

음신이라는 것은 사주팔자 이외의 다양한 이론에 의하여 해석하여야 하는 십신이다. 사주팔자는 사람의 관상(觀相)이라고 할 수가 있으며 사람의 생각은 음신(陰神)이라고 하는 것이다. 다시 이야기를 한다면 복잡한 인간사의 4생(生) 즉 지금의 120년 그리고 4돈에 8촌까지 여덟 글자를 가지고 해석한다는 것은 무리라는 이야기가 되는 것이다. 이것뿐만이 아니다.

사주 속에는 풍수(風水)와 신명(神命) 그리고 전생(前生)과 지금(至今)의 삶 전체를 알아야 하는데 여덟 글자로는 불가능하다는 것이다. 그러하기 때문에 형편이나 정도에 따라서 필요한 지지를 설정하는 것이며 연월일시의 어디에 음신이 필요로 하는가에 따라 순서대로 천간을 설정하는 것이다.

음신이라고 하는 것은 사주팔자에 드러나지 않은 관계로 직접적인 목적(目的)을 위하는 것이 아니고 간절(懇切)하게 원(願)하는 목적이라고 할 수가 있다. 또한 사주 속 풍수나 신명은 음신으로서 다양한 이야기를 할 수가 있을 것이다. 즉 사주팔자가 표면적(表面的)으로 드러난 것이라고 한다면 음신은 보이지 않게 감추어진 이야기라고 할 수가 있다.

다시 이야기를 한다면 내가 생각하고 구상하는 것이라고 할 수가 있으며 이는 천간 음신이다. 하지만 지지 음신은 가방속이나 주머니 속 또는 상자속의 내용을 알 수가 없다는 것인데 이를 음신이라고 생각하여 보면 좋을 듯하다. 분명 존재는 하는데 보이지 않는 것을 음신이라고 한다.

1) 음신(陰神) 활용

음신은 合하는 관계에서 보이지 않은 글을 이용하며 때로는 형(刑) 충(沖) 파(破) 해(害) 그리고 원진(怨瞋) 등을 해소하기 위하여 중재(仲裁)하는 글을 음신으로 선택하는 경우가 있다. 이외에도 선택한 음신은 다양한 방법으로 작용하고 들어오는 순서에 의하여 미치는 영향도 다르다는 것이다.

음신을 이용하는 방법이 수없이 많으며 이를 제대로 활용한다면 많은 정보를 알 수가 있을 것이다. 그리고 수없이 많은 이야기도 할 수가 있다는 것이다. 또한 본인의 생각을 어느 정도까지는 알아낼 수가 있다는 것이다. 이처럼 음신의 활용이 매주 중요하고 적중률이 높으므로 후학을 위하여 더 많은 연구를 필요로 할 것이다.

예문1)

시 일 월 년
甲 己 丁 甲
戌 未 卯 寅

여자이다.

亥卯未合木으로 관성(官星)이야기이다. 亥水가 음신으로 작용하는데 여기서 亥水를 어디에 설정하여야 할 것인가이다. 다시 이야기를 한다면 合의 흐름에 의하여 亥水는 년과 월지사이에 설정되어야 할 것이다. 여기서 亥水는 정재(正財)이지만 본성은 편재(偏財)를 가지고 있으므로 이중적으로 이야기를 하여야 할 것이다. 己未비견(比肩)은 甲寅정관(正官)으로부터 亥水재성(財星)을 받아서 甲寅의 자식인 甲戌을 위하여 사용한다는 것이다. 즉 戌중 辛金식신(食神) 자식이 寅중 丙火인성(印星)과 合을 하니 자녀 양육비를 甲寅正官으로부터 받는다는 것이다.

물론 많은 이야기를 할 수가 있을 수 있지만 사람이 살아가는데 가장 우선적인 것이 돈이라고 할 수밖에 없으니 亥水재성(財星)의 이야기를 하였다. 본인의 인간관계에서 바라보면 아버지이다. 즉 나의 아버지는 亥水재성(財星)에 해당하니 보이지 않는다고 할 수가 있으며 亥水는 寅亥合木偏官으로 己未비견(比肩)과 살지 못하고 밖으로 나가서 살아간다고 하니 일찍부터 아버지의 덕이 부족하다고 할 수가 있다.

또한 寅午戌合火정인(正印)이야기이다. 午火가 보이지 않으니 역시 음신으로 작용하는데 어떻게 이야기를 풀어야 할 것인가를 알아보자. 午火의 설정은 월과 일지 사이에 설정됨이 좋으나 午卯파(破)로 인하여 일자와 시지 사이에 설정하는 것이 바람직하다. 午火인성(印星)은 未戌파(破)형(刑) 하는 사이에서 중재를 하고 있다.

이는 어머니께서 己未비견(比肩)의 평소 사생활이나 살림살이 그리고 자녀문제를 간섭한다는 것이며 午火편인(偏印)의 본성이 정인(正印)으로 사주구성에 인성(印星)이 너무 많으니 己未비견(比肩)의 평소 행실이 게으르다고 할 수가 있다. 즉 능동적이지 못하고 지극히 수동적이라서 밖에서 대우받기는 어려울 것 같다는 의미로 해석이 가능하다.

예문2)
시 일 월 년
辛 丁 癸 辛
亥 巳 巳 亥

여자이다.
년과 월이 충(沖)을 하고 일시가 沖을 하고 있다. 년지 亥水정관(正官)이 월지 巳火겁재(劫財)와 沖을 하고 있으며, 일지 巳火겁재(劫財)가 시지 亥水정관(正官)과 沖을 하고 있는데 이러한 경우 화해가 필요하다면 음신(陰神)을 응용하여 화합을 하는 것이 좋다.

때로는 沖이 이로울 때도 있으며 그러하지 못할 경우도 있기 때문에 적절하게 음신을 이용하는 것이 사주풀이나 삶의 질을 높이는 데 절실할 것이다.

년과 월의 巳亥 沖은 결혼 전 이야기이며 직장이야기를 하여 보자. 정상적인 진학(進學)은 힘들었을 것이고 일찍부터 낮에는 직업(職業)인으로 밤에는 학업(學業)으로 정말 힘들게 아껴가면서 저축하였을 것이다. 이는 巳火겁재(劫財)가 亥水정관(正官)과 沖을 하여 직업이 밖으로 출장이 많은 것처럼 보인다. 이러한 경우 丑土식신(食神)이 음신으로 응용하여 오로지 월급을 받기 위하여 참고 견디고 있어야 한다.

무엇을 할 것인가에 대하여 알아보고자 한다면 未土를 음신으로 응용하는 것이 좋을 것이다. 이는 丑土와 未土의 성품이 완전히 다르기 때문이다. 巳午未火비견(比肩)을 해석하려면 火의 성향이 식상(食傷)과 관성(官星)으로 풀어야 하기 때문에 생산 공장에서 라고 할 것이며, 亥卯未木편인(偏印)이니 木의 성향이 비겁(比劫)과 인성(印星)으로 해석하여야 할 것이다. 즉 식신(食神)의 생산품을 평소에 검사하는 것이라고 할 수가 있다. 즉 "어떠한 생산품에 대하여 품질을 검사하거나 생산량을 검사하는 것이다."라고 할 수가 있다.

또한 일지 巳火겁재(劫財)와 시지 亥水정관(正官)이 상충(相沖)하는 관계는 집안의 이야기이므로 丑土식신(食神)을 음신으로 응용하면 좋다. 하지만 未土식신(食神)으로 이야기를 한다면 巳午未合火비겁(比劫)으로 이는 식상(食傷)과 관성(官星)으로 해석하여야 하기 때문에 평소 식탁에 가지 수(數)는 많으나 특별 식은 없다는 것이다. 이러한 경우는 丑土식신(食神)을 음신으로 응용하는 것이 좋다는 것이다. 巳酉丑金편관(偏官)이며 성향은 정관(正官)과 겁재(劫財)로 해석이 가능할 것이다. 다시 이야기를 한다면 가공식품일 확률이 높다고 할 수가 있으며, 亥子丑水편관(偏官)으로 성향은 인성(印星)과 식상(食傷)으로 해석이 가능하다. 이는 어머니께서 항상 새롭게 만든 것 같은 느낌이라고 할 수가 있다. 이를 종합하여 본다면 "편안하게 가공식품을 가져와서 조리한 음식이다."라고 할 수가 있다.

이렇게 음신(陰神)을 어디에 적용하는가에 따라서 적당한 음신을 선택하여야 할 것이다. 때로는 필요에 따라서 음신을 선택할 수도 있겠지만 사주원국에서 거부하는 음신을 선택하여 해석한다면 상당히 어색할 것이다.

18

공망(空亡)과 삼재(三災)

18.
공망(空亡)과 삼재(三災)

사주를 풀어 가는데 공망과 삼재라는 것이 있다. 공망 이라고 하는 것은 지지는 있는데 천간이 없는 것을 이야기하는 것이며 인간사로 이야기한다면 생각 없이 행동하는 것이라고 할 수가 있다. 때로는 머리로 기억은 하지 않았지만 몸으로 기억하여 습관적으로 행동하는 것이라고 할 수가 있다.

삼재는 일정한 시간이 지나면 쉬어야 하는데 이를 무시하고 진행하면 실수(失手)가 있거나 재물 손실을 보게 되는데 이를 삼재라고 한다. 인간사로 이야기를 한다면 일과를 진행하면서 일정하게 휴식을 취하여야 하는데 이를 무시하고 무리하게 일을 하면 사고로 이어질 확률이 높고 재앙을 당할 수가 있다는 것이다.

1) 공 망

공(空)치고 망(亡)한다는 공 망을 인간사로 비교하여 설명하여 보자. 아무런 생각도 없이 계획도 없이 무엇을 진행한다고 하면 이는 분명히 망한다는 것이다. 학문적으로 해석한다면 지지는 존재하는데 천간이 없다는 것이다. 그래서 천간이 비어있다고 하여 공 망 이라는 것이다. 다시 이야기한다면 천간의 순서에 의하여 癸水가 끝나는 다음에 오는 지지 두 글자가 공 망에 해당하며 이 역시 해당하는 지지의 의미와 부여된 십신에 관련된 것을 해석하면 될 것이다.

예문)
시 일 월 년
己 壬 丙 癸
酉 辰 辰 亥

남자이다.

지금 초대형 병원인턴으로 피부과 전문의라고 한다. 문제는 결혼과 자신이 원하는 의대교수를 하고 싶은데 가는 길이 험난하다고 한다. 그리고 재물이 모이지 않으니 어디에 문제가 있는지 부모가 찾아와서 답답하다고 한다. 최고 명문의대를 전액 장학생으로 졸업하였으며 자신의 꿈이 의대교수를 하고 싶은데 지금의 병원에서 전문의로 근무할 것을 요구하고 있다. 과연 공망과 어떠한 관계가 있는지 알아 보자.

壬辰 일주의 공망은 午未라고 할 것이다. 이를 어떻게 이해하고 해석을 하여야 할 것인가이다. 午火정재(正財)는 인간관계로 이야기를 한다면 부친이나 처와의 인연이 희박하거나 부덕하다고 할

수가 있다. 사회관으로 이야기를 한다면 재물 복이 약하거나 관심을 두지 않는다는 것이다. 관리능력이 단순하다고 할 수가 있으며 여러 가지를 동시다발적이지 못하고 한 가지에 몰두하는 편이라고 할 것이다.

未土정관(正官)은 인간관계에서 자식과의 인연이 희박하거나 덕이 미약하다고 할 것이며 사회관으로 보면 직업군으로서 광범위한 곳에 근무하지 못한다고 할 것이다. 그리고 분주한 공간을 싫어하고 집중할 수 있는 곳을 선호할 것이다. 건강으로 이야기를 한다면 화는 정신계로서 심장이나 소장 또는 영향불균형으로 빈혈에 주의하는 것이 좋을 것이다.

이렇게 이루어진 공 망을 해소하려고 한다면 어떠한 방법이 있을 것이다. 하지만 위 사주에 알맞은 글이 과연 무엇일까? 하고 생각하여 보자 인연에 맞은 띠나 사회관에 해소 가능한 직업이나 건강을 이롭게 하는 음식은 분명히 있다고 생각한다.

2) 삼재

사람은 하루일과가 12시간이다. 물론 노동법(勞動法)에 근거하는 것이 아니고 하루는 24시간인데 절반을 나누어서 이야기하는 것이다. 이를 확대하면 12년중 3년은 쉬라고 하는 것이다. 다시 이야기를 한다면 하루의 피로(疲勞)를 해소(解消)하기 위하여 충분한 휴식(休息)을 필요로 한다. 여기서 휴식을 취하지 않고 계속 일을 한다면 사고가 발생할 수가 있다는 것이다. 이를 확대 해석하면

12년 중 3년은 쉬어야 하는데 이를 무시하고 지속적으로 욕심내어 무엇인가를 이루고자 한다면 분명히 문제가 발생한다는 것이다.

예문)
시 일 월 년
丙 庚 戊 己
戌 申 辰 亥

년주 己亥生으로서 태어났다.

년지가 삼합을 이루는 亥卯未生 모두가 삼재(三災)를 같은 연도에 발생하는데 때는 삼합의 첫 글자가 相冲하는 巳午未년이 삼재에 해당한다는 것이다. 다시 이야기를 한다면 뱀띠 해에 시작한다고 하여 들 삼재, 말띠 해에 중간에 와있으니 눌 삼재라고 하며, 마지막 나가는 양띠 해에는 날 삼재라고 한다. 일반적으로 일주에 해당하는 십신에 문제가 발생하는 경우가 많다고 할 수가 있다.

巳火는 편관(偏官)으로서 자식이나 건강에 문제가 일어날 것이고 午火 정관(正官)은 직업이나 직업상의 법적문제가 많이 일어난다고 할 수가 있으며, 未土정인(正印)은 문서에 관련된 것으로 인하여 피해를 입을 수도 있다는 것이다.

19

십신풀이

19.
십신풀이

1) 비견(比肩)

　비견이라고 하는 것은 힘이며 고집이라고 할 수도 있다. 자신이 가지고 있는 힘으로 타인과의 균형을 유지하려고 할 것이다. 일주(日柱)에서 가족이나 형제이지만 사회로 나가면 나의 철저한 경쟁자들이다. 아무리 좋은 관계라고 하여도 피할 수가 없을 것이다. 피를 나눈 형제도 사회에서는 경쟁을 할 수밖에 없다. 비견에 대하여 좀 더 상세하게 알아보자.

　비견(比肩)이란 어깨를 나란히 견준다는 의미이고 때로는 무리를 지어서 쫓아간다는 것이며 무거운 것을 힘을 합하여 해결한다는 뜻을 가지고 있다. 그래서 항상 서로 같은 입장에서 이야기를 하는 것이라고 생각을 하여야 한다는 것이다. 인간사에서는 형제자매이지만 사회(社會)로 나간다면 친구나 동창 동료 전우 같은 의미이며 같이 근무를 하거나 같은 곳에서 어느 때인가 함께 하였다는 의미로 이야기가 전해지는 것이다.

다시 이야기를 한다면 함께 도우면서 살아간다는 이야기가 될 것이고 무엇인가가 있으면 똑같이 나누는 관계로 발전하거나 부족하면 도움을 받는 관계로 이야기를 하는 것이 좋다. 비견이라고 하는 것이 나를 중심으로 하는 이야기이므로 내가 살아있으므로 비견은 항상 변함없이 그때 그곳에서 존재한다는 것이다. 비견(比肩)은 관성(官星)을 싫어하며 인성(印星)을 그리워하고 식상(食傷)을 좋아한다. 재성(財星)을 보면 좋아서 어떻게 해야 하는지 정신을 못 차린다. 이는 재성(財星)이 여자나 아버지 재물로 표현되기 때문이다.

형제 친구 동료 며느리 시아버지 선후배 동업자 협력 분리 이별 외로움 고독 시비 투쟁 고집 의지 자수성가 협동심 독립 주체성 자존심 추진력 애착심 감정적 자기위주 자기중심 이별 분가 극처 극부 극재 독립적 무모함 무계획 의심 즉흥적 인색 변화 변동 결정 투쟁 불화(재화) 강한 집념 스포츠 단체 동격 선봉 분명 공정 공개적 완고 강한성격 비사교적 의리 행동 단체게임 마음이 강하다 긍정성이 강하다 폭넓은 사회활동 경쟁과 나눔 조실부모 학업에 장애 이복형제 무리나 단체 등으로 '모든 것이 같다'는 의미를 두고 이해하면 된다.

남자의 사주에 비견(比肩)이 많으면 부모 형제와 배우자나 자식과의 인연이 약(弱)하며 함께 살 수가 없고 힘들게 살아간다. 여자도 남자와 비슷하며 나와 같은 것이 많이 있다는 것으로 이는 남편의 처가 되므로 남편에 대한 불신이 강하여 한 가정을 지키는 것이 힘이 든다.

예문)
시 일 월 년
辛 己 戊 丁
未 未 申 酉

己戊丁丙乙甲癸壬
卯寅丑子亥戌酉申
8 7 6 5 4 3 2 1

여자이다.
7월 오후에 己土는 未土비견(比肩) 관대(冠帶)위에서 태어났다. 년주 丁火편인(偏印)이 酉金식신(食神)의 장생(長生)에 있으니 조상께서는 끼니를 걱정해야 하는 선비일 것이다. 그리고 자손들을 가르치려고 부단하게 노력하였을 것이다. 본인은 어린 시절 건강이 좋지 않아서 생사의 고비를 넘나들었을 것이며 언어구사에 문제가 있었을 것이라고 본다. 다행히 장생지에 있으니 고비를 넘겨서 건강을 회복하였을 것이다. 또한 학업을 알아볼 수가 있는데 노력 형 이지만 건강상 학업에 열중하지 못하였을 것이다. 하여 丁火편인(偏印)은 월지 申金의 지장간에 壬水와 合木하여 어쩔 수없이 기술을 익혔을 것이다.

월주 戊土는 申金상관(傷官)의 병(病)지위에 있으므로 부친은 어머니의 내조를 많이 받지 못하시고 다양한 직업인으로 또는 서작 농민으로 열심히 일하셨을 것이다. 월주는 본인의 능력을 알아보는 곳이다. 戊土겁재(劫財)는 자영업이 아닌 일반적인 근로자일 것이다. 申金상관(傷官)이 약하여 戊土겁재(劫財)에 힘을 실어주지 못하니 그렇게 뛰어난 실력은 없었을 것이다.

일주 己土가 未土비견(比肩)의 관대(冠帶)지 위에 있으니 자신은 부단한 노력을 하였을 것이며 己土비견(比肩)이 월지 申金상관(傷官)을 생하여주니 평소에 기술연마에 많은 노력을 하였다고 할 것이다. 본인의 배우자를 알아볼 수가 있으니 관성(官星)은 년주 丁火편인(偏印)이 월지 申金중 壬水정재(正財)와 合木편관(偏官)으로 남편이며, 己土의 입장에서 己土壬濁(탁)하니 남편이 마음에 들지는 않았을 것이지만 未土가 申金을 生하여 주는 관계로 申金상관(傷官)을 배우자로 맞이하였다.

시주 辛金식신(食神)이 未土 비견(比肩)쇠(衰)지에서 빈약하니 자식들이 허약하거나 외소 할 수도 있다. 하지만 자식 자리에 辛金식신(食神)을 두고 있으니 처음은 마음에 들지 않을 수도 있겠지만 辛金의 특성상 새롭게 변화할 것이다. 본인의 노후는 골골90세를 넘길 수가 있을 것이다. 비겁(比劫)이 강하지만 金식상(食傷)이 발달되어 음식에 욕심을 내지 말아야 할 것이며 사회봉사를 하거나 오랫동안 직업을 가지고 있으면 좋다.

사회성을 알아보자.

비겁(比劫)이 강하여 항상 주변에서 시기 질투가 많이 있을 것이고 관성(官星)이 없어서 좋은 직업을 가지기 어렵다. 식신(食神)이 강하게 발달하여 봉사나 간병하는 업(業)을 가진다면 더없이 좋을 것이며 특히 간병은 生을 마감하는 사람에게 봉사한다면 상대방은 生의 마감이 더없이 편안할 것이다. 이는 辛金食神이 하나의 마무리를 뜻하는 것이라서 그렇게 이야기한다. 물론 직업도 마감을 원칙으로 하는 일을 한다면 능력을 발휘하고 인정받을 것이다.

자연으로 이야기를 하여보자.
申月 이른 오후 지열(己未)이 강하게 올라오고 위에서는 따가운 햇살(丁酉)이 내리 쏟아지는데 수분이 없어서 과즙(戊申)을 채우지 못하고 강력한 햇살에 떨어져버린다.(丁酉) 하지만 그래도 악착같이 매달린 종자(辛未)는 있구나.

2) 겁재(劫財)

겁재라고 하는 것은 경쟁의 힘이다. 강인한 경쟁으로 타인을 통제하고 할 것이다. 일주에서 보면 가족이나 자매형제이지만 밖으로 나가 보면 나를 공격하는 이들이다. 겁재(劫財)란 재물을 빼앗는다는 의미인데 때로는 위협을 가하여 빼앗기도 한다. 여기서 재(財)라고 하는 것은 자기가 바라고 싶은 것을 요구하는 것이라고 할 수가 있다. 때문에 어깨를 나란히 하지만 뜻을 달리하고 힘이 강하면 실천적이고 약하면 참는다. 비견(比肩)처럼 무리를 지어서 단체적으로 행동하는 것이 아니고 철저하게 개인적이라고 할 수가 있으며 자신의 이익을 우선으로 한다는 의미가 오히려 강하다고 할 수가 있다. 겁재(劫財)는 관성(官星)을 피하고 인성(印星)을 반가워하고 식상(食傷)을 좋아한다. 재성(財星)을 보면 미쳐날 것이다.

형제나 자매 이복형제 며느리 시아버지 친구 동창 동료 전우 공격성 경쟁적인 관계 눈치 흠집 자기중심 자신의 이익 강한 경쟁 개인적 욕심 경쟁심 자산 재물 시가 부귀 부정적 무례 교만 불화 이별 불평등 탈재 패재 피탈 강제성 손해 고집 자기주장 오만불손 교만 이중성 투기 사행심 손해 피해의식 열등의식 시기 질투 경쟁심 운동 개인기 자기위주 선동 강탈 도둑 사기 투쟁단체 보복성 정보제공 밑바닥 생활 청소 아랫것 신속 과감 투항 기부 욕심 비윤리성 강제성 부정적 불복종 구속 인연미약 이익 사교성 색정문제 야심 투기 경쟁 실속파 말을 더듬거리며 언어불량 재물욕심 한탕주의 성급함 불량 실물 도심 경쟁의식 오락 뛰어난 능력 스카우트 이중인격자 이기주의 비난 오해 지독함 추진력 인격적 문제 강제성 사기성 말뿐 공갈 협박 산만(散漫) 감춤 욕심 옹고집 열등감 대인관계 무시 윗사람은 존경 아랫사람에게는 명령적 양보가 없다. 손해 발생하면 즉각 중단. 계산이 빠르다. 상부상조나 공동사업에는 어렵고 독단적으로 추진하려고 한다.

예문)

시 일 월 년
戊 丙 辛 戊
戌 午 巳 戌

庚辛壬癸甲乙丙丁
午巳辰卯寅丑子亥
 8 7 6 5 4 3 2 1

4월 저녁에 丙火가 午火겁재(劫財) 제왕(帝旺)지에서 태어났다. 년주 庚金편재(偏財)가 戌土식신(食神)쇠(衰)지 위에 있으니 조상이 어렵게 살아왔다는 것이며 본인도 학창시절에 학업보다 더 중한 산업전선으로 나가야만 할 수밖에 없었을 것이다. 이는 알 수 없는 甲寅편인(偏印) 전문직으로 일주 午火겁재(劫財)와 戌土식신(食神)이 合火하여 비견(比肩)이므로 지극히 평범한 무리들과 함께 생산직으로 근무할 수가 있을 것이다.

월주 辛金정재(正財) 아비는 巳火비견(比肩) 사(死)지에 있으니 살고 싶어서 정처 없이 길을 떠나가야 할 것이며 이는 시주 庚戌과 원진(怨瞋)으로 어릴 때 일어났을 것이다. 본인의 청년시기이므로 丙火는 辛金정재(正財)와 合하여 관성(官星)으로 변화하니 월급받는 직장인이지만 재성(財星)이 천간에 있으니 형제를 위하여 대부분 들어간다고 할 수가 있다. 일주 丙午는 월주 辛巳와 合을 하여 현장 직보다 사무직이 오히려 어울릴 것이며 그곳에서 관성(官

星)인 배우자를 만날 수가 있을 것이다. 戌土중 辛金과 丙火가 合水하니 다양한 직업을 경험할 수도 있으며 여러 남자와 교재도 가능하다고 할 수가 있다.

일주 丙火는 午火겁재(劫財)의 제왕(帝旺)지에서 태어나 양인(陽刃)으로 순간에 모든 것을 저버릴 수가 있다는 것이다. 丙火의 성향은 어질고 순진하며 어려움도 잘 참고 견디는 편이다. 하지만 午火겁재(劫財) 위에서 항상 불안하여 눈치를 보면서 간신히 자신의 자리를 확보하고 있다는 것이다. 때문에 부부사이가 원만하지 못할 것이며 38세에 火기운이 강하여 정관(正官)이 불안하다. 이는 丙火가 辛金과 合水로 화(化)하지 않았으면 오히려 강인한 여성으로 자신의 목적을 두고 갈 수도 있었을 것이다. 다시 이야기를 한다면 일점 水기운이 강한 火기운위에서 얼마나 불안한가를 생각하여 보자. 인연도 시주 戌중 辛金관성(官星)이 좋으며 이는 나이차이가 많은 배우자이다. 또한 식신생재(食神生財)를 하여야 하는데 묘(墓)지라서 재복이 약하고 재성(財星)을 천간에 두고 있으니 내 돈은 먼저 보는 이가 주인이라고 한다.

시주 戌土식신(食神)은 戌土식신(食神)묘(墓)지 위에서 아무런 힘을 쓰지 못하고 오히려 건강을 위협할 것 같다. 또한 그렇게 뛰어나지 못한 자식과 합을 하니 丙火는 참으로 힘겨운 인생길이 될 것 같다. 식신(食神)이 묘(墓)지에 들어가서 식복이 약하고 능력이 뛰어나지 못하다는 것이다. 또한 자식자리에 식신(食神)이 묘(墓)지에 있으므로 자식들이 어리석은 행동을 할 수가 있을 것이며 본인도 노후에 후회할 일을 할 수가 있다는 것이다.

丙午의 사회성은 어떠할까?
관살(官煞)이 혼잡하여 여러 가지 직업을 경험할 수가 있으며 가지는 직업마다 힘이 들고 보수는 작을 수가 있을 것이다. 이는 재물을 만드는 능력이 약하기 때문이다. 그리고 본인이 재물을 모으는 애착도 약하다. 이는 식신(食神)의 戊土중 辛金과 나누어 쓴다고 하니 아무래도 자녀들에게 많이 들어가는 것 같다.

자연으로 이야기를 하여보자.
4월 저녁달은 빛을 잃어가고 별도 보이지 않은 칠흑 같은 어두운 밤이다. 이렇게 어두운 밤길을 하염없이 걸어 한줄기 빛을 만나는 때가 38세를 넘어서면서 서서히 여명이 밝아온다. 확연하게 스스로 길을 알고 혼자갈 수 있는 때가 50세를 넘어가면서 가능할 것이다. 그래도 늦게 찾아오는 광명이 함께 가는 동반자이로구나...

3) 식신(食神)

식신이라고 하는 것은 한마디로 무엇이든 새롭게 시작되는 것이다. 일주에서 바라보면 자손이나 밖에서 새롭게 들어오는 식구들이며 의(衣)식(食)주(住)를 나눌 수 있는 이들이다. 하지만 사회로 나가보면 의식주를 해결하기 위한 다양한 방법이다.

식신이란 밥 식(食)자에 귀신 신(神)자이다. 먹는 것에 혼(魂)이

나간다는 의미이고 음식이나 건강이니 수명(壽命)과 관계 된다. 이는 현실적 이야기이고 무형적으로 보면 새로운 생각이나 건전한 사고력 봉사심 인정 창의력 같은 의미일 것이다. 항상 새로운 것을 생산하고 새로운 것을 추구한다. 헌신적인 봉사나 고운 언어를 구사하여 천사처럼 보일 것이다. 이는 자신을 희생하여 많은 사람들을 즐겁게 하려고 하는 노력이라고 생각한다.

긍정적인 생각과 행동으로 모범이 되고자하는 간절함이 있을 것이고 어린아이처럼 순진하고 청정하여 많은 사람들이 이를 좋아하도록 한다. 또한 활발한 성격과 부지런한 행동으로 자신감을 가진다고 할 수가 있다. 또한 매사에 자기 위주가 아니고 상대방을 먼저 생각하고 노력하는 형이라서 많은 생각을 현실로 개발하려고 한다.

자식 아이 조카 장모 손자 사위 외조부 할머니 처가 장모 처갓집 처녀 총각 어린 학생 아랫사람 건강장수 덕망 효심 부양가족 새로운 식구 신혼 언어 생산성 건설 재물 풍요 향락 편의 발전 도량 관대 연구 창조 창작 탐구 발명 탄생 개업 전문성 신제품 젊음 명랑 천진난만 낙천적 활동성 협력관계 정(情) 종업원 음식 요식 요리연구 제조 생산자 의사 연구 발명 봉사 서비스 즐거움 기쁨 다재다능 식복 총명 언변 인기 풍요 생각 마음 넉넉함 과소비 호기심 물질적 노력 화합 자랑 미각(味覺) 새로움 긍정적 부지런함 활동력 건전 발전적 진실 건강 청결 개발 생식기 요리연구 수성(壽星) 질병(疾病) 건강 의식주(衣食住) 풍요 천박 배설 배품 나눔 희생 봉사 언어구사 언어장애 육신적인 봉사 애교 색정 총명 준수 인상 부드러움 재치 유머 붙임성 호기심 추진력 미식가 이기적 동정심 공명정대 개발정신 타협심 다양한 취미생활 희생정신 솔직함 사고력 인내력 실천력 전문성 탐구 궁리 감정적 예체능 발명가 교수 과학자 직접 생산 성기 성적충동 섹스 솔선수범 노력파 전문기술학교 초등학교(중2까지) 연구원이나 연구소 등등 입으로 행하는 모든 것. 완전한 전문성이 아니고 관심이 타에 비해 많다고 하는 정도이다. 신체가 조금 비대하며 도량이 넓어 보이며 예의가 바르고 직선적이다.

식신(食神)은 편인(偏印)을 싫어하고 비겁(比劫)을 그리워하며 재성(財星)을 위하여 노력한다. 관성(官星)을 보면 타일러서 부드럽게 하려고 한다. 만약 편인(偏印)을 보면 빈곤(貧困)하고 건강과 자식에게 불리하고 한 순간에 무너질 수 있다.

예문)
시 일 월 년
戊 丙 庚 庚
戌 辰 辰 辰

庚辛壬癸甲乙丙丁
午巳辰卯寅丑子亥
8 7 6 5 4 3 2 1

3월 월식이 일어나는 밤 丙火는 辰土식신(食神)의 힘을 받으며 관대(冠帶)지에서 태어나서 누구의 이야기도 들어보려고 하지 않을 것이다. 년주 조상님은 庚金편재(偏財)가 辰土식신(食神)양(養)지에 있으니 호의호식 하였을 것이며 본인의 어린 시절도 그렇게 불우하지는 않았을 것이다. 하지만 학업에는 문제가 많아서 수준 이상의 학업에 종사하지 못하고 강력한 식신(食神)으로 인하여 많은 문제를 일으켜야 할 것 같다.

 월주 庚金편재(偏財)가 辰月에 辰土식신(食神)위에서 누구의 간섭도 받지 않고 자유롭게 살아가야 할 것이니 부부간의 관계가 원만하지 못할 것 같다. 그리고 아비인 庚金의 입장에서 바라보면 많은 재(財)를 감추고 있으며 사생활이 지극히 혼탁하였을 것이다. 본인의 청년기는 여전히 구속을 받지 않고 자유분방하게 행동하고 생각나는 대로 살고 싶을 것이다. 하지만 辰月丙火는 33살이 지나면서 자신의 목적을 위하여 정신을 차리고 열심히 할 일을 할 것이다.

 일주 丙火가 辰土식신(食神)이 관대(冠帶)지에 있으니 누구의 간섭도 싫어할 것이다. 하여 30대 중반부터 자력이 강하여 능히 사회에서 자기만의 계획을 세우고 목적을 달성하기 위하여 수단을 발휘할 것이다. 丙火의 결혼관은 불확실하며 40대 초반에 좋은 동반자를 만날 것이다. 다만 문제점은 辰土식신(食神)이 많아서 위로는 할머니가 두 분일 것이며 庚金편재(偏財)가 년과 월에 나란히 자리하니 부친도 둘일 가능성이 높다. 그리되면 가정에 애고가 많을 것이고 어머니의 사생활이 丙火의 유년시절에 장애가 되고 이를 보고 자란 丙火도 식신(食神)이 발동하여 일찍부터 문란한 사교로 학업에 지장을 많이 받을 것이다.

시주 戊土식신(食神)은 戊土식신(食神) 묘(墓)지에 있으니 노후가 편안할 것이며 자기관리를 잘한다면 건강할 것이다. 하지만 일찍부터 식신(食神)이 발달한 관계로 부인병이나 위장장애가 있을 것이며 신경성 당뇨나 신장에 문제가 자주 발생할 것이다. 43세를 중심으로 하여 생활이 안정권에 들어가고 하는 일이 원만할 것이다. 자식복은 그렇게 많지 않아도 식솔을 많이 거느릴 것이고 어쩌면 이성의 자식을 두게 될 수도 있다.

丙火의 사회관을 알아보자.
시작은 잘하나 게을러서 몇 차례 실패가 있을 것이다. 하지만 스스로 일어날 것이며 지극히 일반적이며 전문적인 직업을 선택하여야 할 것이다. 경계를 하는 것보다 서로 상부상조하는 관계의 이웃을 두게 될 것이니 확실한 성격으로 수하에 많은 사람이 있을 것이다. 이들을 이용하여 자기사업을 한다면 성공한다. 아무래도 이성을 상대로 하는 직업이면 좋을 것 같으며 소비나 서비스 접대 같은 업종을 선호할 것이다.

자연으로 이야기하여 보자.
辰月 밤에 달도 밝은데 호수에 잠긴 달은 일렁이는 물결에 자신의 모습을 알지 못하고 드넓은 전답에 뿌린 씨앗은 언제나 피나

하고 기다려 본다. 그러나 때가 亥子丑合水하여 북방 겨울로 흘러 가니 庚金은 얼어 죽을 것이고 丙火의 열기는 식어만 가는데 죽지 못해 살아가는 丙火에도 봄날이 찾아드니 그때가 33세로다. 꽃이 늦게 피어난다고 원망 하지 마라. 자손이라도 잘될 것 같으니...

4) 상관(傷官)

상관이라고 하는 것은 뛰어난 예능이라고 할 것이다. 새롭게 만들어진 것을 응용하는 순각적인 능력이다. 일주에서 이야기한다면 후손이나 새로운 인연으로 만들어지는 또 다른 가족이라고 할 수가 있다. 사회에서 바라보면 의식주의 차별화이며 이를 해결하기 위한 수단과 방법일 것이다. 상관이 어떻게 이루어지는 것이며 어떠한 작용을 하는 것인지 좀 더 구체적으로 알아보자.

상관이란 정관(正官)에 상처를 낸다는 것으로 바른 것을 방해한다는 이야기가 되는 것이다. 즉 바른 것을 싫어하고 비능률적이며 한쪽으로 기울어져 있다고 할 수가 있으며 새롭다는 이미지에서 부족하고 조금 과하다거나 아니면 흠집이 있다는 이야기가 된다. 상관의 생각은 항상 부정성이 강하게 작용하고 행동 또한 그러한 것처럼 보인다. 하지만 이것이 예술성이나 특이한 분야로 개발이 된다면 상당한 효과를 낼 수가 있다고 할 것이며 상관이 잘 발달된 사람 중에는 기인이나 유명인사가 많이 있다.

생산성을 주도하는 것이 아니고 오히려 소비성이 강하고 새로운 것에 대한 의문이 아니라 모방성이나 기술적인 것에 뛰어나며 직접 생산에 관심을 가지고 한다면 불량이 많이 나온다고 할 수가 있다. 화려한 것으로 소규모나 주문에 의하여 생산이며 순수한 마음이 약하고 꾀가 많으며 혹 실수를 한다 하더라도 순간적인 재치나 핑계로 위기를 넘기려고 하는 경향이 강하다. 마음이 넉넉하게 보이는 것 같지만 실제는 그러하지 못하고 자신의 것을 아까워하지만 자기 마음에 들면 무엇이든 주려고 하나 돌아서는 순간부터는 끝도 없는 이간이나 험담을 한다고 본다. 자신을 알아주면 상당히 관대(寬大)하다. 의심과 부정적인 언어 구사를 잘하고 농담을 잘하지만 불량스럽다.

꾸미는 이야기나 모양을 내는 것에 탁월한 능력이 있으며 타인과의 놀이에서 주도권을 가지려고 한다. 총명하고 화려한 것을 좋아하며 혁신적인 생각이나 공격성이 강하고 반항적이다. 희생 봉사보다는 자신을 알리고자 하는 영웅적인 심리가 작용하므로 홍보나 장기자랑 같은 것으로 자신을 더욱 빛을 내려고 한다. 언제나 이기기를 바라고 비밀을 지키지 못하며 시비가 잦고 반항적 기질이 있으며 베풀고 나서 꼭 생색을 내며 예의나 법을 무시한다. 이별 뒤에는 오래된 것까지 들추어서 험담을 한다. 눈빛이 강하고 복종심이 없고 상대를 비꼬며 행동이 바르지 못하여 직업 변화 변동이 심(甚)하다. 여자 상관이 강하면 화려하고 변덕이 심하여 남자가 상당히 견디기 힘들고 다루기도 힘이 든다.

자식 할머니 이모 외가 장모 조카 증조부 예체능계 유흥 유통 기술 개방성 반항 위법 중고품 모방 대리점 체인점 호객 행위 장사 미적인 감각 사치 잔꾀 교육 수리 변호사 대변인 직속상관 과부 재수생 유행성 언어 코미디 임기능변 공격성 언어 상담사 고물상 빈곤 액세서리 이미용 연예계 사기성 자기자랑 허영심 시기질투 성(性)행위 위법 득도(得道) 감각 애교 잡기(雜技) 예능 상상력 초월주의 구상력 애정소설 코믹성 작가 흥미위주의 문장 뛰어난 문필가 유행어 행위예술 연예계 끼 말 행동 파괴적 무질서 기능 심리 언어 연구 재활용 변화 예체능 모방(模倣) 교화(敎化) 눈썰미 보수 요리 음식의 멋 퓨전 요리 푸드 데코레이션 호기심 명령불복종 지시권 구속 허약체질 활동성 구두쇠 위변조(僞變造) 속임수 총명 멋쟁이 얌전 허풍 이기적 자기주장 과시욕 허영심 지배자 재주 임기응변 사기성 기만(欺瞞) 배신 비평 눈치 뛰어난 계산력 눈치 센스 허세 허풍 공격성 불법성 수단 예술성 자유분방한 사고방식 소비성 활동성 예체능 전문직 기술 강사 꾸미는 직업 변사 얼굴 마담 연예계 화류계 이성 관심 이중성 교만심 융통성 즉흥적 자기 몫 챙기기 거친 언어 유행 파격적 적게 배우고 많이 아는 척 상대방을 무시한다. 속이 좁다. 창출 욕설 거친 말 입으로 하는 일 몸으로 하는 일 기술학교 중3이상 뛰어난 기술력 까다롭다. 정신계에서도 빛을 발한다. 마음이 좁다. 버림받는 것을 싫어한다. 지배받는 것을 싫어한다. 간섭하기 좋아하고 받는 것은 싫어한다.

　상관(傷官)은 정인(正印)을 싫어하고 비겁(比劫)을 그리워하며 재성(財星)을 위하여 최선을 다한다. 관성(官星)을 보면 공격하려고 할 것이다. 만약 정인(正印)을 보면 교화(敎化)되어 바른길로 살아갈 것이며 때로는 종교에 귀의하여 득도(得道)하는 경우도 있을 것이다. 다시 이야기를 한다면 정인(正印)은 바른 언어이고 상관(傷官)은 핑계와 눈속임으로 자식이 부모를 속이는 것으로 보며 이를 부모가 알고 바로 잡아주면 대성할 수 있다고 본다.

예문)
시 일 월 년
丙 辛 壬 丁
申 亥 寅 酉

戊己庚辛壬癸甲乙
子丑寅卯辰巳午未
 8 7 6 5 4 3 2 1

남자이다.

일찍부터 남다른 실력으로 재물을 희롱하며 재물의 흐름을 분석하고 이를 寅亥合木편재(偏財)가 파형(破刑)으로 조율하는 직업으로 꾸준하게 나간다면 대성할 수가 있을 것이다. 하지만 대표의 기질은 없으니 사업을 하게 된다면 상당히 어려움을 겪을 수가 있다. 년 주 丁火편관(偏官)이 酉金비견(比肩)의 장생(長生)지에 있으니 조상님은 기울어가는 가세라고 할 수가 있으며 본인의 학창시절 학업에 관심이 많아서 열심히 공부를 하였을 것이다. 丁火편관(偏官)의 상관(傷官)이 정관(正官)을 요구하기 때문에 자신이 바라보는 작대에서 어긋나면 정곡을 찌르는 언어를 구사하였을 것이다. 酉金비견(比肩)이 자형이므로 본성이 정관(正官)이 겁재(劫財)를 원하고 있기 때문에 철저한 자기관리에 의하여 주변시선을 집중 받았을 것이다.

월주 壬水상관(傷官)이 寅木정재(正財)병(病)지에 있으니 부모님으로부터 많은 지원을 받지는 못하였을 것이고 아마도 모친께서 건강이 그렇게 좋았다고 할 수가 없다. 때문에 가정이 넉넉하지 못하였을 것이다. 사회로 진출하여 자신의 능력을 수행하는데 철저하고 치밀하게 밀어붙이면서 적절한 조율로 인하여 능력을 인정받았을 것이다. 여기서 壬水상관(傷官)은 편인(偏印)이 식신(食神)을 원하고 있으므로 실질적으로 문제가 있는 문서를 검색하고 새롭게 편성한다고 할 것이며, 寅木정재(正財)의 성향은 비견(比肩)과 편인(偏印)으로 해석하여야 하므로 평소 경영에 관한 다양한 문건이다. 이를 종합하여 이야기한다면 경영상 불법적인 문서를 검색하여 이를 바로 잡거나 정리하는 것을 철저하고 꼼꼼하게 처리한다는 것이다.

일주 辛金은 亥水상관(傷官)목욕(沐浴)지에서 자형(自刑)으로 꿈틀거리며 46세를 기준으로 하여 무엇인가를 털어버리려고 노력하고 있다. 하지만 이는 참고 견디어야 하는데 이를 견디지 못하고 丙火가 그리워 合水식신(食神)으로 이어진다면 亥水상관(傷官)은 自刑으로 진행하여 인생사의 크나큰 실수이며 오점(汚點)을 남길 수가 있다. 亥水의 성향이 편인(偏印)이 식신(食神)을 요구하기 때문에 불확실한 것에 새로운 도전을 예견하는 것이다. 하지만 이는 申亥해(害)로 이로움이 없을 것이고 寅木정재(正財)와 합破형(刑)으로 亥水가 돌아서서 후회하는 꼴이 되는 것이다. 辛金이 가질 수 있는 재물을 지키지 못하고 스스로 힘든 길을 선택하는 것은 참으로 알 수가 없다.

시주 丙火정관(正官)이 申金겁재(劫財)역마(役馬)가 병(病)지에 있으니 마음으로 자식을 지극히 생각은 하지만 부모로서 자식의 꿈을 키워주지 못하고 있으니 서글프고 자신이 부끄러워 한다. 40대 초반에 직장에 문제가 있을 것이며 이로 인하여 정관(正官)이 겁재(劫財)당하는 경우가 있다. 다시 이야기를 한다면 丙火정관(正官)의 해석은 식신(食神)이 편관(偏官)을 원하고 있기 때문에 이동할 것을 예견하고 있으며 申金겁재(劫財)의 성향은 편관(偏官)이 비견(比肩)으로서 경쟁에서 어려움을 겪는다고 할 것이다. 하여 직업을 잃어버릴 경우가 발생하거나 직업변화가 있다는 것이다. 노후가 불안하고 걱정은 되지만 나름대로 새로운 것으로 미약하지만 재물을 취하려고 부단한 노력을 하고 있다.

사회성을 이야기하여보자.
壬水상관(傷官)이 丁火편관(偏官)과 합木하여 편재(偏財)로 상당한 능력을 발휘하여 경영의 비리를 감사하거나 부정적인 경영을 찾아서 바르게 정리하는 것으로 인정을 받았을 것이다. 寅木정재(正財)역마(役馬)의 성향은 어떠한 목적을 잡고 천천히 그리고 강력하게 밀어붙이는 것이므로 한번 잡으면 철저하게 계산하여본다는 것이다. 하니 직장이나 사회생활은 자기관리가 철저하였을 것이다. 申金겁재(劫財)와 沖하고 酉金비견(比肩)과 원진으로 있으니 이를 사회궁인 壬水상관(傷官)에서 바라보면 식신(食神)과 편인(偏印)의 沖을 하고 또한 정인(正印)과 원진(怨瞋)을 이루고 있으니 새로운 것을 정리하는 것으로 이러한 것에 자신의 능력을 최대한 발휘한다는 것이다.

자연으로 이야기를 하여보자.

正月 늦은 오후 저 먼 곳에 샛별이 보일 듯 말 듯 하다. 하지만 이는 시간이 흐르면서 분명하게 밝아질 것이고 아름드리나무에 새싹이 돋아난다. 여기 저기 돋아나는 싹은 어느 정도 자라면 한 번씩 정리를 하는데 이때가 41세이다. 설마하든 내가 정리당하고 한동안 방황을 하였을 것이며 47세를 전후하여 어디서 은하수가 몰려드니 이를 따라가 보지만 잠시 지나가는 꿈이로다. 하염없는 시간 속에 찾은 작은 우물 그 속에 별 하나 반짝이는데 이것이나 건져볼까 하노라...

5) 편재(偏財)

편재라고 하는 것은 자기 마음대로 하려고 하는 능력이다. 일주에서 바라보면 집안의 어른이며 자신이 행사할 수 있는 폭넓은 능력이다. 하지만 이를 월주에서 이야기한다면 사회에서 자신의 이익을 위한 능력이라고 할 것이다. 편재가 어떻게 이루어지는 것이며 어떠한 작용을 하는 것인지 좀 더 구체적으로 알아보자.

편재라고 하는 것은 재물이 한쪽으로 치우쳐 있다는 것이다. 즉 어느 누구의 의사도 따르지 않고 자기 나름대로 하겠다는 것이다.

세상사 모든 것이 음양이 있고 중심이 있는데 한쪽으로 기울어진 것이 편할 리가 없을 것이고 그렇게 되어 있다면 이는 분명 문제가 있다고 생각할 수가 있다. 자신이 잘하는 것으로 밀고 나가는데 타의 도움이나 간섭은 받지 않겠다는 것이다. 즉 관리나 사업투자 등을 자신이 생각하는 대로 하려고 하며 크게 한탕하려는 모습을 볼 수 있다. 부정적이지만 사교성이 좋아서 오히려 긍정적으로 추진하려고 하는 생각과 과감한 도전의식이 강하다.

인연으로 이야기를 한다면 아버지 첩 시집 어른 외삼촌이나 외손자이며 사회성으로 이야기를 한다면 장사 사업 투기 결재 도박 유흥 무역 등으로 이야기를 할 수가 있을 것이다. 여성들은 씀씀이가 좋고 무엇이든 크게 보이거나 많이 만들어서 나누려고 하는 성향이 강하여 큰 손이라고 한다. 여장부처럼 융통성과 통솔력이 좋아서 돈을 잘 벌고 잘 쓰고 남자들처럼 사업에 관심이 많으며 남편의 뒷바라지도 잘하지만 씀씀이가 많아서 빚지고 사는 사람이 많이 있고 낭비벽(浪費癖)이 있으며 허세를 많이 부린다. 여자 사주에 재성(財星)이 많으면 시집살이가 고달프다고 할 수가 있다.

호탕하고 다정다감하며 호걸처럼 생겼으며 모든 것을 시원하게 처리하는 것처럼 보이지만 신중성은 떨어진다. 풍류와 유흥을 즐기며 농담도 잘하고 인심이 좋다. 타인의 기분을 잘 맞추는 기분파이며 의리를 중요시 여기고 나보다 상대방을 우선적으로 생각한다. 장사 수완이 뛰어나고 사교적이며 때로는 이익을 위하여 타인을 속이기도 잘한다. 허영심이 강하며 주색에 빠져서 주정뱅

이처럼 폐인이 될 수도 있다. 또한 투기나 한탕주의를 노려보다가 망(亡)하는 경우가 자주 있다. 통이 크기 때문에 독립심이 강하여 구속이나 명령 계통에 적응하기 힘들고 사소한 데는 관심이 없고 배짱이 좋아서 경쟁심으로 승부를 잘 건다. 독재성이 강하고 지배욕도 강하며 재물에 욕심이 많아서 돈벌이도 잘 하고 시야도 넓고 무역에 강한 의욕을 드러낸다.

아버지 부인 첩 형수 처제 처남 외삼촌 시어머니 손자 회장단 무역 통제 관리 통솔능력 풍류 얼렁뚱땅 즉흥적 큰 기술 물욕 디자인 설계 미결재 독재 결단성 속전속결 과정무시 결과 통솔력 사치 멋대로 급속 감독 건축 감리 거침 기술 소비성 과다욕심 허영심 노전장사 고리대금 밀수 도박 투기 모험심 민첩성 음주가무 유흥 대형 사업장 게으름 횡재수 실직 파면 부도 경제 경영 재무 3류 기업의 총수(總帥) 일확천금 투기성 수완 재물 창고(倉庫) 큰손 행동 투기성 실수 놈팽이 한탕주의 사업 장사 이익 추억 도박 주색 낭비 망신 폐인 절도(節度) 사교성(社交性) 인기가 많다. 호평(好評) 활동성이 있고 봉사정신이 투철하고 타인의 비위를 잘 맞추며(특히 이성에게 친절하고) 수단 방법이 좋다.

편재(偏財)는 비겁(比劫)을 싫어하고 식상(食傷)을 기다릴 것이며 관성(官星)을 좋아한다. 인성(印星)을 보면 짜증을 부린다. 그래서 편재는 편인(偏印)을 극한다. 때문에 내 마음대로 하려는 성질이 강하고 일방적이다.

예문)
시 일 월 년
辛 乙 壬 丁
巳 丑 子 巳

己戊丁丙乙甲癸壬
丑子亥戌酉申未午
8 7 6 5 4 3 2 1

여자이다.

지금은 작은 초등학교의 학생들 상담사로 근무하는 40대의 여자이다.

동짓달 오전에 꽁꽁 얼어붙은 얼음 위에 하얀 눈이 찬바람에 이리 저리 방향 없이 휘날리고 있으니 반짝거리는 모습이 참으로 좋다. 년 주 丁火식신(食神)은 巳火상관(傷官) 제왕(帝旺)지에 있으니 조부모님의 삶이 넉넉하였으나 해로(偕老)하지는 못하였을 것이다. 학창시절 명예욕이 강하여 나름 열심히 공부를 하였을 것이다. 여기서 巳火상관(傷官)은 이렇게 해석을 하여야 한다. 본성이 식신(食神)으로서 편관(偏官)을 요구하기 때문에 자신이 한번 하고자 한다면 끝까지 밀어붙이는 고집이 있으며 학문에 관심을 가지고 있었다고 할 것이다.

월주 壬水정인(正印)이 子水제왕(帝旺)지에 있으니 부모님의 관심을 받고 있었을 것이며 상당히 의지하는 편이라고 할 수가 있다. 가정형편은 어렵지 않았을 것이지만 양부모의 사이는 그렇게 좋았다고 할 수가 없을 것이다. 사회성은 강력한 경쟁의식으로 가지고 있으며 수행능력이나 책임감이 강하다고 할 것이다. 재물에 애착이 많아서 프리랜서로 일을 하는 것이 어울릴 것이다. 여기서 子水의 해석은 이러할 것이다. 본성이 정인(正印)(학교)으로 상관(傷官)(불량)을 요구하는데 이는 자신이 배우고 익힌 학문으로 음지(子水)의 부족한 사람들을 다스리는 것이라고 할 것이다.

일주 乙木은 丑土편재(偏財) 쇠(衰)지에서 바람처럼 구석구석 살펴가며 살아가고 있을 것이다. 乙丑은 년과 시지의 巳火상관(傷官)과 合金편관(偏官)이다. 이를 해석한다면 이러할 것이다. 丑土는 오로지 정재(正財)로서 철저한 관리로 최대한 축소한다는 것이다. 또한 巳火상관(傷官)은 식신(食神)을 본성으로 하여 편관(偏官)을 요구하는데 이들이 合하여 金편관(偏官)으로 이어진다는 것으로 金의 본성은 정관(正官)이 겁재(劫財)를 원하고 있다는 것이다. 다시 이야기를 한다면 乙丑은 오며가며 학교에 적응하지 못하거나 불편 같은 것을 들어주고 자신이 이들을 설득하여 바르게 교정할 수가 있다고 하는 언어자신감이라고 할 수가 있을 것이다.

시주 辛金편관(偏官)은 巳火상관(傷官)은 사지에서 일지 丑土편재(偏財)와 合을 하여 간신히 눈칫밥을 먹고 살아가는 것 같다. 20대 중반에 인연으로 만나서 생각이 부족하여 항상 부인의 잔소리를 자장가로 들으며 살아갈 것이다. 노후의 삶은 여전히 확실히 보장된 직장은 없지만 여전히 프리랜서로 살아갈 것이며 60

대 중반을 넘어서면서 건강에 관심을 많이 가져야 할 것이다. 고비는 72살에 전후해서 있을 것이며 길에서 일어날 수가 있으니 혼자서 다는 것을 삼가는 것이 좋을 듯하다. 시상의 辛金편관(偏官)은 이렇게 해석하여보자. 辛金편관(偏官)은 정관(正官)을 본성으로 하고 있어서 항상 안전한 자리를 원한다고 하여 겁재(劫財)를 추구하는 것이다.

사회성을 이야기하여보자.
壬水정인(正印)이 子水편인(偏印)과 合土편재(偏財)로 있으니 교육계통에서 수익일 창출할 것이며 나름대로 교육계에서는 능력을 인정받고 있을 것이다. 또한 일찍 가져온 자식을 돌보며 열심히 사회활동을 한다고 할 것이다. 자신의 생활은 오로지 상관(傷官)을 위하여 한다고 할 것이며 壬子양인(陽刃)으로 한 방향에 최선을 다하는 사회인으로 인정받을 것이다. 壬子의 성향은 인성(印星)이 식상(食傷)을 요구하기 때문에 초등학생을 상대로 상담을 한다면 좋을 것이다.

자연으로 이야기를 하여보자.
동짓달 오전이다. 천지에 눈으로 덮어두고 매서운 찬바람에 눈보라가 이리 저리 휘날리고 있다. 쌓인 눈으로 깊은 웅덩이를 매워버리고 단단한 얼음 밑으로 맑은 물은 흐르는데 34세가 지나면서 더욱 추워지니 단단한 辛巳편관은 확실하게 얼어버릴 것이다. 이렇게 세찬 눈보라 속에 지면에는 서리가 피어나고 乙木도 웅크리고 있으면 얼어 죽지 않고 살아날 것이다.

6) 정재(正財)

정재는 자신의 능력을 서로 교류하여 유리하게 하려고 하는 것이다. 일주에서 이야기를 한다면 집안의 어른이라고 할 것이며 자신이 가장 철저하게 관리할 수 있는 권한이며 사회로 나가서 이야기를 한다면 정확하게 계획하여 진행하는 관리능력이다. 어떻게 정재가 이루어지는 것인지 어떤 성격을 가지고 있는지 좀 더 깊이 분석하여보자.

정재(正財)란 바르게 재물을 가진다는 것으로 경제적이며 정밀하고 치밀하며 철저하여 틈이 없다. 자신의 능력을 정확하게 발휘하고 정당한 보상을 요구한다. 매사에 자신감이 있고 명랑하며 소박하지만 알뜰하다. 그래서 긍정적이지만 너무 정확하게 하려는 것 때문에 오히려 부정적일 수도 있다. 현실적이라서 자기의 이익을 중요시하며 검소하고 상당히 보수적이다. 분수대로 행동하며 타인으로부터 신임도 받을 것이며 대인관계가 원만하고 건전한 생활상을 보여 주려고 많은 노력을 할 것이지만 때로는 이성관계로 가정에 부담을 주기도 하며 자신도 고통을 받는다.

재물이라는 것을 수치(數値)로 보는 것이다. 그래서 재성(財星)은 수리(數理)나 계산적인 능력에 뛰어나며 모든 것을 수치화 하는 생각으로 매사에 계산적이고 관리능력이 탁월하다. 이렇게 꼼꼼한 성격은 자신의 직업에서도 발휘되어 정밀한 분야에서 두각을 나타낸다. 인연으로 이야기를 한다면 남자는 처(妻)나 처와 관련된 인연으로 보며 형수(兄嫂)와 제수(弟嫂)일 것이며 여자는 시

어머니나 시집에 관련된 인연일 것이며 때로는 고모의 인연으로도 본다. 주위로부터 힘을 받으면 재물에 어려움이 없고 자기직업을 천직으로 알고 꾸준하게 노력하며 정확하고 꼼꼼하여 경제 관리에 능통하다. 때로는 재물욕심이 많아서 인간미가 없거나 인격이 떨어지는 사람도 있다.

처 아버지 삼촌 고모 처형 처제 형수 처남 시어머니 인색 성실 신용 총명소규모 사업 정보수집 월급 정당한 수익 기획 재정관리 위탁 관리 경리 은행 금융관리 소규모 대부(貸付)업 세무회계 창고 물품관리 정찰 제 소규모 상가 도매업 마무리 결실 단거리 소탈함 철저함 민첩성 정밀기계 기술 첨단과학 섬세한 디자인 보수적 고지식함 감정적 신용 명예 근면 성실 수리학 자기관리 느린 행동 결단성결여 이해타산 상업중개 구두쇠 실속 이익 수집가 정리정돈 결과 탐욕 대출계 체인대리점 완제품 사업 결재 결론 절약 세밀하고 느림 많은 생각 살림꾼 정밀 아담 꼼꼼 정확한 계산 철저 정밀 미세(微細) 재산관리인 금융감사(監査) 금융 정밀기계 관리계통 근면 성실 도덕적 가정적

 냉정하고 고독하다.

 정재(正財)는 비겁(比劫)을 싫어하고 관성(官星)을 위해 희생한다. 식상(食傷)을 그리워하며 인성(印星)에 대한 원망을 가지고 있다. 정재(正財)는 정인(正印)을 싫어하며 정인(正印)이 원하는 것을 피하고자 할 것이다.

예문)
시 일 월 년
丁 己 辛 庚
卯 亥 巳 子

乙甲癸壬辛庚己戊
丑子亥戌酉申午巳
8 7 6 5 4 3 2 1

남자이다.

자신의 관리능력을 발휘하여 지금은 고급의류 매장의 부사장으로 근무하면서 하고 있다. 꽃이 피는 巳月 새벽에 담장아래 작은 화단에 피어난 꽃에 물을 뿌리고 있다. 년 주 庚金상관(傷官)이 子水편재(偏財)사지위에 있으니 조상님은 아쉬움 없는 삶을 살았을 것이지만 본인의 학창시절은 그렇게 호사스럽지 못하고 오히려 스스로 학비를 벌어서 공부를 하였을 것이다. 그리고 일주는 子水편재(偏財)와 合을 이루고 있으니 과속 스캔들이 발생하였을 수도 있을 것이다. 여기서 子水편재(偏財)는 이렇게 해석이 가능할 것이다. 본성이 정인(正印)으로서 상관(傷官)을 요구하기 때문에 사업적으로 공부를 하고 싶었다고 할 수가 있으니 경영학으로 공부를 하였다면 좋았을 것이다.

월주 辛金식신(食神)은 巳火정인(正印)사지에 있으므로 부모님이 해로(偕老)하기 어려울 것이며 모친께서 단명(短命)하였을 것이다. 가정형편은 어렵지는 않았지만 그렇게 넉넉하지도 않았을 것이다. 巳亥沖으로 인하여 부모님의 지극한 관심은 없었으며 오히려 관심 밖이었을 수가 높다. 사회성은 관리자로서 재능이 뛰어나고 상당히 활동적이며 과감한 공격성을 가지고 있을 것이다. 하여 45세 이후에 년 주庚子과 合을 하여 무엇을 시작하였다면 상당한 능력을 인정받을 것이다. 여기서 巳火정인(正印)의 해석은 본성이 식신(食神)과 편관(偏官)으로 새로운 것에 대한 확신이나 언어구사가 확실하고 행동이 과감하면서 바르기 때문에 주위 시선이 집중된다고 할 수 있다. 배우자는 동안(童顔)이면서 성격은 까다롭고 할 수가 있다.

일주 己土는 亥水정재(正財)역마(役馬)가 태(胎)지위에 태어나 몸이 습하기 때문에 木기운에 문제가 발생할 수가 있으며 己土는 亥水정재(正財) 지장간의 甲木과 合을 하여 처녀가 아이를 가지게 되므로 인하여 부득하게 혼인을 맺을 수도 있다. 亥水편재(偏財)는 년 지 子水편재(偏財)와 合을 하고 있는데 丑土 비견(比肩)을 음신으로 들어오니 동업이나 비슷한 조건으로 사업을 시작하였을 것이고 시지의 卯木편관(偏官)과 완전한 合을 이루기 위하여 未土비견(比肩)이 절실하기 때문에 평소에 자식에 대한 관심을 많이 가지고 있을 것이다. 여기서 亥水정재(正財)의 성향은 편인(偏印)과 식신(食神)으로서 편굴(偏屈)된 성향을 가지고 있다고 생각하며 亥水편재(偏財)역마(役馬)의 특징은 자신이 움직이는 것이 아니고 상대가 움직이는 것이다. 다시 이야기를 한다면 亥水편재(偏財)를 사업으로 해석한다면 어떠한 건물을 지어놓고 밖에서 찾아들어오는 것이다.

　시주 丁火편인(偏印)이 卯木편관(偏官)병(病)지에서 연약한 꽃이라고 할 수 있으니 자식들은 귀하게 키워서 연약하기 때문에 자립심이 약하다고 할 수가 있다. 하여 己亥는 자식들을 돌봐주어야 할 것이며, 본인은 지금의 하는 일이 특별한 경우가 없으면 꾸준하게 할 것 같다. 또한 63세경에 꽃이 활짝 피어날 것이다. 하지만 연약하여 자력이 약하므로 신중하게 진행한다면 노후는 충분히 보장받을 것이다. 卯木편관(偏官)의 해석은 이러할 것이다. 본성이 겁재(劫財)로서 인성(印星)을 요구하기 때문에 확인하는 도장을 가져온다고 할 수가 있으니 이는 결재권을 가진 사장이라고 할 것이다. 시상 丁火편인(偏印)의 성향이 상관(傷官)이 정관(正官)을 바라보고 있으니 이를 해석하여보면 비록 정상적이지는 않으나 대표가 되보고 싶다는 것이다.

　사회성을 이야기하여보자.
　巳火정인(正印)으로서 외관상 자상하게 보이지만 실속은 그러하지 못하고 변화가 심할 것이다. 이러한 사람의 지시를 받는 아랫사람들은 피곤할 수가 있으니 알아서 적절한 처세를 하는 것이 좋다. 왕성한 활동을 하면서 亥卯未木편재(偏財)에 대하여 강한 집착을 가지고 그야말로 좌충우돌 하면서 나름대로 열심히 노력하고 있을 것이다. 하지만 표면적으로 그렇게 하고 보여 지지만 실속은 丁卯의 것이다. 다시 이야기를 한다면 열심히 뛰고 노력한 결과의 보상은 실질적 대표라고 할 것이다. 어느 날 갑자기 庚

子로부터 子卯刑을 당하는 경우가 발생할 수도 있으니 항상 긴장하는 것이 좋다.

자연으로 이야기를 하여보자.

巳月 이른 아침 담장 한쪽에 작은 돌(庚辛)을 모아서 화단을 만들어두고 씨(辛巳)를 뿌려 붉은 꽃(丁卯)을 피우고 있다. 열심히 물을 뿌리고(亥子) 가꾸어 가지만 비(己亥)라도 내리면 보기 좋은 꽃은 누군가가 꺾어(子卯)버릴 것이다. 때는 63세라고 하는데 극과 극으로 가는 길목이라고 할 수가 있다. 바람 불어 향기가 멀리 가면 좋으련만 어쩌면 뇌성번개의 폭우 속으로 들어가면 헤어나지 못할 것 같다.

7) 편관(偏官)

편관이라고 하는 것은 명령이다. 일주의 인내이며 자존심이다. 자신의 영역이라고 할 수가 있으며 손아래 사람이다. 월주에서 바라보면 고통이면서 강력한 통제나 일방적 명령권을 가지고 있는 권력이다. 그래서 특별한 자리라고 할 수가 있다. 어떻게 편관으로 이루어질까 또는 다양한 이야기를 어디에 중심을 두고 하여야 하는지 분석하여 보자.

편관(偏官)이라는 것이 한 쪽으로 힘의 균형이 움직인다는 것이다. 한번은 최고의 지위에 경험한다고 하지만 최악의 경험도 있다는 것이다. 이러한 것을 참고 기다릴 필요가 있다는 것이다. 어떠한 무리 속에 가장 강력한 힘을 가진 것이며 이는 항상 위험에 노출되어 있다는 것이다. 때문에 한 순간에 상상하기도 어려운 곳으로 이동할 수가 있다는 것이다. 그러므로 인하여 강력한 통제나 강한 인내력이 필요하며 그러한 고통과 시련을 견디어 낸다면 크게 성공을 할 수가 있다.

 방어능력이 없다거나 참지 못하면 어려운 행로가 기다릴 것이며 선제공격형이라서 정확한 계획이나 비밀을 유출되거나 타인의 충고를 무시하고 실행에 옮긴다면 실패할 확률이 매우 높아진다. 또한 자기주장이나 강한 기질 때문에 타협이 어려운데 스스로 자신을 다스린다면 천하의 명인이 될 수도 있다. 인연으로 자식이나 사돈 등이며 남편이나 남편을 대신할 수 있는 남자일 수 있고 며느리 등이 있다.

 야성적이며 무례하게 보일 수도 있지만 인정과 의리가 있으며 눈물도 많다. 기본적으로 인간적인 따뜻함을 속에 간직하고 또 그것을 바라고 있다. 의지가 강하며 모험을 할 수도 있고 투쟁심이 왕성하며 수단이 보통을 넘는다. 두뇌 회전은 빨라도 인정에 약하여 가난한 자를 보면 가만있지 못한다. 남자는 강하고 늠름하지만 눈물이 많을 것이고 여자는 우두머리 기질을 가지고 있거나 아니면 독단적인 생활을 하는 이고 많이 있다. 부정적이지만 강인한 인내력을 필요 한다. 최고가 되길 바라며 그러하지 못하면 험난한 길을 가게 될 것이다. 또한 철저한 명령계통으로서 계급(階級)사회에 적합하며 집단적이지 못한다면 철저히 홀로 살아가는 경우가 많다.

자식 남편 정부 외할머니 매형 형부 며느리 시누이 제압 구속 불구(不具) 단명(短命) 인내력 최고 험난함 명령계통 계급(階級) 총명 영리 영웅호걸 진취적(進取的) 의협심(義俠心) 의리 자존심 야성적(野性的) 귀족 주거 불안 불구 장애 잔병 손실 지출 재화(災禍) 조급 편굴(偏屈) 미움 인격 권위 투쟁 권모술수 모험심 도전 기회포착 과단성(果斷性) 논쟁 품위 문무(文武) 의타심 대담 난폭 반발 적개심(敵愾心) 조급한 성격 시기질투 시비 관재구설 수 흉터 자식 재가(再嫁)팔자 구박(毆縛) 허약한 체질 질병 첩 정부(情婦) 권력가 특수직종 신(神)병 명예 권력 군인 검 경찰 권력 권위 높은 자리 봉사 복종 명령계통 희생정신 어려운일 모방성 모험 인내심 신용 직업 급진적 속단 의협심 자존심 고집 의리 명예 상신(傷神) 병액 환자 고집 형액(刑厄) 투쟁 고독 야성적 투쟁심 영리함 권력의 중심 감사관 강제성 폭력단 시체 귀 강직 파직 충성 용감 침착 야성적 우두머리 막노동 3D업종 빈곤 반발 적개 구박 구타 구속 경쟁 피지배 억압 통제 감정적 경계 위험한 곳 천재지변 기억력 여필종부 종점 앞장서기 체면 반항 스트레스 법조계 야당 정치인 부정성(否定性)이 강하며 폭력적행동에 절도가 있고 굴곡(屈曲)이 심하다. 정신적 인내력 과감한 모험심 지나친 투기심 학력으로 보면 2류 정치권력 법조 윤리(倫理) 자기 억제 참을성 감투에 집착한다.

편관(偏官)은 식상(食傷)을 싫어하고 재성(財星)을 기다리고 인성(印星)을 매우 좋아한다. 편관(偏官)은 비겁(比劫) 위에서 군림하려고 하며 이들을 강력하게 제압을 하거나 구속하거나 다스리려고 한다. 사주 속에 편관(偏官) 하나만 있으면 총명하고 영리하다고 본다.

예문)
시 일 월 년
丁 甲 己 戊
卯 申 未 申

己庚辛壬癸甲乙丙
亥戌酉申未午巳辰
8 7 6 5 4 3 2 1

여자이다.

6월 이른 아침이다. 甲木이 申金편관(偏官) 절(節)지위에서 태어나서 불안하다. 년 주 戊土편재(偏財)는 편관(偏官)병(病)지 위에서 있으니 조상의 삶이 그렇게 여유롭지가 못하다. 그래서 먹고 살기 위하여 잠시도 쉬어갈 수가 없었을 것이다. 본인의 유연시절이나 학창시절에도 늦깎이 학문을 할 수밖에 없었을 것이다. 이는 申金의 결과와 역마(役馬)로서 부단한 노력을 하여야 가능할 것이다.

월주 己土정재(正財)는 未土정재(正財) 관대(冠帶)지에 있으나 재복은 약하여도 부지런 하시고 멀리까지 나가시어 돈을 벌어왔을 것이다. 그리고 부모님께서 원만하게 해로하시지 못하였을 것이며 일간 甲木과 合을 부모님 전에 효성이 지극할 수밖에 없을 것이다. 본인의 중년 삶은 철저한 자기관리와 노력으로 자부심을 가지고 하나가 아닌 두 가지 업종에 충실하였을 것이다. 부족한 시간은 방과 후 집으로 가져와서 마무리를 하려고 하였을 것이다.

일주 甲木은 申金편관(偏官)(어려움) 절(節)지위에서 살아남기 위하여 최선을 다할 것이다. 하여 일찍부터 년주 戊土편재(偏財)(취업)를 취할 수밖에 없을 것이며 이러한 생활을 하면서 편관(偏官)(인내)申金의 지장간에 壬水편인(偏印)(전문학업)을 취하려고 억척스럽게 노력하였을 것이다. 이는 甲木이 壬水(학문)를 취하지 못한다면 고사할 수밖에 없기 때문이다. 하지만 월주 己土정재(正財)(최소의 금전)가 壬水(학문)를 만나면 혼탁하니 학업을 하는데 금전문제로 애고가 많았다는 것이다. 申金의 근성은 결과를 취함이니 뜻을 이루었을 것이고 본인의 인간사는 일지 申金편관(偏官)(남편)은 주변의 土인성(印星)(게으름)이 강하여 결코 甲木에서 이로움을 주지 못하고 오히려 해롭다 하여 甲木이 강한 申金편관(偏官)(남자)을 피하는 것이 좋은 뜻하니 부부해로가 어려울 것이다.

시주 丁火상관(傷官)(불편)은 卯木겁재(劫財)(잃다)의 도움이 약한 병(病)지이다. 다시 이야기를 한다면 노후가 빈약하다는 것이다. 이는 건강과 형편이 여유롭지 못하고 자식으로부터 봉양받기 어렵다고 할 수가 있다. 때문에 스스로 노후를 대비하는 것이 좋으며 건강에 신경을 많이 써야 할 것이다. 자식은 둘이며 월지

未土의 지장간에 丁火(상관)가 큰자식이고 시상의 丁火(상관)가 작은 자식이다. 丁火가 卯木위에 있으니 인물은 좋은데 병(病)지 위에 있으니 불안하다. 하지만 월주의 己未정재(正財)(직업인)관대지에 앉아있는 자식은 괜찮다고 할 수가 있다.

甲申의 사화관은 이러할 것이다.

사회에 나가면 자신의 주변에 인연이 많으며 이들은 경쟁자가 될 수도 있고 나를 이용하려고 하는 인연일 수도 있다. 많은 사람들이 나의 이야기에 집중하기 때문에 강사나 영업직이 좋으며 土가 강하기 때문에 학문을 많이 연마하였다면 역사 고고학이나 도서 토목에 관련된 업으로 가면 좋고 그러하지 못하다면 피부 관련된 것이나 종교 쪽으로 가면 좋을 것이다. 항상 두 가지 업을 동시에 한다면 약간의 명예와 부가 따를 것이다.

자연으로 이야기하여보자.

이른 아침(丁卯) 저 멀리 고르지 못한 들녘(戊申)에 물이 없어서 농사가 힘들고 가까이 문전옥답(己未)에 흙먼지 일고 있으니 무성한 잡초(亥卯未)는 왜 이리도 많은지... 외로운 고목나무에 언제나 단비(己亥運)가 내릴까 하고 물으니 아셔라 70넘어서 자식때에 보자 하네

8) 정관(正官)

정관은 상호 타협하여 조율된 권한이다. 일주가 주장하는 자신과 이외의 인연으로 만들어진 중심이요 법이다. 그리고 월주에서

바라보면 사회의 질서이며 법규일 것이다. 또한 공인된 기관으로부터 인정을 받았거나 나 이외의 사람들로부터 인정받아서 타협하며 유지하는 권력이라고 할 수가 있다. 어떻게 정관이라는 것이 이루어지는가 하고 좀 더 깊이 있게 분석을 하여보자.

정관(正官)이라는 것은 바른 벼슬이라는 것인데 이는 법과 질서를 소중하게 여기며 모범적으로 바른 생활을 하면서 일정하게 정하여진 규정을 가지고 타협적이며 어떠한 제도권에서 보호를 받는 것이다. 벼슬이라는 것이 어떠한 조직으로 이루어진 곳에서 만들어진 서열 같은 것이라서 자기 생각대로 할 수가 없는 것이고 명령이나 서열을 중요시하는 것이 정관이라는 것이다. 그래서 가지고 싶다고 하여 가져지는 것이 아니고 조건에 의하여 주어지는 것이다. 정관이라는 것은 약속이다. 다시 이야기를 한다면 법이라는 것인데 이는 지키기 위하여 존재하는 것이다. 어떠한 무리가 무너지면 약속이라는 것이 아무런 필요가 없다는 것이다.

법이나 규제가 하나로 이루어지는 것이 원칙이지 여러 개가 동시에 존재한다면 이를 지키는 것은 어렵다고 보며 오히려 부정적인 것이다. 인연에서 남자는 자식이 되는 것이고 여자는 남편이다. 어떠한 조직이 합리적으로 이루어지는 곳이라고 생각하고 이러한 곳에서 일어날 수 있는 것은 무엇이든 정관에 관련된 것이라고 할 수가 있다. 비록 작다고 하여도 조직화되어 있고 서열이 있으면 정관이다.

자식 남편 정부 며느리 외할아버지 준법정신 품행 단정 예의 착실 온화 보수적 청렴결백 체면 가문 바른교육 인내심 규칙 습관화 책임감 판단력 정확 상사 인정 승진 명분 고지식 명랑 결백 존경 현실적 자존심 근면 검소 성실 섬세 신용 책임감 명예 계획 교제 원만 건강 학업성취 합리적 형식 봉사 인격 색난(色難) 불안 초초 짜임새 상류사회 권위의식 매너 대의명분 윤리 도덕 준법 명예 공직 직장 명예 표창 공직중책 품위 형식적 양반기질 계급승진 통제 기관 용모 인격 책임감 신의 결백 보수적 소심 관공서 질서 모범 내근직 군 경 검 행정관료 입찰 지배인 원리원칙 신사 정찰가격 정당 인내심 타협 통합 전문적 행정인 장기 합법적 명령계통 저장 암기 잔소리 옳고그름 평범함 자원봉사 세밀 트집 상식적 감사 정도 기본양심 검사원 옹졸함 인사성 긍정적 예의 예절 정확 학력으로 보면 2류 이상 최고의 직업 공직 법

　　정관은 식상(食傷)을 싫어하고 비겁(比劫)을 보면 구속 규제하려고 한다. 재성(財星)의 도움을 기다리며 인성(印星)을 좋아한다. 하지만 정관도 많으면 법을 교묘하게 이용하는데 결과는 실패로 끝나는 경우가 많이 있다.

예문)

시 일 월 년
戊 辛 辛 壬
戌 巳 亥 辰

丙乙甲癸壬辛庚己
午巳辰卯寅丑子亥
8 7 6 5 4 3 2 1

남자이다.

10월 저녁이다. 辛金이 巳火정관(正官) 사지에서 태어났다.

년 주 壬水상관(傷官)은 辰土정인(正印) 묘(墓)지위에 있으니 조상님은 나름 학문이 높으실 것이다. 하지만 아주 높은 학문이 아니고 일반적으로 많이 하는 기본적 인격을 갖추기 위한 학문이라고 할 수가 있다. 본인의 학창시절에는 공부보다 오히려 멋을 더 중요시하였을 것이며 어머니께서 원망을 많이 하시고 본인도 14세를 기준으로 하여 공부의 중요성을 알게 되었을 것이다. 이는 巳亥가 沖을 하여 형(兄)의 간섭으로 인하여 학업에 열중하였다고 할 수가 있을 것이다.

월주 辛金비견(比肩)이 亥水상관(傷官)목욕(沐浴)지에 있으니 어머니께서는 고우신 분이며 아버지께서도 멋쟁이라고 할 수가 있다. 그리고 본인은 부모님의 관심을 많이 받지 못하였을 것이고 오히려 형제들의 영향을 만이 받았을 것이고 이는 亥水지장간 甲

木정재(正財)라서 맏형이라고 할 수가 있다. 본인의 청년시절은 巳火정관(正官)이 亥水상관(傷官)을 沖하고 있으니 유년시절 학업을 평가하여보면 경찰이나 정보에 관련된 직업을 하면 좋을 것이다. 우등생 이였다면 검찰청 검사도 가능할 것이다.

일주 辛金은 巳火정관(正官)사(死)지에 있으니 항상 위태롭다 이러한 경우에는 활동력을 최소한으로 하는 것이 좋다. 그리고 배우자의 도움이 약하기 때문에 그렇게 좋은 관계로 해로하기 어려울 것이다. 특히 월지 亥水상관(傷官)과 沖을 하고 있으니 더욱 배우자 궁이 불안할 것이다. 본인의 중년이라고 할 수가 있은데 巳火정관(正官)이 亥水상관(傷官)과 沖을 하니 직업에 순간적인 불안이 있었을 것이다. 때는 55세경이라고 할 것이며 위기를 슬기롭게 넘긴다면 정년을 바라볼 수가 있을 것이다.

시주 戊土정인(正印)은 戌土정인(正印) 묘(墓)지위에 있으니 55세 이후에 재물이 불어날 것이고 특히 부동산에 관련된 업이 좋다. 특히 노후에 특이한 학문을 배워서 취미삼아 주변의 지인들을 상대로 하여 다양한 이야기를 할 수가 있다면 참으로 재미있는 노후가 될 것 같다. 자식과의 관계가 巳戌원진(怨瞋)이라서 조금 거리를 두고 살아가야 할 것 같으며 자식은 개성이 강하고 주장이 강하여 아버지와 원만한 대화가 이루어지지 않을 것이다. 다행히 함께 생활을 한다고 하여도 한 지붕 두 가족 같은 느낌이라고 할 수가 있다.

사회성을 이야기하여보자.

밖에서 긴장을 하여야 할 것이며 항상 沖을 하고 있으니 동료와 경쟁이 강하거나 어떠한 무리 속에 철저한 개인 활동을 하여야 할 것이다. 나름대로 카멜레온처럼 외모에 신중하여야 할 것이며 불량스러운 것을 항상 감시하거나 불량스러운 것을 몰래 찾아내려고 할 것이며 재물을 확보하는 능력은 조금 부족하다. 하지만 55세 이후로 감각이 발달하여 부동산 같은 것으로 재물이 불어날 수가 있을 것이다.

자연으로 이야기를 하여보자.

10월 밤하늘에 별(辛辛)들이 총총(巳亥沖)하다. 저 멀리 바람(乙木)에 일렁거리는 호수(壬辰) 속에 달그림자(乙木과 戊癸火) 잡아두고 있네 별빛이 반짝거림은 새벽을 지나 아침이 온다면 사라질 것이니 때가 55세 이후로다. 흐르는 해운이 서북(西北)으로 지나가면 잠시 별은 영롱하게 반짝일 것이다.

9) 편인(偏印)

편인이라고 하는 것은 자신의 종교나 비밀스러운 모든 것이다. 타인이 이를 알까봐 두려워하며 일주가 가장 잘하는 것이며 모성애이다. 사회에서 바라보면 완벽한 전문가가 되고자 노력 하는 것이다. 물론 결과는 인내심이 부족한 것이 문제가 될 수 있다. 어떻게 편인이라는 것이 이루어지는가 하고 좀 더 깊이 있게 분석을 하여보자.

편인(偏印)이란 한쪽 방향으로만 바라본다는 것이다. 무엇인가를 가지고 있으면서 타인이 알 수 없게 감추고 있다. 그래서 깊이를 알 수가 없다. 때문에 무엇을 생각하는지 언제 끝이 나는지 알 수가 없으며 항상 이야기로 정당화 하려고 한다. 자신이 하는 일에는 믿음을 가지고 있지만 진행이 느리고 타인이 하는 것에는 의심을 많이 한다. 어느 한 곳으로 빠져 있다는 것이며 이를 자연으로 이야기를 한다면 하나의 종류가 군락지를 이루고 있다는 것이며 어떠한 무리가 집단적으로 살아간다는 것이다.

크기는 부족이나 단체라고 할 수가 있지만 생각이나 꿈으로 이야기를 할 수가 있으며 개인의 사소한 비밀 같은 것이라고 할 수 있다. 타인에게 알려지는 것을 싫어하고 침범하는 것도 바라지 않으며 깊은 내막을 밖으로 드러내지 않는다. 두뇌 회전은 빠르지만 마무리하려는 근성이 약하며 정신세계에서는 특이한 능력을 발휘할 수도 있을 것이고 종교에 관련된 것은 관심을 많이 가지고 있다. 무엇보다도 공상(空想)과 상상력이 뛰어나서 창작 창조 개발 등 다양한 방면으로 관심이 많으나 완벽하지는 못하다.

성격은 조금 급한 편이면서 외모가 씩씩하고 군자같이 보인다. 말과 행동이 일치하지 않으며 비상한 생각으로 시작은 잘하나 과정에서 나태(懶怠)하여 결과가 미약하다. 구속받는 것을 싫어하고 싫증을 잘 내고 태만(怠慢)한 성격이 있다. 자존심이 강하고 요령(要領)과 몸단장에 신경을 많이 쓰며 칭찬은 좋아하지만 잔소리는 싫어한다. 정신적인 학문과 예술에 뛰어나며 끝을 맺기가 힘들고

대충대충 일을 처리하여 성공률이 아주 낮다. 심신이 나태하여 안과 밖이 다르기 때문에 심(深)히 측량하기가 힘들며 변덕과 경솔한 행동을 자주 드러낸다. 자식 복이 없고 본인이 싫어하는 것은 여하한 경우라도 하지 않으려고 하며 의견 충돌을 자주 일으킨다.

일명 도식(盜食)이라 하여 거저먹고 놀면서 큰소리만 친다는 의미와 밥을 훔쳐 먹는다고 하여 도식이라고 한다. 편인(偏印)이 양백호(陽白虎)로 사주에 많으면 자식이 부모보다 앞서 죽을 수 있다. 비현실적이며 종교나 철학과 역학에 관심이 많으며 참선(參禪)이나 기도 수행 수도(修道) 같은 것이나 무속(巫俗)적 신비와 정신세계에 깊이 빠져 들며 특히 고독에 익숙하여 정신수련 쪽으로 잘 발달된다. 전문적인 한 방향으로 연구나 공부를 하면 좋은 결과가 있으며 지속성이 부족하고 마무리가 힘들기 때문에 스스로 참고 노력하면 성공한다.

계모 서모 어머니 할머니 할아버지 사위 손자 비서 연예인 도박꾼이나 불구자 부정성 장애 심리불안 우울 정신세계 꿈 게으름 병마 눈치 임기응변 다양한 직업 기술 기행(奇行) 특이한 재능 자유업 전문인 즉흥적 거짓말 기만성 연구 개발 인내력 종교적 문장가 의사 학자 연구원 종교인 전문요리 감각 나태(懶怠) 급변한 성격 뛰어난 구상 변덕 색난 변태(變態) 시기 질투 언변 변호사 언어구사 좌절 깊은 수면(睡眠) 신경과민 까다로움 결벽증 분석적 비평적 주도면밀 가정적 인자 학자 종교학 교수 약사 변호사 법무서사 세관원 감별사 발명가 분석가 여행가이드 비평 비판 임기응변 창작 생각 도둑 사기 놀부 섹스 침실 환자 불구 변덕 단명 이별 고독 공상 욕심 가난 예술성 천재성 신비주의 중독자 대인관계 대서 대필 공증 판결문 송사 소개서 보증서 가문서 전문기술서적 잡지 소설가 전문지식 외국어 각종계약서 각종금융증권 보험 대행문서 부도 파재 의심 실패 실직 참모 기인 기술 검사 정보과 약물 수용성 식당 집요성 하자 문제점 잔소리 중도하차 정류장 인내심 활인 거지근성 게으름 싫증 학력으로 보면 초일류 전문학문 연구개발 언어 논문 전문적인 학문 등

편인(偏印)은 비겁(比劫)을 좋아하며 재성(財星)을 싫어한다. 그리고 식상(食傷)을 잡아먹고 관성(官星)의 도움을 원한다. 식상(食傷)은 수성으로 수명(壽命)이나 식복이며 건강이다. 남자에게는 장모(丈母) 사위이며 여자는 자식 자궁(子宮)에 문제를 발생하는 경우가 많다.

예문)
시 일 월 년
癸 庚 癸 甲
未 辰 酉 寅

辛庚己戊丁丙乙甲
亥子丑寅卯辰巳午
8 7 6 5 4 3 2 1

40대 중반의 여자이다.

8월 未時에 庚金이 辰土편인(偏印)의 양지위에서 태어났다.

년주 甲木편재(偏財)가 寅木편재(偏財)위에 자리하고 있으니 할아버지는 농부로서 상당한 부자로 소문이 났을 것이다. 하지만 본인의 어린 시절은 그렇게 학문에 관심을 가지지 못하였을 것이다. 그리고 할머니와 절친한 관계를 위지하였을 것이고 조부모의 사이는 甲寅비견(比肩)으로 그렇게 좋은 관계를 유지하였다고 할 수가 없을 것이다.

월주 癸水상관(傷官)이 酉金겁재(劫財)의 병(病)지위에 있으니 아버지는 학문에 그렇게 관심을 가지지 못하였을 것이며 주변사람들에게 많이 펴주는 스타일이라고 할 것이다. 어머니는 곱고 살아갈 수가 없을 만큼의 자존심이 강하고 할머니와의 관계는 원진으로 불편하였을 것이다. 지금 본인은 많은 것을 잃어버리고 힘들게 살아가지만 酉金겁재(劫財)는 본성이 정관(正官)으로 겁재(劫財)를 원하고 있으니 행실이 어긋남이 없을 것이며 원리 원칙적이라고 할 수가 있다.

일주 庚金이 辰土편인(偏印) 양(養)지위에서 그렇게 강인하게 평범하게 태어났을 것이며 년 주 甲寅편재(偏財)와 合을 하여 부유한 어린 시절이라고 할 것이다. 년 월이 合으로 이어지니 정(情)이 많을 것이고 배우자궁이 辰土편인(偏印)의 본성이 편재(偏財)이므로 전문기술을 가지고 자영업을 하는 사람이라고 할 수가 있으며 辰土의 지장간에 戊癸合火정관(正官)이므로 잠시 살다가 헤어졌다고 할 수가 있다. 길면 3년 짧으면 3계월 정도라고 한다.

시주 癸水상관(傷官)이 未土정인(正印)이 묘(墓)지위에 있으니 노후가 걱정되며 未土는 申金을 강력하게 生하여주기 때문에 년주 甲寅과 沖 刑을 하므로 인하여 寅木의 지장간에 丙火편관(偏官)을 치고 있으니 견디지 못하고 밖으로 나가고 말 것이다. 이로 인하여 관성(官星)과의 인연이 희박하고 행여 인연을 가진다하여도 노후가 불확실하니 본인이 음신으로 작용하는 子水식신(食神)을 잘 활용한다면 무탈하게 살아갈 수도 있을 것이다. 관계는 子未가 원진(怨嗔)이라서 힘은 들겠지만 그래도 未土의 지장간에 丁火정관(正官)을 만나면 천운(天運)이라고 할 것이다. 때는 45세에 기러한 기운이 감돌고 있다. 시주 癸未정인(正印)은 어머니께서 종교적인 것을 집안에 모신다는 것이며 그로 인하여 庚辰의 인생에 큰애고을 예견한다는 것이다. 이러한 것을 사전에 알았으면 인연에 흠이 없이 잘살 수가 있었을 것이다.

庚辰의 사회관은 이러할 것이다.
그렇게 잘되는 것은 아니지만 소규모의 어린 학생들을 가르치며 또 다른 직업을 가지고 살아간다는 것이다. 그렇게 재복을 만들 수는 없을 것이고 酉金겁재(劫財)의 성향이 정관(正官)이 겁재(劫財)를 원하기 때문에 상대방에게 피해주기 싫어하고 주고받음이 정확하며 자형(自刑)이라서 스스로 습관화 되어 있다는 것이다.

자연으로 이야기를 한다면 이러할 것이다.

8월(酉) 가을 이른 오후(未)에 과일(庚)이 익어가는 드넓은 과수원(辰과 寅)에 안개(癸)가 자욱하니 무르익어가는 과일이 보이지 않는다. 뿐만 아니라 떨어진 열매(酉)는 상품성(직업)이 없을 것이고 익어가는 열매도 떨어지니(申동생) 이생의 농사는 실패하였다고 할 수가 있을 것이다.

10) 정인(正印)

정인이란 어느 정도까지만 공개되는 것이다. 일주의 어머니이며 강력한 모성애이다. 그리고 적당하게 공개된 학문이나 종교적으로 이루어진 인성이다. 사회에는 행정이라고 할 수가 있으며 문서로 이루어진 모든 것이다. 그리고 타인과의 관계를 원만하게 하려고 하는 인문학이라고 할 것이다. 어떻게 정인이 이루어지는 것인가 알아보고 어떻게 이야기를 하여야 할 것인가를 좀 더 생각하여보자.

정인(正印)이란 확실한 것만 인정한다는 것이다. 어질고 인자하며 타인과 화합이 잘 되고 모든 것을 대화하고 소통하여 해결하며 일체 문서화하려고 할 것이다. 시비를 싫어하고 침착하고 총명하며 지혜로워서 많은 이가 곁에 머물고 있을 것이다. 눈빛이 맑고 빛이 나며 점잖은 성품의 인격자로서 의리를 생각하게 되니 자연히 군자의 기풍으로 집착력을 버리고 사심 없이 마음이 여유로워 많은 사람이 따른다. 건강하며 병이 없고 해로움이 적고 타고난 정성으로 음식을 하므로 맛이 좋을 것이다.

인연으로 이야기한다면 어머니처럼 항상 나를 인도하여주시는 분으로 선생처럼 인격과 인간관계를 가르치며 학자나 언론인이 많다. 학문을 좋아하고 이해심과 아량이 넓고 긍정적인 사고로 품위와 자존심 명예를 중요시 한다. 깨끗한 환경을 좋아하고 앞에 나서는 것을 싫어하며 지혜로워 언어구사에 막힘이 없다. 믿음이 강하고 수행도 잘하는 편이며 종교에 의지하면 자신을 수양하여 선업을 많이 행할 것이다. 삶에 여유가 있지만 때로는 재물에 인색하여 이기적인 면이 강하다. 상대를 잘 타이르며 교화(敎化)하고 상당히 교육적일 것이며 긍정적이라서 믿음이 강하고 전형적인 어머니 상이다. 모성애가 강하므로 순수하고 진실하나 인성이 많으면 망상이 많고 게으르며 자식인연과 남편인연이 없다.

어머니 장인 사위 계모 보육(保育) 교육 국문학 글 인문 문서 학문 논리적 학자 교육자 예습 복습 국어 언어 언론인 저자 지식 고서 문학기획 대필자 예술 수양 정신 윤리 추진력 집중력 직관력 영감 예언 예감 지혜 총명 음덕 수명 도덕성 종교계 도장 자격증 눈치 덕망 얼굴 머리 의무 책임감 의학 정치 생산학 귀인 모성애 부모덕 윗사람 생각뿐 바른말 어질고 보호정신 실천 영양학 정식요리 희생 맹목적 증서 인증서 간판 자격증 학교 인성연구 모국어 일류이며 학문이나 전문적인 교육자 언어 논문 희생적 등

정인(印綬)은 재성(財星)을 싫어하고 비겁(比劫)을 좋아한다. 관성(官星)을 그리워하며 식신(食神)을 보면 타이르고 상관(傷官)을 보면 적극적으로 교화하여 바른길을 가게하려고 한다.

예문)

시 일 월 년
戊 乙 辛 丙
寅 亥 丑 午

庚辛壬癸甲乙丙丁
戌酉申未午巳辰卯
 8 7 6 5 4 3 2 1

여자이다.

12월 이른 새벽 乙木이 亥水정인(正印)의 사(死)지위에서 추위에 떨면서 태어났다. 년주 丙火상관(傷官)은 午火정관(正官)이 제왕(帝旺)지 이라서 조상께서 비록 어려운 형편이지 만 착실한 삶으로 후손을 위하여 노력하였지만 뜻대로 후손들이 따르지 않으니 힘들었을 것이다. 본인의 초년은 참으로 어려웠을 것이다. 丙午식상(食傷)의 책임감에 일찍부터 丙辛合水편인(偏印)하여 어머니 대신 가사를 책임져야하니 학업은 丙火상관(傷官)과 辛金편관(偏官)이 合水편인(偏印)으로 주경야독이로다.

월지 辛金편관(偏官)은 丑土양(養)지에서 천년시절을 고집스럽게 보냈을 것이다. 다시 이야기를 한다면 한곳에 들어가면 빠져나오지 않고 여하한 고통도 이겨내고자 함은 대단한 근성이라고 할 것이다. 이러한 고통을 견디다보니 30세 중반에 잠시 봄날이 찾아왔건만 이는 눈먼 거북이가 망망대해에서 널빤지를 잡고 잠시 쉬어가는 것에 불과 하였을 것이다. 좋은 편관 남편은 丙辛合水편인(偏印)으로 乙木을 위하여 최선을 다하고 싶지만 섣달의 얼음판이 깨어지듯 마음뿐 오히려 고통을 주고 떠나가야 할 것이다. 이때가 40세초라고 할 것이다.

일주 乙木이 亥水정인(正印)사(死)지 위에서 丙午식상(食傷)과 戊寅겁재(劫財)의 자식을 안고 힘겹게 고비 고비 넘어오면서 알뜰하게 살아오면서 작은 집을 마련하였을 것이다. 하지만 寅木겁재(劫財) 작은 자식은 寅亥合破刑을 하고 있으니 가슴앓이 하여야 할 것 같으며 丙午식상(食傷)의 자식은 나름 열심히 자신의 업(業)에 최선을 다할 것이다. 배우자는 亥水인성(印星)이 사지라서 그렇게 활동성이 강한 것은 아니지만 그래도 어느 정도 될 만하면 새옹지마라고 마장이 있다고 하니 안쓰럽다.

시주 戊土정재(正財)가 寅木겁재(劫財)장생(長生)에 있으니 말년복은 그런대로 있을 것이고 특히 寅木겁재(劫財)와 亥水인성(印星)이 合을 하였으니 항상 상대방을 생각하지 말고 자기 우선으로 살아가야 할 것이다. 그러하지 못하고 양보만한다면 말년이 어려울 것이고 자식의 장래도 힘겨울 것이다. 인성이 강한 사주라서 항상 무언인가를 배우려고 할 것인데 이를 응용하고 풀어내지 못하고 있으며 행여 배운 학문이 亥水정인(正印)라서 진도가 느리고 또한 丑土편재(偏財)와 合을 하니 배운 학문으로 돈벌이는 힘이 들것 같다.

사회성으로 이야기하여보자.

위축된 사회활동이 자신감을 가지지 못하고 항상 부족하다는 느낌이 강하게 작용한다. 하여 반성과 되풀이되는 사회활동을 바꾸어 폭넓은 생각이 필요로 한다. 재물에 대한 애착은 강하지만 취하는 것이 어렵고 마음이 여려서 댓 가를 요구하지 못하는 것이 화근이다. 공격적 성향이 부족하여 속내를 드러내지 못하고 말을 아껴서 오히려 의심 받을 수가 있을 것이다.

자연으로 이야기를 하여보자

엄청 동장군이 춤추는 섣달 새벽 찬바람에 갈대는 쓰러지지 않으려고 뭉쳐지고 흩어지고를 거듭 하며 내리는 잔설을 피한다. 여명은 찾아들지만 추위는 녹일 수 없고 오히려 얼음만 단단하여지니 강은 건널 수가 있어도(남편 없이 살아갈 수는 있어도...) 눈꽃이(자식) 녹을까 염려될 뿐이다.

20

사주속의 특별한 관계

20.
사주속의 특별한 관계

　천간의 甲己合土와 乙庚合金은 형제관계처럼 해석하여야 한다. 이는 지은이가 시골에서 자연과 더불어 수년간 야인으로 수없이 많은 사람들을 상담하면서 하늘과 자연을 바라보고 이러한 관계를 알게 되었다. 그리고 이러한 관계를 적용하여 상담하여보고 결과를 확인하였으며 이러한 이론은 분명히 자연에서 가르치고 있으며 학문적으로 표현은 되어있지 않다. 하지만 나는 수년간 여러 곳에서 강의를 하면서 이러한 자연의 이치를 가르치고 있다. 무엇 때문에 이러한 이론이 성립되는지 알아보고 예문으로 확인하여보자.

　지지에도 특별하게 관계를 이루고 있는 것이 있다. 인간사로 이야기를 한다면 형제와 자매 같은 관계라고 할 수가 있다. 다시 이야기를 한다면 丑生寅하고 未生申한다는것이다. 나는 이러한 관계를 결혼 전과 후에 자매사이를 구별하여 상담하여보고 이러한 이론이 분명히 적중하고 있다는 것이다. 사주를 풀이하려고 한다면 다양한 이론을 적용하여야 하는데 학문으로 이러한 것을 전하고 있는지는 모르겠으나 나는 자연에서 이를 배우고 후학들에게 가르치고 있다. 예문을 참고하여 공부에 많은 도움이 되었으면 하는 마음으로 조심스럽게 이를 발표하는 것이다.

1) 천간(天干) 합(合)

천간의 甲木과 己土는 合을 하여 본성이 己土가 되므로 변화가 없으며, 乙木과 庚金이 合을 하여 본성이 庚金이 되므로 변화하지 못하기 때문에 이들은 형제처럼 같이 붙어있다고 생각하여야 한다. 이외의 천간 合은 본성을 유지하지 못하고 타 오행으로 변화하여 버린다.

예문) 甲己合
시 일 월 년
癸 乙 己 甲
未 卯 巳 寅

여자이다.

월간 己土편재(偏財)와 년간의 甲木이 合을 하여 土편재(偏財)가 되어버렸다. 다시 이야기를 한다면 일주 乙卯는 자신의 돈으로 형제들을 제압하고 밖에서는 자신의 능력으로 甲木겁재(劫財)들을 지휘하고 있다는 것이다. 즉 지차로 태어나서 재물을 가지고 맏이행세를 하고 남다른 능력으로 일반직에서 동료들을 지시하고 책임자처럼 행세한다고 할 것이다.

예문) 乙庚합

시 일 월 년
丙 乙 庚 庚
戌 卯 辰 申

30대 중반의 여자이다.

일주 乙卯는 월간 庚金과 년간 庚金하고 合을 하여 金편관(偏官)으로 월권을 하고 있는 것이다. 다시 이야기를 한다면 乙卯는 월주 직장에서 상관(上官)으로부터 타고난 관리 능력을 인정받아 권한(權限)을 행사하는 것이다. 또한 년주 庚金과 합하여 金편관(偏官)으로 밖에 활동하는 직원들까지 철저하게간섭하고 확인하여 보고서를 작성한다는 것이다. 金편관(偏官)의 해석하려면 본성이 정관(正官)으로서 겁재(劫財)를 요구한다는 것이다. 즉 "규정을 벗어나면 안 된다."고 하는 것이다.

정관(正官)을 이성으로 이야기를 한다면 학창시절 뜻이 같은 남자친구가 있었지만 乙木이 庚金정관(正官)을 따라가는 척은 하지만 결과적으로 庚金정관(正官)은 어느 정도의 시간이 흐르면 乙木으로 다시 태어나야 하기 때문에 庚金정관(正官)이 견디지 못하였을 것이다. 후에 같은 동료와 뜻이 같으므로 교재를 하지만 이 역시 결과는 乙木으로 따라가야 하기 때문에 庚金정관(正官)이 견디지 못하였을 것이다. 하여 시지의 戌土 지장간에 辛金편관(偏官)에게 의지하여보지만 부적절할 것 같다.

2) 지지(地支)생(生)

지지 속에서 묘(妙)한 관계를 가지고 있는 丑土와 寅木 그리고 未土와 申金의 아주 특별한 관계도 있다는 것이다. 이 역시 필자의 경험과 상담에 적용하여 경험하였으며 자연에서 이를 확인하였기에 이를 책으로 발표하는 것이다.

丑生寅

지지에 丑土와 寅木은 결혼 전 자매(姉妹)로 유지하고 있으니 상당히 깊은 정(情)을 나누는 관계로 유지하게 되는 것이다. 이는 丑土의 지장간에 癸辛己가 있으며, 寅木의 지장간에는 戊丙甲이 있다. 이들의 수평적인 관계로 戊癸合火하고 丙辛合水하고 甲己合土하고 있으니 결혼 전의 자매처럼 서로에게 애틋한 정을 가지고 있다는 것이다.

자연으로 이야기한다면 혹한의 추위 속에 최대한 웅크리고 기다리는 것은 포근한 봄날을 기다리기 위함이다.

인간사로 이야기를 한다면 봄날이 돌아오면 움츠리고 있었던 어깨를 펴는 것이라고 할 수가 있다.

예문)
시 일 월 년
癸 戊 辛 辛
丑 寅 丑 卯

여자이다.

일주 戊寅편관(偏官)이 월주 辛丑겁재(劫財)의 生을 받고 있으며 또한 시주 癸丑겁재(劫財)의 生도 받고 있다는 것이다. 다시 이야기를 한다면 戊土는 寅木편관(偏官)에서 丑土겁재(劫財)의 도움을 받고 있다는 것이다. 이는 28세경에 맺은 인연으로 오래전부터 깊은 유대관계를 유지하여온 사이라고 할 수가 있으며 이후 그 인연으로 65세를 기점으로 戊癸合火편인(偏印)이 되어 "작은 전자수첩"에 의하여 어느 날 갑자기 위기에 처하게 된다.

이는 丑土겁재(劫財)의 지장간에 辛金상관(傷官)과 寅木편관(偏官)의 지장간에 丙火편인(偏印)이 合水정재(正財)로 "문서를 관리"라고 할 것이며 이를 이용하여 어떠한 권력을 행사하는데 깊숙이 관여하고 있다는 것이다. 문제는 2개의 辛金상관(傷官)이(환관宦官) 천간에 떠있는데 월주 辛丑겁재(劫財)와 시주 癸丑겁재(劫財)는 일주 戊寅과 아주 특별한 관계를 유지하고 있다.

또한 2개의 丑土속 지장간에 있는 辛金상관(傷官)은 寅木편관(偏官)의 지장간에 丙火편인(偏印)과 合水정재(正財)하여 눈속임으로 협박과 불법(不法)을 자행하여 자신의 욕심을 채웠을 것이다. 또 丙火편인(偏印)에 합하여 水정재(正財)로 戊寅편관(偏官)에게 도움을 줄 수가 없는데 이를 모르는 戊寅의 어리석음은 미혼(未婚)의 자매(姉妹)처럼 믿고 있었기 때문이다.

매서운 한파속의 丙辛合水정재(正財)는 무늬만 水이지 寅木편관(偏官)의 고통을 풀어줄 수가 없는 것이며 오히려 서리가 되어 寅木편관(偏官)을 힘들게 할 것이다. 戊寅은 丑土로 인하여 고통을 받는데 丙申年 戊戌月에 丙火편인(偏印)이(단체) 申金식신(食神)으로(새로운 탈출구) 목적을 위하여 丙火편인(偏印)는 辛金상관(傷官)으로(임시방편) 合水정재(正財)로(의견제시) 표면적으로 정리하려고 하면서 戊寅편관(偏官)을(최고의 자리) 권력에서 쉽게 물러서려고 하지 않을 것이다.

이를 종합하여 이야기한다면 "어떤 거대한 무리 속에 우두머리의 인연관계로 사회적 큰 문제가 발생하게 되었는데 거대한 무리는 우두머리가 위기에 몰려 귀로에 서있지만 어쩔 수 없이 인연정리가 어렵다."는 것이다.

未生申
未土와 申金은 결혼한 자매(姉妹)의 관계를 유지하고 있으니 그렇게 깊은 정(情)으로 관계를 유지하는 것은 아니다. 이는 未土의 지장간에 丁乙己가 있으며, 申金의 지장간에는 戊壬庚이 있다. 이들은 수평적인 관계를 유지하지 못하고 대각선관계로 丁壬合木하고 乙庚合金하며 戊己土는 겁재(劫財)를 요구하므로 서로의 이익을 생각하기 때문에 결혼하여 서로 다른 생각을 가지고 있는 자매라고 할 수가 있다.

자연으로 이야기를 한다면 여름의 끝자락에 화려한 꽃에 어느 듯 아주 작은 열매가 생겨나면서 가을이 온다는 것을 알려주고 있다.

인간사로 이야기를 한다면 최고의 아름다움과 성숙함으로 결혼하여 신혼으로서 위태로운 출발을 알리는 것이다.

예문)
시 일 월 년
丙 庚 戊 己
戌 申 辰 亥

필자의 사주이다.
일주 庚申비견(比肩)은 음신(陰神)으로 未土정인(正印)을 이용하여 이야기를 꾸며보고자 한다. 未土의 지장간에는 丁火의 정관(正官)과 乙木의 정재(正財) 그리고 己土의 정인(正印)이 있다. 이를 해석하면 "정확(丁)하고 확인(乙)된 문서(己)"

또한 申金비견(比肩)을 이야기로 꾸며보고자 한다면 申金의 지장간에는 戊土편인(偏印)과 壬水식신(食神) 그리고 庚金비견(比肩)이 있다. 이를 해석한다면 "전문적인 글을(戊) 창작하거나 발견하여(壬) 인연된 사람과(庚) 나눈다"

이를 종합하여 이야기로 한다면 "자신의 경험으로 확인된 것을 문서화하여 연연된 이와 공유(共有)한다."는 것이다.

이렇게 음신(陰神)으로 작용하는 未土정인(正印)이 년지 亥水식신(食神)과 합木정재(正財)로 이어지고 申金비견(比肩)은 辰

土편인(偏印)과 合水식신(食神)으로 새로운 책으로 발간되니 일반적으로 널리 널리 알려진다.

이를 신명으로 이야기를 한다면 "辛未정인(正印)의 기도하시든 할아버지께서 庚申에게 자신의 뜻을 이루어주길 바라는 것이다."

이를 사주속의 풍수로 이야기를 한다면 辛未정인(正印)은 시주 丙戌편인(偏印)과 파(破)형(刑)하여 庚申을 통하여 높이 명성(明星)을 날리고 싶은 것이다. 다시 이야기를 한다면 "윗대조부님의 산소가 파헤쳐지고 이를 화장(火葬)하거나 새로운 곳으로 이장을 하였기에 丙戌할아버지의 업(業)이 庚申에게 이어졌다."는 것이다. 때문 戌亥의 천문성(天文星)이 발달하여 역학에 관련된 새로운 학문을 창작하여 7권의 책으로 남겨두라고 한다.

하여 제1권 "사주속의 신명이야기", 제2권 "지장간 이야기", 제3권 "합 그리고 형충파해 이야기", 제4권 "음양오행 이야기"까지 출판되었으며, 제5권 "사주속의 십신이야기"는 2017년 봄이 시작될 때에 발간될 것이다. 그리고 다음예정은 제6권 "사주속의 풍수이야기"이며 마지막 제7권은 "자연과 역학이야기"로 丙戌의 업장(業障)을 소멸(消滅)할까 한다.

맺음글

"일향아 교정 한번 해 볼래"

8년 동안 역학의 기초와 자연 그리고 삶의 지혜를 가르쳐 주시었는데 창 넘어 은행잎이 노란 물을 들이는 그날... 강의 하시는 중간에 "일향아 교정 한번 해 볼래..."하고 말씀하시는데 갑자기 눈물이 울컥 쏟아지는 것을 억지로 참았다. "이제 스승님께서 나를 제자로 인정하시는구나..." 하는 생각이 들었다

항상 매정스럽고 냉정하게 가르치시는데 오만 정(五萬情)이 다 떨어질 정도였다. 그리고 스승님의 이야기를 알아듣는데 반년의 세월을 보냈다. 목소리는 좋은데 혀가 짧아서 발음도 정확하지 않고 알아듣기 어려운 경상도 사투리와 거침없이 나오는 말은 마음에 상처를 많이 주었다.

하지만 지금은 당신이 존경스럽고 어쩌면 자연의 이치를 그렇게 알고 계시는지 의심스럽다. 사주를 대운(大運) 없이 원국만을

보시고 말씀하시는데 누구나 듣고 있으면 묘(妙)한 느낌을 받는다. 신명(神明)이나 풍수(風水) 그리고 전생(前生)을 사주 속에서 풀어내는데 신(神)이 내린 것 같은 느낌을 자주 받았다. 하지만 원리(原理)를 설명하시면 분명 신(神)끼는 아니고 깨치신 것 같았다. 근래에는 천간합의 이론이나 지지변화를 연상(聯想)으로 강의하시는데 수강생들은 어안이 벙벙해한다.

　청암(淸暗) 스승님을 8년 동안 곁에서 지켜보니 어린애 같은 느낌을 자주 받는다. 그리고 기억력이 없으신 것인지 건망증이 심하신 것인지 거짓말 같지만 아직도 이렇게 묻는다. "일향아 너 사주가 어떻게 되지…?" 나뿐만 아니다. 누구의 사주도 기억을 못하신다. 그리고 지금도 교재 없이 강의를 하시는데 그 많은 수강생들은 입을 다물지 못한다. 청암 선생님의 강의는 재미있고 신기하며 지식보다는 상식이 풍부하시어 언어 마술사 같다는 느낌을 받는다.

지금으로부터 몇 년 전의 일이다. 나보고 "너는 지금부터 박서영이라고 하지 말고 일향(一香)으로 하라."고 하시면서 "단 하나의 향기이며 하염없이 곱게 피워라." 그리고 "오로지 하나뿐이라서 일향이라고 하는 것이야…"하시면서 "다음에 내가 一香이 한데 글을 부탁할 때는 너는 나의 하나뿐인 제자다."라고 하시는데 이 글의 교정을 부탁받고 부분적 수정도 허락하여 주시니 무한의 영광으로 기억하겠습니다.

물이 맑아서 속이 보이지 않는다고 하여 청암(淸暗)이라고 하시는데 그 속을 정말 모르겠습니다. 항상 건강하시고 무한한 가르침과 좋은 글을 남겨주기길 두 손 모아 부탁드립니다.

2016년 11월 9일
목련(木蓮)암에서 一香 합장.